壇經

〔唐〕惠 能 著

丁福保 箋注

哈 磊 整理

上海古籍出版社

图书在版编目(CIP)数据

坛经/(唐)惠能著；丁福保笺注；哈磊整理. —上海：上海古籍出版社，2016.10（2024.6重印）
（国学典藏）
ISBN 978-7-5325-8170-2

Ⅰ.①坛… Ⅱ.①惠… ②丁… ③哈… Ⅲ.①禅宗—佛经—中国—唐代 ②《六祖坛经》—注释 Ⅳ.①B946.5

中国版本图书馆CIP数据核字(2016)第172565号

国学典藏

坛　经

[唐]惠　能　著
丁福保　笺注
哈　磊　整理

上 海 古 籍 出 版 社　出版发行
（上海市闵行区号景路159弄1-5号A座5F　邮政编码201101）
(1) 网址：www.guji.com.cn
(2) E-mail：guji1@guji.com.cn
(3) 易文网网址：www.ewen.co
上海展强印刷有限公司印刷
开本890×1240　1/32　印张10.625　插页5　字数295,000
2016 年 10 月第 1 版　2024 年 6 月第 12 次印刷
印数：54,801-65,800
ISBN 978-7-5325-8170-2

B·958　定价：38.00 元

如发生质量问题，请与承印公司联系
电话：021-66366565

前　言

陈　兵

一、惠能及《坛经》

　　《坛经》，乃中国僧人著述中唯一被奉为"经"者，其主要内容，是禅宗六祖惠能大师于韶州大梵寺讲堂传法授戒的记录。

　　惠能（638—713）一作慧能，俗姓卢，范阳（今北京大兴）人。自幼随父流放岭南新州（今广东新兴），父亡，随母移居南海（今广东南海），以伐薪卖柴为生。二十四岁时，得人资助北上参学，在蕲州黄梅（今湖北黄梅县）谒见禅宗五祖弘忍，充任行者，劈柴踏碓八个多月。弘忍命诸弟子作偈以呈，上座神秀呈偈后，弘忍以为未见本性，惠能针对神秀偈口诵一偈，请人题于壁上，弘忍见后认可，为其讲《金刚经》，言下大悟，得传衣钵，奉命南归。惠能南归广东后，隐于猎人队伍中密修十六年，于仪凤元年（676）正月初八到广州法性寺，适逢方丈印宗法师讲《涅槃经》，因惠能对二僧"风动幡动"之争议进行评议，印宗闻之竦然，得知他乃五祖大师得法弟子，即为之落发，受具足戒。惠能从此开堂传法，摄受徒众，后来创建曹溪宝林寺（今称南华寺），门下得法弟子46人。神龙元年（705），唐中宗遣使征招，惠能称疾固辞不赴。唐玄宗开元二年（713），惠能卒于新州国恩寺，门人迎其遗体至曹溪供奉，至今尚栩栩如生。唐宪宗谥惠能"大鉴禅师"号，后代帝王又赠予多种谥号。

1

惠能创立的禅宗南宗,不久便遍传南北,分为五宗七家,成为千余年来中国佛教的主流和代表,深深影响了佛教各宗派,远传日本、朝鲜、越南等地,并渗透整个中国文化,促成了禅化的宋明新儒学和宋元新道教的成立,影响极其深远。

惠能以一介不识字的樵夫、寺院中地位很低的行者,荣获禅宗诸祖代代相传的衣钵,提供了他所言"下下人有上上智"的典范,可谓以身说法,说明人人皆有佛性,皆可顿悟成佛,集中表现出佛法的主体精神。他以篇幅不长、影响广大的《金刚经》为主要宗依,开创顿悟禅法,说法教人,"随方解缚",灵动活泼,直指人心。

他不立文字,不事著述,弟子们将他平时讲法的内容记录、整理为《六祖坛经》。在一千三百多年的流传中,《坛经》先后形成了四大系统、二十多种版本,成为最能代表禅宗思想特质的著作。关于《坛经》的版本,下文将结合注释、校注另行说明,此处从略。

二、《坛经》的修学次第

《坛经》的主要价值,在于它所阐述的禅法——南宗禅的修习和教学方法,这种方法作为一种明心见性的技术,至今仍然具有实用性,对当今禅的修习和传扬,乃至心理学、心理治疗,能提供切实的启示。从禅法的角度看,四种版本的《坛经》思想基本一致,可以说既反映了惠能大师禅法的本面,又是经历代禅师印可修订的集体作品。这里依据宗宝本,对惠能大师的禅法作一现代解读,争取勾提出一套具有可操作性的禅法体系。

南宗禅的基本方法是应机——"随方解缚",强调"惟论见性,不论禅定解脱",不建立刻板的修证阶次,与藏密极重"道次第"颇为不同。但从《坛经》中我们发现,对一般参禅者尤其是今天的参禅者来说，其实还是可以理出一个修学次第的。故仿藏密之法，将《坛经》的修习道次第分为前行与正行两大步，第三步为禅的教学法。

（一）前行——依止善知识、传香、忏悔、发心、归依、得正见，在生活中修行

前行或加行，是正式修行的准备、前提，这是各种佛法修习道都须先具备的。惠能大师所开创的南禅，其实也有前行、加行，不过因当时来参学者大多皆已学习经教、持戒修行乃至参禅多年，具备了前行、加行，所以未像藏密那样制定一个千人一律的前行、加行法。《坛经》所讲须备的前行、加行，有依止善知识、传五分法身香、行无相忏悔、发四弘誓愿、受无相三归戒、得正见、在生活中修行等内容，主要是在《忏悔第六》所说。

1. 依止善知识

依止善知识，是诸乘佛法获得正信特别是修学定慧法门的首要，善知识，被强调为学佛极为重要的第一增上缘。对禅宗而言，依止善知识，比修学其他诸宗更为重要、关键。禅宗所依止的善知识，与教下诸宗所依止的具备通经教、正见、持戒、有德行悲心等条件的一般善知识不同，要求颇为严格，必须是合格的禅师，这种禅师不但须自己彻悟，而且须掌握使他人也能开悟的教学技巧，惠能谓之"大善知识"，《坛经·般若第二》惠能云：

> 菩提般若之智，世人本自有之，只缘心迷，不能自悟，须假大善知识示导见性。

佛性虽得自悟，但须大善知识的"示导"。因为禅宗是"一乘顿教"，以顿悟佛心为宗旨，顿悟佛心，明见自心佛性，依通常途径修学，须得诸缘具足，循序渐进，修行很长时间，不是多数人即生能达到的。按法相唯识学的说法，须精进修行一大阿僧祇劫，登初地见道，才能初见佛性。若按《大般涅槃经》的说法，只有佛才能了见佛性，十地

菩萨即便能见佛性也不明了。禅宗保证当下顿悟，主要靠大善知识的示导或特殊教学法的增上缘。禅宗讲自家从佛陀以来"以心传心"——以见性经验的传授为特质，而见性的经验终归不可言说，师徒间只能用特别灵活的方法传授。虽然利根者也可通过经教言说及用语言文字表述的参禅方法参修而自己开悟，但微细、特殊的心灵体验，要用文字准确表达，要与经教及祖师所言完全相符，是很困难的事，极易错认"光影"，故即便开悟，也须得大善知识的印证。《坛经·机缘第七》载：原修学天台止观的永嘉玄觉，乃上根利器，于读《维摩经》时悟佛心宗而未得印证，遇六祖弟子玄策告言：

> 威音王以前即得，威音王已后，无师自悟，尽是天然外道。

强调不依明师不可能真正开悟，玄觉听后乃赴曹溪谒见六祖，几番机锋往来，获得印可，方才彻底安心。依止大善知识，遂成为禅宗修学的规矩，宗门中人无不强调，这与藏传密教强调依止上师很是相近，故诺那、贡嘎等上师称禅宗为"大密宗"。后来宗门对大善知识有了许多判别标准，师徒见面往往先互相勘验。明师难遇，"有禅无师"，在唐代已成为问题，今天更是许多学禅人最大的困惑。将不够条件者误认作禅师而轻信其"冬瓜印子"不负责任的印证，贻误慧命，是学禅路上最危险的陷阱。

2. 传五分法身香

戒、定、慧、解脱、解脱知见，经中称"五分法身"——证得法身的五大途径或法身的五大功德。《坛经·忏悔第六》依一乘顿教知见，对五分法身作了特殊的解释：

> 一戒香，即自心中无非、无恶、无嫉妒、无贪嗔、无劫害，名戒香。

> 二定香，即睹诸善恶境相，自心不乱，名定香。

> 三慧香，自心无碍，常以智慧观照自性，不造诸恶，虽修众

善，心不执着，敬上念下，矜恤孤贫，名慧香。

四解脱香，即自心无所攀援，不思善，不思恶，自在无碍，名解脱香。

五解脱知见香，自心既无所攀援善恶，不可沉空守寂，即须广学多闻，识自本心，达诸佛理，和光接物，无我无人，直至菩提，真性不二，名解脱知见香。

这五条，都以在自心上修行为要，既包括戒律、道德修养，又包括调心技巧及应修学的内容，"广学多闻"，指广泛学习佛教经论、禅宗著述及外学。这五条既是学禅须备的前行，又贯彻学禅的始终。

3. 行无相忏悔

忏悔业障，乃大乘入道之初的必修课目，《华严经·普贤行愿品》列为"十大愿王"之一，所有密法都以之为本尊法的重要内容。《坛经·忏悔第六》所说忏悔，乃据一乘顿教深义阐释的无相忏悔，其作用是"灭三世罪，令得三业清净"。忏悔词为：

弟子等，从前念今念及后念，念念不被愚迷染；从前所有恶业愚迷等罪，悉皆忏悔，愿一时销灭，永不复起。

弟子等，从前念今念及后念，念念不被憍诳染；从前所有恶业憍诳等罪，悉皆忏悔，愿一时销灭，永不复起。

弟子等，从前念今念及后念，念念不被嫉妒染；从前所有恶业嫉妒等罪，悉皆忏悔，愿一时销灭，永不复起。

忏悔，乃"忏其前愆"、"悔其后过"，坦白从前所有恶业，保证从今后永不更作。按无相忏悔的含义，还应观恶业罪过的实相，观其本来空、无相，行《观普贤菩萨经》所谓实相忏悔。《坛经》偈谓"但向心中除罪源，各自性中真忏悔"，便有实相忏悔义。这种忏悔，从心理学角度来看，有卸除心理包袱的良好治疗作用，有益心理健康，是参禅开悟的必要前提。

4. 发四弘誓愿

发四弘誓愿即发菩提心,这是修学大乘道的基础,《坛经》列为参禅开悟的前行,并将菩提心的内容概括为大乘经所说四弘誓愿,然皆从一乘顿教的见地予以改造,誓词成为:

> 自心众生无边誓愿度,自心烦恼无边誓愿断,
>
> 自性法门无尽誓愿学,自性无上佛道誓愿成。

说明四大愿皆在自心自性,度的是自心众生,断的是自心烦恼,学的是自性法门,成的是自性佛道。

5. 受无相三归戒

受持三归依戒,是成为佛弟子、修学佛道的必要手续,《坛经·忏悔第六》所授三归依戒,是以一乘顿教见地阐释的"无相三归戒",此戒所归依的对象不是外在的,而是"自性三宝"、"自心三宝",《坛经》对此作了明确的解释:

> 佛者觉也;法者正也;僧者净也。自心归依觉,邪迷不生,少欲知足,能离财色,名两足尊。自心归依正,念念无邪见,以无邪见故,即无人我、贡高、贪爱、执著,名离欲尊。自心归依净,一切尘劳爱欲境界,自性皆不染著,名众中尊。若修此行,是自归依。

无相三归依,终归是"自心归依自性",这与藏密归依的最深密义("密密归依")——归依自性明体,同一义趣。无相三归依实际是"自归依",要在自心上用功,"除却自性中不善心、嫉妒心、谄曲心、吾我心、诳妄心、轻人心、慢他心、邪见心、贡高心,及一切时中不善之行,常见自己过,不说他人好恶","常须下心,普行恭敬","内调心性,外敬他人"。这种三归依,既尊重自心自性,又尊重他人的自性,表现为一种谦和恭敬的美德,是一种人格修养。

6. 得正见

与达磨禅法以"深信含生同一真性"为前提一样，《坛经》也以得一乘顿教的正见为见性的前提，这种正见实属大乘如来藏学的见解，为一种"胜解"——深刻的理解，《坛经·忏悔第六》等对此见地作了明确解说，大略有两个方面：

（1）确信"一体三身自性佛"，确信"凡夫即佛"、"本性是佛"，自性中本来具有佛的三身四智等一切清净功德妙用，只是被妄念遮蔽，不得显现而已。《坛经·机缘第七》六祖示僧智通偈谓"自性具三身，发明成四智"，《忏悔第六》解释"一体三身自性佛"说：

> 何名清净法身佛？世人性本清净，万法从自性生，思量一切恶事，即生恶行；思量一切善事，即生善行。如是，诸法在自性中，如天常清，日月常明，为浮云盖覆，上明下暗，忽遇风吹云散，上下俱明，万象皆现。

般若智慧犹如日月，本来常明，只因世人心著外境，"被自念浮云盖覆自性，不得明朗"，智慧隐而不现。若遇善知识，闻真正法，迷妄的浮云顿散，现量亲见自性中显现万法，内外明彻，名为清净法身佛。是则所谓法身，不是修得，只是本具的自性，从来未曾失去，只要驱散妄念，便会显现。什么是圆满报身？念念圆明，自见本性，于实性中不染善恶，譬如一灯能除千年暗，一智能灭万年愚，"直至无上菩提，念念自见，不失本念，名为报身"。念念自性自见而不迷昧，称为报身。什么是化身？不思万法时性本如空，由自性起念思量，名为变化："思量恶事，化为地狱，思量善事，化为天堂，毒害化为龙蛇，慈悲化为菩萨，智慧化为上界，愚痴化为下方"，深解一切善恶凡圣境界皆是自性变化，从报身思量而起妙用，名为自性化身佛。佛果三身，实即一身，为一自性的三个方面。《付嘱第十》偈谓"三身本来是一身"。

　　《坛经》所言"自性",指自心佛性或心性,简称"性",又称"本性"、"本心"、"真如本性"、"心地",即是大乘经中所言"自性清净心"、"真心"、"真识"、"心真如",为万法所依之根本,也是禅宗法门之宗本。自性显现为世间出世间一切法,五蕴、六入、十八界乃至戒定慧,皆从自性起用。自性并非只是法相唯识学所言杂染的阿赖耶识,阿赖耶识只是自性的功用之一,《付嘱第十》谓"自性能含万法,名含藏识",含藏识即阿赖耶识。《机缘第七》论八识转成四智说:"五八六七因果转,但用名言无实性",明言五识、六识、七识、八识及其所转的佛果妙观察等四智,皆是名言安立,并无实性,实性只是一自性,八识四智,都是自性起用,意味自性并非唯识今学所言杂染的阿赖耶识。

　　自性虽然只可自悟自见,禅宗人常说"如人饮水,冷暖自知",但亦非绝对不可用语言描述。《坛经·行由第一》惠能偈针对神秀偈云:

　　　　菩提本无树,明镜亦非台,本来无一物,何处惹尘埃。

　　此偈通体描述心性,意谓心性、菩提本空,这只是自性的一个方面,可谓悟自性之体。至听五祖说《金刚经》言下大悟后所呈见解,五个"何期",悟自性"本自清净"、"本不生灭"、"本自具足"、"本无动摇"、"能生万法",则悟自性的全体,包括体相用。《般若第二》描述心性说:

　　　　心量广大,犹如虚空,无有边畔,亦无方圆大小,亦非青黄赤白,亦无上下长短,亦无嗔无喜,无是无非,无善无恶,无头无尾,诸佛刹土,尽同虚空。世人妙性本空,无有一法可得。

　　《机缘第七》说自性"无头无尾,无名无字,无背无面"。这与诸大乘经中对真如、实相的遮诠式表述并无二致。总之,自性是绝对空(真空),本来清净,不生不灭不变不动,本来涅槃,而又不空,具足万法,能生一切(妙有)。

(2)信解"不二"。吉藏《三论玄义》总结大乘见地为"不二正观",可谓准确。不二,为《坛经》的核心思想,也是见性修行的诀窍。不二或无二,一般称"中道",是用否定二元对立、二边偏见的方式描述真如、实相,或证得真如实相的诀窍为不二。《坛经》以不二、无二为佛性、自性、实性,《行由第一》谓"无二之性,即是佛性"。不二的最根本义,是明与无明不二,即真妄不二。何以不二? 皆唯一自性故。《宣诏第九》大师告薛简云:

> 明与无明,凡夫见二,智者了达其性无二,无二之性,即是实性。

经中处处运用不二,所言不二还有:

凡夫与佛无二:《般若第二》谓"凡夫即佛",本来无二,区别只在迷悟,"前念迷即凡夫,后念悟即佛"。

烦恼与菩提无二:《般若第二》谓"烦恼即菩提";《宣诏第九》谓"烦恼即是菩提,无二无别,若以智慧照破烦恼者,此是二乘见解,羊鹿等机"。《付嘱第十》偈谓"淫性即是净性因"。与此见地相应的修行,不是像二乘那样断尽烦恼,而是"变三毒为戒定慧"(《般若第二》)。

佛法与世间不二:亦即世间、出世间不二,佛法出世间的智慧只能深入世间而求,是对世间法的如实觉知。《般若第二》偈云:

> 佛法在世间,不离世间觉,离世觅菩提,恰如求兔角。

真妄不二:真心、菩提不在妄心之外,即是妄心之体,《般若第二》谓"净心在妄中,但正无三障"。

念与真如不二:无论正念、妄念,皆从真如或自性而起,皆是自性之用,《定慧第四》云:

> 真如即是念之体,念即是真如之用。真如自性起念,非眼

耳鼻舌能念。真如有性，所以起念，真如若无，眼耳色声当时即坏。

由此可引出心与性不二、妄念与真心不二。

定慧不二：与通常禅定于定心基础上修慧观，定、慧为二不同，《坛经》禅法定慧不二，《定慧第四》谓"定慧一体，不是二。定是慧体，慧是定用。即慧之时定在慧，即定之时慧在定"，这叫做"定慧等学"，即是《瑜伽师地论》等所言"奢摩他、毗婆舍那和合俱转"。

另外还有动与静不二、常与无常不二、涅槃与世间不二等不二义。不二的理由，大乘经论如《中论》等有理论论析，若不能领悟，是须"广学多闻"，运用理性思维破除由理性思维建立的种种执著和疑惑。

通过广学多闻及参修，破除种种理上的疑惑，对本性是佛、真妄不二确认不疑，完全接受，成为自己的见解，方属堪以指导参修的正见，应属思慧，这种正见稳固、纯熟后，会成为一种不须再理性思维的直觉，《坛经》谓之"正真般若"，用这种正真般若观心，才可顿悟。

7. 在生活中修行，报恩尽责，完善人格

与大小乘修行通常强调出家住山、远离尘嚣、在寂静处独自坐禅不同，《坛经》强调在世俗生活、日用云为中修行，谓"若欲修行，在家亦得，不由在寺"，并开示居家修行之道云：

> 心平何劳持戒，行直何用修禅。
>
> 恩则孝养父母，义则上下相怜。
>
> 让则尊卑和睦，忍则众恶无喧。
>
> 若能钻木取火，淤泥定生红莲。
>
> 苦口的是良药，逆耳必是忠言。
>
> 改过必生智慧，护短心内非贤。
>
> 日用常行饶益，成道非由施钱。（《疑问第三》）

此偈教人报恩尽责,尽到孝养父母等社会责任,慈爱众生,和睦上下,常行惠施,及进行改过迁善、安忍不嗔、接受忠告等道德修养。《般若第二》教人"常见自己过","不见世间过","但自却非心",与儒家的修养之道颇为相近。依此修行,完善人格,是开悟成佛的必要前提。太虚大师以"仰止唯佛陀,完成在人格"一偈自勉,为其人生佛教思想之核心,当有本于《坛经》。

(二) 正行——言下见性,以无念、无相、无住调心,入三三昧

《坛经》的宗旨,是教人顿悟见性,五祖所谓"从自心中顿见真如本性"。顿悟见性的基本方法,是诸宗修持皆用的观心,《般若第二》谓"各自观心,自见本性"——即通过如实观察妄心而见真性,此观心见性,与一般所用以理性思惟(寻伺)观察心的生住灭、来去、一异等方法不同,是"用自真如性,以智慧观照",《般若第二》六祖云:

> 若起正真般若观照,一刹那间,妄念俱灭,若识自性,一悟即至佛地。

此所谓以正真般若观照,非中观、唯识等学以名言为工具进行理性思维而修毗婆舍那(观),属天台宗所谓"观照般若",是一种直觉,用之去观照,调节自心与真如相应,以开发自性本具能了知真如的"本智"、"自然智"。开发这种智慧,须得语言的示导或启发、暗示,五祖谓之"言下见性",《行由第一》载五祖云:

> 思量即不中用,见性之人,言下须见。

> 无上菩提,须得言下识自本心,见自本性不生不灭,一切时中,念念自见。

所谓"言下"之"言",当指经中佛言或禅师示导之言,言下见性的诀窍,是被指示自性的语言所触发或依语言所说的诀窍调心。《行由第一》谓五祖常劝僧俗"但持《金刚经》,即自见性",六祖未见五祖时一闻此经"心即开悟",他也劝人"持诵《金刚般若经》,即得见性"(《般若第二》)。持诵此经见性的原理,当是受经中"无相"、"无所住"等调心诀窍的诱导、暗示或加持,按经言调心,与真如一念相应,即是顿悟。

六祖还说须修"般若行"——即在日常生活、修持中时时以般若智慧调心,其调心诀要为无念、无相、无住三诀,《定慧第四》云:

我此法门,从上以来,先立无念为宗,无相为体,无住为本。

无相、无念、无住,是《阿含经》及大乘《般若》等经中常说的修行法要,惠能大师依一乘顿教的见地,对此作了独特的解释。

无相,本是对实相的遮诠式描述,作为一种与实相相应的修持法要时,指不忆念、不执著一切相,由此进入的定,称为"无相三昧",为《阿含经》所言见道者所入三三昧之一。《坛经·定慧第四》解释:

无相者,于相而离相。

外离一切相,名为无相。能离于相,则法体清净,此是以无相为体。

《坐禅第五》谓此门禅定"外离相为禅,内不乱为定。外若著相,内心即乱,外若离相,心即不乱,本性自净自定"。一乘顿教的无相,不是闭目塞听,摒绝感知,如同熟睡及入灭尽定,而是在六根对境起六识时,于六种现量识上不起名言、实体、内外、人我等主观分别,依唯识学,此即是于依他所起相上不起遍计所执,当任何遍计所执真正不起时,即是圆成实相(真如),即是真心。

无念,很容易被误解为没有念头,摒绝诸念,道教内丹即以"一念不生"意义上的无念为修行诀要。《坛经》所谓无念,是依一乘顿教念与真如不二之见地解释的无念,即"于念而无念"。《定慧第四》云:

于诸境上心不染,曰无念。于自念上常离诸境,不于境上生心。若只百物不思,念尽除却,一念绝即死,别处受生,是为大错。

> 无者无何事？念者念何物？无者无二相，无诸尘劳之心；念者念真如本性。

> 真如自性起念，六根虽有见闻觉知，不染万境，而真性常自在。

《般若第二》谓"若百物不思，当令念绝，即是法缚，即名边见"。《机缘第七》批判智常之师"了无一物可见"、"无一物可知"之见解"犹存知见"，示偈云：

> 不见一法存无见，大似浮云遮日面；不知一法守空知，还如太虚生闪电。此之知见瞥然兴，错认何曾解方便！

六祖的无念，是六根对境，虽有见闻觉知，而不起烦恼、妄想、邪见，所"无"之"念"，指不符合真实的邪妄之念而非不起符合真实的正念，亦即不起遍计所执及于此执上所生诸烦恼。这即是《维摩经》所言"能善分别诸法相，于第一义而不动"的境界。

无念所"无"之"念"，特别指有伦理属性的善、恶之念，亦即唯识学等所言善、不善（烦恼、随烦恼）心所，体会未起善恶分别时的心体。《宣诏第九》惠能告薛简：

> 欲知心要，但一切善恶都莫思量，自然得入清净心体，湛然常寂，妙用恒沙。

《坐禅第五》谓"外于一切善恶境界，心念不起，名为坐；内见自性不动，名为禅"。《行由第一》载惠能教追赶他而来的惠明先屏息诸缘，勿生一念，惠明依言调心良久后，惠能告云：

> 不思善，不思恶，正与么时，那个是明上座本来面目？

这句话中的"那个"，现代汉语应为"哪个"，语尾应为问号。善恶不思时的心，应是无记心或南传佛学所谓"有分心"，唯识学看作阿赖耶识，可以看作世俗谛意义的本心，就此心观照自性、本来面目,应是见到胜义谛意义上的真正自性或真如的一种方法。无记心、有分心虽然无贪嗔等烦恼,而俱生的我法二执未破,不是证得真如的胜义心性。

无住,即《金刚经》所言"应无所住",《定慧第四》解释说:

> 无住者,人之本性,于世间善恶好丑,乃至冤之与亲,言语触刺欺争之时,并将为空,不思酬害。念念之中,不思前境。若前念今念后念,念念相续不断,名为系缚。于诸法上,念念不住,即无缚也。此是以无住为本。

无住,谓与万法本来不住的实性相应,在生活中念念不住,不住著、胶固于一切,保持一种流动的、解脱的心境。

依无相、无念、无住调心,可能于刹那间获得对心性的领悟,但正当无相、无念、无住时,也未必即是见性,真正的见性,需要念念用功,令心与无相、无念、无住的法则念念相应,由此入自性定,证入一相、般若、一行三种三昧,这是《坛经》所言一乘顿教的"三三昧"。

一相三昧,当出自《大般若经》百八三昧中的"一相庄严三昧",原义指住于见佛、净土庄严相的定境,《坛经》则指依无相调心而进入不着一切相的定境,实际应名"无相三昧"。《付嘱第十》云:

> 若于一切处而不住相,于彼相中不生憎爱,亦无取舍,不念利益成坏等事,安闲恬静,虚融淡泊,此名一相三昧。

般若三昧,是依无念调心而住于明见心性般若智慧的定境,《般若第二》云:

> 智慧观照,内外明彻,识自本心。若识本心,即本解脱。若得解脱,即是般若三昧。般若三昧即是无念。何名无念?若见一切法,心不染着,是为无念。用即遍一切处,亦不着一切处,但净本心,使六识出六门,于六尘中无染无杂,来去自由,通用无滞,即是般若三昧。自在解脱,名无念行。

这种三昧,应是在生活中修"无念行",达到见性后保任所悟不失的禅定。这种禅定未必端坐不动,未必不起六识,是动静不二的定,因为是定在本来常定的心体上而非定在某种意念上,故虽然起心动念,言语作事,而心无染着,不被烦恼所乱,即便如五祖所言"轮刀上阵",亦不碍禅定。《机缘第七》六祖示智隍云:

> 汝但心如虚空,不着空见,应用无碍,动静无心,凡圣情忘,能所俱泯,性相如如,无不定时也。

说的即是般若三昧。无心,指念念见真心,无凡圣、能所、空有等分别的妄心,而非没有智慧觉知。

一行三昧,属《大般若经》百八三昧之一,一般说为菩萨见道时所入,其内容是"系缘法界,一念法界",即缘念法界。天台宗列为该宗所传四种三昧之一,因须坐修,称"常坐三昧"。禅宗五祖东山法门及北宗禅依《文殊说般若经》修此三昧,从称念佛名入手观心性。《坛经》所解释的一行三昧,是依一乘顿教不二观灵活发挥的一行三昧,《定慧第四》云:

> 一行三昧者,于一切处行住坐卧,常一直心是也。《净名经》云:直心是道场,直心是净土。莫心行谄曲,口但说直,口说一行三昧,不行直心。但行直心,于一切法勿有执著。迷人着法相,执一行三昧,直言常坐不动,妄不起心,即是一行三昧。作此解者,即同无情,却是障道因缘。

《付嘱第十》谓"若于一切处行住坐卧纯一直心,不动道场,真成净土,此名一行三昧"。此一行三昧,是任何时候保持一"直心",直心,就伦理学意义讲,指质直而非谄曲的心,就胜义谛意义讲,是一切不执著、与实相相应的本心。保持本心不令迷失,谓之直心。直者直接、无曲折,指于依他所起相上不生遍计所执,指不迷失所悟真心。

可以说,若证入般若三昧、一行三昧,即是见性。若真见性,也不须用无相、无念、无住法则调心,只要保住所悟即可。对于何为见性,《坛经》有明确的标准,如《般若第二》云:

> 若开悟顿教,不执外修,但于自心常起正见,烦恼尘劳常不能染,即是见性。

谓明悟心性保持不失而达到烦恼不能染的境界,方是见道证果意义上的见性。《顿渐第八》所言标准更高:

> 见性之人,立亦得,不立亦得,来去自由,无滞无碍,应用随作,应语随答,普见化身,不离自性,即得自在神通、游戏三昧,是名见性。

于生活中解脱自在,无碍无滞,运用自如,乃至具足神通自在、游戏三昧,这应是阿罗汉乃至初地以上菩萨的境界了。若仅仅是刹那间的顿悟,一般只名"开佛知见",《机缘第七》谓"若悟此法,一念心开,是为开佛知见",此开佛知见,当只是悟理而非见道,至多只当后来宗门所言"解悟"。

(三)"随方解缚"的教学法

南宗禅的开悟,虽然可以自己通过读诵、学习经论及禅语,依法调心而臻,但一般须大善知识的"示导",开悟之后,须掌握使他人开悟的技巧,才能度人济世。教学法在宗门因而极其重要。六祖谓"欲拟化他人,自须有方便"(《般若第二》),此方便即指教学法。《坛经》便是一篇运用宗门教学法的记录,也具体开示了教学法,其法以《顿渐第八》六祖自言的"随方解缚"四字为要。随方解缚,意谓根据受教者的根机、时机,帮助其解开自我缠缚的绳索——种种执著、邪解、妄念。这正是佛在《无量义经》表明的四十九年说法的实质——"种种方便,令离诸著"之精神。

《坛经》记载六祖运用随方解缚法的案例,大多是针对来者的请问及所呈见解，或主动发问，发现其执著所在，然后以语言破除，多用反诘、诱导法。如从僧法达礼拜头不至地，六祖看出其"心中必有一物"，问知其因诵《法华经》三千部而起慢心后，针对其未解经义之迷，为其指示《法华》心要"开佛知见"义，令法达"不觉悲泣，言下大悟"。对览《涅槃经》十余载而未明大意的僧志道，先令其说明未明之处，然后批评其"习外道断常邪见"，为说无上大涅槃实义，志道"闻偈大悟，踊跃作礼而退"。若上根利智，则示以见性心要便悟，如为法海解答"即心即佛"之义，谓"前念不生即心，后念不灭即佛"；"成一切相即心，离一切相即佛"，法海言下大悟。对已悟心性的行思、怀让、玄觉，则通过诘问令其呈见解，给予印证，尤与永嘉玄觉的机锋对答最耐人寻味。对神会"和尚坐禅，还见不见"之问，则以拄杖打他三下，问"吾打汝是痛不痛？"几番对答，令其折服，神会乃"再礼百余拜，求谢过您"。后针对其口舌伶俐快捷，批评他将来"只成个知解宗徒"。《付嘱第十》载六祖入灭前教其徒众说法的技术：

> 吾今教汝说法，不失本宗。先须举三科法门，动用三十六对，出没即离两边，说一切法，莫离自性。忽有人问汝法，出语尽双，皆取对法，来去相因，究竟二法尽除，更无去处。

其三十六对是：天与地、日与月、明与暗、阴与阳、水与火；语与法、有与无、有色与无色、有相与无相、有漏与无漏、色与空、动与静、清与浊、凡与圣、僧与俗、老与少、大与小；长与短、邪与正、痴与慧、愚与智、乱与定、慈与毒、戒与非、直与曲、实与虚、险与平、烦恼与菩提、常与无常、悲与害、喜与嗔、舍与悭、进与退、生与灭、法身与色身、化身与报身。

具体运用的方法，是根据"不二"的遮诠法，以自性为本，从相反的方面回答问题，如问有将无对，问无将有对，问凡以圣对，问圣以凡对，以此破除其二元分裂的边见，令不著二边，悟入中道，所谓"二道相因，生中道义"。又如：

　　　　设有人问：何名为暗？答云：明是因，暗是缘，明没即暗。
　　以明显暗，以暗显明，来去相因，成中道义。余问悉皆如此。

　　《坛经》记载的大师接人对答，提供了运用这种教学法的范例。如有僧举卧龙禅师偈"卧龙有伎俩，能断百思想，对境心不起，菩提日日长"，六祖判其"未明心地，若依而行之，是加系缚"，因示一偈：

　　　　惠能没伎俩，不断百思想，对境心数起，菩提作么长？（《机
　　缘第七》）

　　正是针对其堕于断灭空一边的邪无念义，从反面驳之，以反问启发其悟正无念义。

　　其实，一部《坛经》，可以说全体都是运用不二遮诠教学法的范本，经中处处破除"二"的执著，引导人体悟本来不二的自性，未必完全是"实话实说"。这是研读《坛经》须紧紧把握的基本要点。如"迷人念佛求生西方，悟人自净其心"、"但心清净即是自性西方"，及"心平何劳持戒"、"一悟即至佛地"等语，皆是破执方便。若把六祖大师破执方便之言当作实法，则很可能会导致狂禅、诤论或用教理否定《坛经》，其责任在自己误读《坛经》，而非六祖说法之过也。

　　下面简要介绍一下《坛经》版本选择和注释的基本情况。

　　从六祖惠能在大梵寺开坛讲法，法海记录为《坛经》，至今一千三百多年间，《坛经》先后形成了两大源流、四大系统、二十多种版本。根据佛教文献记载，《坛经》最初只在六祖的得法弟子之中秘传，作为禅法授受的依据，这个本子后来发展为"传宗本"。在传宗本日渐流行的同时，在曹溪山尚有"文繁"的古本存世，当为众弟子所记六祖语录之汇编本，篇幅比"传宗本"大，世称"曹溪古本"。后世的各种《坛经》版本系统，都是依此两大源流而增删演变的。大概

"曹溪古本"编排上的缺陷,使"读者初忻后厌",遂出现了以"传宗本"为底本,增补"曹溪古本"及其他相关内容而形成的各种改本,惠昕本、契嵩本、宗宝本等版本都属于这种类型。下面略作介绍。

1. 敦煌本系统。最初《坛经》的写本仅作为六祖禅法的文字记录而受到重视,后代弟子中有人将《坛经》授受作为南宗得法的凭据,后人将这类《坛经》写本称为传宗本。这个系统的写本在20世纪先后发现了五种,其中三种为完整本,即:1920年见于目录的旅博本,1928年公布录文、1930年公布照片的斯坦因本,1940年代向达先生录文、1993年杨曾文先生录校的敦博本。此本全名《南宗顿教最上大乘摩诃般若波罗蜜经六祖惠能大师于韶州大梵寺施法坛经》,弟子法海集记,卷末题《南宗顿教最上大乘坛经法一卷》,研究者通常概称此系统为敦煌本。全文约12 000字,文字质朴,语言传神,保存古意较多。三种完整的敦煌本中,斯坦因本最早为世人所知和重视,开辟了《坛经》及禅宗研究的新阶段,但此本文字讹误极多、方音替代严重,阅读时多有不便。敦博本书写工整,对斯坦因的错漏校正不少,但自身错漏也不少。旅博本虽是最早见知,却是公布最晚的敦煌本,书写虽不算工整,但在已发现的五种敦煌《坛经》写本中,却是文字脱漏最少、错误最少的本子。本书的附录中收录了以旅博本为底本、参校斯坦因本、敦博本及北图本、北图残本等写本重新校订、标点的敦煌本,在完整性和可读性等方面,较斯坦因本及敦博本都有较大的改进。

2. 惠昕本系统。禅僧惠昕于北宋乾德五年(967),依据曹溪古本删节,形成了上、下卷,分为十一门(节)的新本,题名《六祖坛经》,约14 000字。与敦煌本相比,增补了少量内容,次序有所变化,语言较为通顺、文雅。与此本同一系统的,有保存于日本的周希古刊本(真福寺本)、存中再刊本(大乘寺本、金山天宁寺本)、晁子健刊本

（宽永本、兴圣寺本）等。

3. 契嵩本系统（德异本、曹溪原本）。北宋云门宗名僧契嵩，于至和年间（约1055—1056），依据曹溪古本校定，分为三卷。原本已佚，近年来学术界研究认为，元至元二十七年（1290）禅僧德异、明万历年间憨山大师等所据以刊刻的、分为十品的《六祖坛经》底本，或即契嵩本。以上各本在刊行时，将其改为一卷，世称"曹溪原本"、德异本。与敦煌本、惠昕本相比，此本增补了不少内容，如"本来面目"、"但吃肉边菜"、"迷时师度、悟了自度"、为无尽藏比丘尼说《涅槃经》以及与法海、行思、怀让、玄觉等人的法义问答等内容，增补部分材料来源可靠，校订精细，语言上也比较流畅，刊行之后，即广泛流通。与此本同一系统的，有成化本、正统四年本、金陵刻经处本等。明末憨山大师重刻的曹溪原本，今由南华寺影印流通。

4. 宗宝本系统。元代僧人宗宝于至元二十八年（1291）依据惠昕本、德异本等三种版本，对《坛经》进行了校订，分为十品，正文19 000余字，题名《六祖大师法宝坛经》刊行。宗宝本与属于契嵩本系统的德异本、曹溪原本的差异，主要在十品的品名及个别品目的正文顺序上。内容方面的差别很小，仅在人称、个别语句的增损上略有不同，因此也有学者将宗宝本归入契嵩本系统的。宗宝本后经明代净戒重校、删节为以大梵寺说法为主的、9 800余字的节本，收入明代的永乐《南藏》，此后《北藏》、《房山石经》、清代《乾隆藏》（龙藏）等各种藏经均收录此本。入藏之外，宗宝本也被民间纷纷刊刻，遂成为明代以来最为通行的《坛经》版本。

以上是关于《坛经》版本系统的简要说明，《禅宗全书》第37册收录了四大版本系统中重要的《坛经》版本共12种，上海古籍出版社出版的《旅顺博物馆藏〈敦煌本六祖坛经〉》收录了已发现的全部5种敦煌写本《坛经》的图版，可资参考。

　　在《坛经》各本中,敦煌本是最古老的版本,经后人改动较少,更多地呈现了六祖说法的原始形态。但由于原卷属于写本,字体不甚工整,加上写卷存在着大量的俗体字、唐代口语词、方音替代字、文字错、漏、衍、颠倒等情形较多,如果不重经校正,也不易读懂。因此本书在充分采用敦煌写本《坛经》研究成果的基础上,重新对敦煌本作了校订,而附于卷末作为宗宝本的参照。惠昕本系统各本,书写规范、工整,增补的 2 000 余字,对于敦煌本有很好的补充作用,有心者可以自行参照。契嵩所校定的"曹溪原本",依据古本《坛经》及当时传世的禅宗文献,进行了全面地搜集和精细的考证,增补了不少六祖的法语和机缘,从而成为各版本中内容最为丰富的版本,并为此后的德异本、曹溪原本及宗宝本所充分吸收和利用。宗宝本除在个别字句的校订上较德异本更为精细、章节的划分、品目的名称与之不同之外,与曹溪原本并无太大的差异。而同属于宗宝本系统、收入明代南藏、北藏及龙藏的则为其节本,仅保留了大梵寺说法的部分,内容尚不及敦煌本丰富,因此民间流行不广。

　　考虑到宗宝本是《坛经》各本中内容最为丰富,流行最为广泛的版本,后代评唱、引用、阅读最为频繁地用到它,所以本书即以丁福保先生所据之正统四年本与嘉靖五台山房刻本之互校本所校订的宗宝本为《坛经》原文,以"无锡丁氏藏版"之《六祖坛经笺注》为注释本。

　　与《金刚经》、《维摩经》、《心经》等流行广泛的佛教经典都有为数众多的注释本不同,在《坛经》流行的千余年间,国内禅门为之作注者盖鲜。直到民国之后,为《坛经》作注的才日渐增多。这种现象的出现,并不是因为《坛经》的内容通俗易懂,或者禅之神秘、不可言说,而是与禅门注重明心见性、直下契悟的精神特质密切关联的。宗门认为悟则言下即悟,思量即不中用,认为在文字上做功夫、求知解、穿凿附会地去解说禅的方法,是与禅宗的根本旨趣背道而驰的。这种注重"顿见自心佛性","不死于古人言下"的精神,引导许多的上根之士直面自心而得究竟自在。但对佛教的真精神了解不深的一般人来说,不依佛教经论、不参考前人的注释、评说而想要全面、准确、深入地理解《坛经》是不太可能的。

因此近代以来至于近年中,受西方佛教学术观念的影响,并借鉴日本等地的《坛经》注释成果,国内外涌现了众多的《坛经》注释之书,不下数十种。各种注释中,丁福保先生的《六祖坛经笺注》是内容最为丰富、征引最为广泛、解说相当全面、理解较为可靠的一种。

丁福保先生少喜读书,学通经史,二十五岁之后兼通算学、医学和日文。四十岁后归心佛教,用十年之功编成《佛学大辞典》,该书是中国第一部新式的大型佛学辞典,风行学界七十年,至今仍是重要的佛学工具书。《六祖坛经笺注》之作,约与编辑《佛学大辞典》同时,先生广采诸书,"折衷众说,择善而从","或别书于册,或书于片纸,或饮行跳格而书于本经字句之旁及书眉之上",经过数年的积累,1919 年,本书先于《佛学大辞典》两年而告成。

丁先生认为,"借文字可以通经义,通经义可以明心见性"。"若未到岸、未得道时,文字究不可以不求甚解",故"远祖汉儒经注,近法《三国志》、《世说》、《文选》等注,而为《坛经》之笺注也"。采用传统的笺注方式,为《坛经》作注,用"笺"的方式详细说明《坛经》中诸偈颂之意,用"注"的方式解释文中的典故、佛教术语、佛门称谓以及地名的沿革、人物的生平、字词的音义等。注释以说明《坛经》本义为主,注重以经、律、论、疏之经典文字为依据,以大德高僧之相关著述及佛教史传等为参照,而尽量避免个人的空疏之论与独断之说。注释贴近《坛经》本文,引用众多的佛教经典说明相关术语的语义及经典依据,引文以禅宗类经典为主,旁及大小乘经典各部,以一大藏教为《坛经》注脚，将《坛经》的思想主旨与全体佛法很好地关联起来，较好地呈现了全体佛法作为禅宗思想背景的意义，为人们更为准确、深入地理解《坛经》提供了很大的方便。

本书在采用《六祖坛经笺注》时，为照顾读者的阅读习惯，对原文的版式稍微进行了调整：一是将《坛经》分为较小的自然段落；一是将原为双行小字的夹注改在各段落后，用序号一一标出；一是对全文重新进行了标点。

在整理、标点全文的过程中，对全书进行了较为全面的校对，对书名、卷数、作者、引文等有较为明显错误的，直接在原文上加以改正，少数用"按语"方式说明。对于注释文字与《坛经》原文出入较大、注释所引用文字理解有误、引书不当等情形，则采用"按语"的形式，加以说明，期望对读者阅读本书有所帮助。

目 录

前言 / 陈兵 / 1

六祖大师法宝坛经

行由第一 / 4

般若第二 / 47

疑问第三 / 79

定慧第四 / 94

坐禅第五 / 104

忏悔第六 / 107

机缘第七 / 124

顿渐第八 / 177

护法第九 / 201

付嘱第十 / 210

附录一 跋 / 宗宝 / 248

附录二 六祖能禅师碑铭 / 王维 / 251

附录三 曹溪第六祖赐谥大鉴禅师碑 / 柳宗元 / 272

附录四 大唐曹溪第六祖大鉴禅师第二碑 / 刘禹锡 / 276

附录五 历朝崇奉事迹 / 278

附录六 旅顺博物馆藏敦煌本六祖坛经新校 / 279

六祖大师法宝坛经

【笺注】

　　行事为后世所宗仰者称祖。天竺初祖摩诃迦叶，传至二十八祖达磨大师。达磨于梁武帝时来中国，即为中国禅宗初祖。二祖名慧可，三祖名僧璨，四祖名道信，五祖名弘忍，六祖名惠能。

　　《春秋正义》曰："三传之义，本皆口传。后之学者，乃著竹帛，而以祖师之目题之。"《汉书·外戚传》曰："定陶丁姬，易祖师丁将军之玄孙。"师古注："祖，始也。丁宽，易之始师。"凡创立宗派之人，无论释家、道家，皆曰祖师。《指月录》四："有期城太守扬炫之，早慕佛乘。问初祖达磨大师曰：'西天五印，师承为祖，其道如何？'祖曰：'明佛心宗，行解相应，名之曰祖。'又问：'此外如何？'师曰：'须明他心，知其今古。不厌有无，于法无取。不贤不愚，无迷无悟。若能是解，故称为祖。'又曰：'愿师慈悲，开示宗旨。'师知恳到，即说偈曰：'亦不睹恶而生嫌，亦不观善而勤措。亦不舍智而近愚，亦不抛迷而就悟。达大道兮过量，通佛心兮出度。不与凡圣同躔，超然名之曰祖。'"

　　《瑜伽论》："能善教诫声闻弟子，一切应作不应作事，故名大师。又能化导无量众生，令苦寂灭，故名大师。又为摧灭邪秽外道，出现世间，故名大师。"《资持记》上一之一："大师者，所谓天人之师，即十号之一。"《四教仪集注》上："大师者，群生楷范。"

　　《正宗记》："六祖惠能大师，姓卢氏，新兴人。辞母直造黄梅东山，既得法，回南海法性寺，开东山法门。后归宝林寺，一日谓众曰：'吾于忍大师处受法要并及衣钵，今汝等信根纯熟，但说法要，衣钵不须传也。'次年坐化，塔于曹溪，今南华寺是也。"

法宝，为三宝之一，诸佛所说之妙法，可以珍重如世之财宝者然，故名。《维摩经·佛国品》："集众法宝，如海导师。"《翻译名义集》五引《金光明玄义》曰："至理可尊，名曰法宝。"

《汉书音义》："封土而高曰坛，除地平坦曰场。"

经，常也。凡载道义法制之至当不可易之书，谓之经。

《坛经》者，其坛为刘宋朝求那跋陀罗三藏创建。立碑谓："后当有肉身菩萨于此受戒。"而智药三藏于梁天监元年植菩提树一株于此坛畔，预志谓后一百七十年有肉身菩萨于此树下开演上乘，度无量众，真传佛心印之法王云云。故六祖虽随缘赴说，不皆在于此坛畔说法，而门弟子归重肉身菩萨于此坛畔树下转上乘法轮之谶，而云"坛经"也。

[唐] 释门人法海录

无锡丁福保仲祜笺注

【笺注】

在民国前一千二百九十四年，唐高祖李渊受隋禅有天下，国号唐。

《避暑录话》下："晋、宋间佛学初行，其徒犹未有僧称，通曰道人，其姓则皆从所授学，如支遁本姓关，学于支谦为支。帛道猷本姓冯，学于帛尸梨密为帛是也。至道安始言佛氏释迦，今为弟子，宜从佛氏，乃请皆姓释。"《四朝闻见录·附录》"晋王大令保母帖考"："王畿云：'或又谓佛之徒称释，起于道安。大令时未应有释老之称。此又不稽古之甚者。'"《阿含经》云：四河入海，与海同流咸。四姓出家，与佛同姓释。释，佛之姓也。此土谓佛谓释久矣。志称释老，以佛对老，非谓佛之徒也。《晋书》云：何充性好释典，崇修佛寺是也。然道安以前比丘，各称其姓，道安欲令皆从佛姓。初不之信，后得《阿含经》，始信之。尔后此土比丘皆姓释，如释慧远是也。

门人，门弟子也。

法海，韶州曲江人。《传灯录》五、《五灯会元》二、《禅宗正宗》一、《指月录》四，皆录本经《机缘品》中一则。此外事迹无考。惟《全唐文》卷九百十五，载法海字文允，俗姓张氏，丹阳人。一云曲江人。出家鹤林寺，为六祖弟子。天宝中预扬州法慎律师讲席。

录，抄写也。《宋史·选举志》："集书吏录本。"

行由第一

【笺注】

　　述六祖一代之行状由来，故曰行由。

　　时，大师至宝林①，韶州②韦刺史③与官僚④入山⑤，请师出，于城中大梵寺⑥讲堂⑦，为众开缘说法⑧。师升座次⑨，刺史官僚三十余人，儒宗⑩学士⑪三十余人，僧⑫尼⑬道⑭俗⑮一千余人，同时作礼⑯，愿闻法要⑰。

【笺注】

　　① 时六祖自广州法性寺至宝林寺，即曹溪南华寺是也。法海《坛经序》："先是西国智药三藏自南海经曹溪口，掬水而饮，香美。异之，谓其徒曰：'此水与西天之水无别，溪源上必有胜地，堪为兰若。'随流至源上，四顾山水回环，峰峦奇秀。叹曰：'宛如西天宝林山也。'乃谓曹侯村居民曰：'可于此山建一梵刹，一百七十年后，当有无上法宝于此演化。得道者如林，宜号宝林。'时韶州牧侯敬中以其言具表闻奏。上可其请，赐宝林为额。遂成梵宫，落成于梁天监三年。"《传灯录》五："中宗神龙元年十二月十九日，敕改古宝林为中兴。三年十一月十八日，又敕为法泉寺。"《宋高僧传》八："太平兴国三年，敕建塔，改为南华寺。又改曰华果寺。"《广东通志》二百二十九："南华寺在县（韶州府曲江县）南六十里，梁天监元年，天竺国僧智药建。后为六祖演法道场。唐万岁通天初，则天

皇后赐赉宣诏。元和间赐塔曰'灵照之塔'。其寺为岭外禅林之冠。"按：《指月录》："曹溪宝林，堂宇湫隘，六祖谒里人陈亚仙，舍宅广之，即此寺也。六祖传黄梅衣钵，居此。今衣钵与真身俱存。开宝三年，赐名'南华'。塔毁，明化六年建复。国朝康熙五年平藩重建。有降龙塔、伏虎亭、卓锡亭、避难石、曹溪水十二景。"

②府名。隋置州，寻废。唐复置，元为路，明改府，属广东。清因之。今废曲江县，其旧治也。

③名璩。刺史，官名，汉置。其职各代不同。隋唐之刺史，犹清之知府及直隶州知州。《传灯录》五、《宋高僧传》八、《五灯会元》一，韦璩皆作韦据。

④官与僚属也。

⑤此山指南华山而言，在曲江县南六十里。宝林寺即在此山。

⑥《广东通志》二百二十九：韶州府曲江县："报恩光孝寺，在河西，唐开元二年，僧宗锡建，名开元寺。又更名大梵寺，刺史韦宙请六祖说《坛经》处。宋崇宁三年，诏诸州建崇宁寺，致和中改天宁寺。绍兴三年，专奉徽宗香火，赐额曰：'报恩光孝寺'。"

⑦讲经说法之堂舍也。《无量寿经》下："无量寿佛为诸声闻菩萨大众班宣法时，都悉集会七宝讲堂，广宣教道，演畅妙法。"

⑧犹言启发人之因缘而为说妙法也。《法华玄义》六："'诸法不可示，言辞相寂灭。'有因缘故亦可说。"

⑨座次，所坐之处也。

⑩儒宗，儒者之师也。《史记》："叔孙通希世度务，制礼进退，与时变化，卒为汉家儒宗。"《汉书》：董仲舒为世儒宗。

⑪学士，学者也。《史记》："天下之学士，靡然向风矣。"

⑫僧者，僧伽之简称，皈依佛教之人也。《行事钞》四："四人已上，能御圣法，辨得前事，名之为僧。"

⑬出家之女僧也。梵名比丘尼，俗名尼姑。

⑭崇奉道教之士也。此教奉元始天尊太上老君为教祖，创于东汉

张道陵,至晋时称天师道,后遂名之为道教。

⑮ 在家未奉佛法者之称也。

⑯ 作礼,作敬礼也。《佛说阿弥陀经》:"一切世间,天、人、阿修罗等,闻佛所说,欢喜信受,作礼而去。"

⑰ 简约而枢要之法义曰法要。《梵网经·法藏疏》一:"无非妙轨云法。"《孝经》注:"以一管众为要。"

大师告众曰:"善知识①,菩提②自性③,本来④清净⑤。但用此心,直了成佛⑥。

善知识,且⑦听惠能行由、得法事意。惠能严父⑧,本贯范阳⑨,左降⑩流⑪于岭南⑫,作新州⑬百姓。此身不幸⑭,父又早亡。老母孤遗⑮,移来南海⑯。艰辛贫乏⑰,于市卖柴。时有一客买柴,使令送至客店。客收去,惠能得钱,却⑱出门外。见一客诵经⑲,惠能一闻经语,心即开悟⑳。遂问客诵何经。

客曰:'《金刚经》㉑。'

复问:'从何所来,持此经典?'

客云:'我从蕲州㉒黄梅县东禅寺㉓来。其寺是五祖忍大师㉔在彼主化㉕,门人一千有余。我到彼中礼拜㉖,听受此经。大师常劝僧俗:但持《金刚经》,即自见性㉗,直了成佛。'

【笺注】

① 《法华文句》四:"闻名为知,见形为识,是人益我菩提之道,名善知识。"《涅槃经》二十五:"能教众生远离十恶,修行十善,谓之善知识。"

② 菩提,旧译名道,新译名觉。道者通之义,觉者觉悟之义。《名义

集》五:"道之极者,称之曰菩提。"

③ 诸法各自不变不改之性也。《唯识论》十:"本来自性清净涅槃。"《六祖金刚经口诀》:"一切众生自无始来不能离生灭者,皆为此心所累故。诸佛惟教人了此心,此心了,即见自性。见自性,即是菩提也。"

④ 无始以来名本来。

⑤ 远离身口意三业恶行之过失,烦恼之垢染,名清净。《探玄记》四:"三业无过云清净。"

⑥《起信论义记》下:"众生真心与诸佛体,平等无二。"又:"众生真心,即诸佛体,更无差别。"故《华严经》云:"若人欲求知,三世一切佛,应当如是观,心造诸如来。"又云:"众生心佛,还自教化众生。"《华严经》五十二:"应知自心念念常有佛成正觉。何以故?诸佛如来不离此心成正觉故。"《传心法要》:"唯此一心即是佛,佛与众生更无别异。但是众生著相外求,求之转失。使佛觅佛,将心捉心,穷劫尽形,终不能得。不知息念忘虑,佛自现前。此心即是佛,佛即是众生。为众生时此心不减,为诸佛时此心不添。乃至六度万行河沙功德,本自具足,不假修添。遇缘即施,缘息即寂。若不决定信此是佛,而欲著相修行,以求功用,皆是妄想,与道相乖。此心即是佛,更无别佛,亦无别心。此心明净,犹如虚空,无一点相貌。举心动念,即乖法体,即为著相。无始已来,无著相佛。修六度万行欲求成佛,即是次第。无始已来无次第佛,但悟一心,更无少法可得,此即真佛。"

⑦ 且,助语词,有宽缓说来之意。

⑧ 父严母慈,故称父曰严父。又尊其父曰严父也。《孝经》:"严父莫大乎配天。"《周易·家人》卦曰:"家人有严君焉,父母之谓也。"

⑨ 贯,籍贯也。本贯犹云本籍。范阳,地名,唐郡,今直隶大兴、宛平、昌平、房山、宝坻等县之地。《正宗记》六:"其先本籍范阳,父行瑫,武德中谪官新州。"

⑩ 即左迁,谓降职也。古以右为尊,故谓迁秩为左降。《宋史·真宗纪》:"左降官羁管十年以上者,放还京师。"

⑪ 犹放也。为五刑之一,安置远方,终身不返也。分远近为三等。《尚书·尧典》曰:"'流共工于幽州'。注:遣之远去,如水之流也。"

⑫ 岭南,五岭之南也。东际海,西极群蛮,北据五岭,今属广东,治十一县。

⑬ 新州,即今之新兴县,在肇庆府南一百三十里。详《大清一统志》三百四十五。上古惟贵族有姓,故谓百官之族曰百姓。《书》:"'平章百姓'。注:畿内民庶也。"今则通称国民为百姓矣。

⑭ 《论语》:"不幸短命死矣。"《说文》:"夭死之事,故死谓之不幸。"

⑮ 耶律楚材诗:"故园曲指八千里,老母行年六十余。"《旧唐书·李大亮传》:"亲戚孤遗,为大亮所鞠养。"任昉《王文宪文集序》:"亲加吊祭,表荐孤遗。"《孟子·梁惠王下》:"幼而无父曰孤。"

⑯ 移,迁也。《书》:"移尔遄逝。"南海,郡名,今改县。属广东粤海道。

⑰ 艰辛,谓艰难辛苦也。李白诗:"英豪未豹变,自古多艰辛。"《诗传》三:"三岁之后,始贫乏于衣食。"

⑱ 却,退也。

⑲ 读诵经典也。

⑳ 开智明理也。《法华经·序品》:"照明佛法,开悟众生。"

㉑ 此经即《大般若经》第五百七十七卷。前后共有六种译本,互有详略。最通行者为罗什译本。《三藏法数》二:"金刚者,金中最刚,故云金刚。"《六祖金刚般若经注·自序》云:"《金刚经》者,无相为宗,无住为体,妙有为用。自从达磨西来,为传此经之意,令人悟理见性。只为世人不见自性,是以立见性之法。世人若了见真如本体,即不假立法。此经读诵者无数,称赞者无边,造疏及注解者,凡八百余家,所说道理,各随所见。见虽不同,法即无二。宿植上根者,一闻便了。若无宿慧,读诵虽多,不悟佛意。"

㉒ 蕲,音其。《大清一统志》二百六十三:"蕲州在黄州府东一百八

十里。"

㉓《湖广通志》七十八:黄州府黄梅县:"东禅寺,在黄梅县西南一里。"《名胜志》:"东禅寺号莲华寺,乃五祖传衣钵于六祖处。有六祖簸糠池、坠腰石及吴道子《传衣图》。"

㉔《五灯会元》一:"五祖大师,蕲州黄梅县人也。先为破头山中栽松道者,后遇信大师得法。"

㉕ 彼指黄梅县,亦指东禅寺而言。主化,主持教化也。

㉖ 礼拜,恭敬之意现于身相者也。

㉗《智度论》三十一:"性各自有,不待因缘。"又见后。《六祖金刚般若经注·自序》云:"经是圣人之语,教人闻之,从凡悟圣,永息迷心。此一卷经,众人性中本有。不见见者,但读诵文字。若悟本心,始知此经不在文字。若能明了自性,方信一切诸佛,从此经出。"

惠能闻说,宿昔有缘①,乃蒙一客取银十两与惠能,令充老母衣粮②,教便往黄梅参③礼五祖。惠能安置母毕,即便辞违④。不经三十余日,便至黄梅。礼拜五祖。

祖问曰:'汝何方人⑤?欲求何物?'

惠能对曰:'弟子是岭南新州百姓。远来礼师,惟求作佛⑥,不求余物。'

祖言:'汝是岭南人,又是獦獠⑦,若为⑧堪作佛?'

惠能曰:'人虽有南北,佛性本无南北⑨。獦獠身与和尚⑩不同,佛性有何差别⑪?'

五祖更欲与语⑫,且见徒众⑬总在左右,乃令随众作务⑭。

惠能曰:'惠能启⑮和尚:弟子⑯自心常生智慧,不离自性⑰,即是福田⑱。末审和尚教作何务?'

祖云:'这獦獠根性大利⑲!汝更勿言,著槽厂去⑳。'

惠能退至后院。有一行者㉑,差惠能破柴踏碓㉒,经八月余。

【笺注】

① 宿昔有缘,犹言前世因缘也。

② 衣粮,衣食也。

③《象器笺》:"参,趋承也,晋谒也。"

④ 辞违,别本作"辞亲"。

⑤ 别本"人"字下有"来到此山礼拜今向吾边"十字。

⑥ 作佛,成佛也。尽菩萨之行,断妄惑,开真觉之谓。《法华经·譬喻品》:"具足菩萨所行之道,当得作佛。"《大智度论》十八:"求佛道者,从初发心作愿:愿我作佛,度脱众生,得一切佛法。行六波罗蜜,破魔军众及诸烦恼,得一切智,成佛道。"

⑦ 獦,音葛,兽名。獠,音聊,称西南夷之谓也。《一统志》八十一:"肇庆府,秦为南海郡,地属岭南道。风俗夷獠相杂。"山谷《过洞庭青草湖诗》:"行矣勿迟留,蕉林追獦獠。"注曰:山谷赴宜州贬所,岭南多蕉林,其地与夷獠相接。《韵会》:獦者,短喙犬。獠,西南夷。

⑧ 为,何也。按:意言如何能作得佛。

⑨《禅源诠》二:"一切众生,皆有空寂真心,无始本来,性自清净,明明不昧,了了常知。尽未来际,常住不灭。名为佛性,亦名如来藏。"《涅槃经》二十七:"一切众生悉有佛性,如来常住,无有变易。"

⑩ 和尚,僧徒称其师之尊称。其义为亲教师,谓能教人学戒、定、慧,犹俗家之有业师也。

⑪ 差别,不同等也。白居易诗:"一音无差别,四句有诠次。"《楞伽经》:"若无差别者,一切外道亦皆是佛,以不生不灭故。"

⑫ 别本作"大师更欲共惠能久语"。

⑬ 弟子之成群者曰徒众。

⑭《五灯会元》三、"百丈章"："师凡作务执劳,先于众。"《广韵》："务,事务也,专力也。"

⑮ 启,白事也。

⑯《行事钞》上三："学在我后,名之为弟。解从我生,名之为子。"

⑰ 自性本智,触处应现,千般万般,应用不乏,不即不离。《传心法要》："此灵觉性,无始已来,与虚空同寿。"又曰："性即是心,心即是佛,佛即是法。"

⑱《探玄记》六："生我福,故名福田。"《无量寿经净影疏》："生世福善,如田生物,故云福田。"《翻译名义集》："《报恩经》:'众僧者,出三界之福田。'谓比丘具有戒体,戒为万善之根,是故世人归信、供养、种福,如沃壤之田,能生嘉苗,故号良福田。"

⑲《辅行》二之四："能生为根,数习为性。"大,音太,过也。利,锐也。

⑳ 著,命令词。槽厂,养马小屋。槽厂,别本作"且去后院"。《广传灯录》作"槽厂"。《海篇心镜》曰："厂,马屋。槽,马槽也。"《正宗记》六："尊者知其异人,佯诃之曰:'著槽厂去。'惠能即退,求处碓所,尽力于白杵间。"按:槽厂,即后院之碓房也。

㉑ 行者,禅院之侍者也。《禅林象器笺》八："有发而依止僧寺,称为行者。"《释氏要览》上："经中多呼修行人为行者。"《观无量寿经》："读诵大乘,劝进行者。"《善见律》十一："有善男子欲求出家,未得衣钵,欲依寺中住者,名畔头波罗沙。"未见译语。按:即此方行者也。男生八岁毁齿,十六阳气全,以其有意乐信,忍修净梵行,故自晋时已有此名,如东林远大师下有辟蛇行者。

㉒ 碓,音对。破柴者,以斧碎柴,使可为爨料之谓也。踏碓,春米碓之用足踏者。桓谭《新论》曰："宓牺制杵臼之利,后世加巧,因借身践碓而利十倍,则碓盖起于杵臼之遗法也。"

祖一日忽见惠能，曰：'吾思汝之见可用。恐有恶人害汝，遂不与汝言。汝知之否？'

惠能曰：'弟子亦知师意，不敢行至堂前。令人不觉①。'

祖一日唤诸门人总来：'吾向汝说，世人生死事大②，汝等终日只求福田③，不求出离生死苦海④。自性⑤若迷⑥，福何可救⑦？汝等各去，自看智慧⑧，取自本心般若之性⑨，各作一偈⑩，来呈吾看。若悟大意⑪，付汝衣法⑫，为第六代祖。火急速去⑬！不得迟滞！思量即不中用⑭。见性之人⑮，言下须见⑯。若如此者，轮刀上阵⑰，亦得见之（喻利根者）。'

众得处分⑱，退而递相谓曰：'我等众人，不须澄心用意作偈，将⑲呈和尚。有何所益？神秀上座⑳现为教授师㉑，必是他得。我辈谩㉒作偈颂㉓，枉用心力㉔。'诸人闻语，总皆息心。咸言：'我等已后，依止㉕秀师，何烦作偈。'

【笺注】

① 所以不敢朝参暮请，欲使他人不觉惠能将传五祖衣钵而为六祖也。

②《楞严经》三："生死死生，生生死死，如旋火轮。"天台《四教仪》："从地狱至非非想天，虽然苦乐不同，未免生而复死，死已还生，故名生死。"《销释金刚科仪》曰："百年光景，全在刹那。四大幻身，岂能长久！每日尘劳泪泪，终朝业识茫茫。不知一性之圆明，徒逞六根之贪欲。功名盖世，无非大梦一场；富贵惊人，难免无常二字。争人争我，到底成空；夸会夸能，毕竟非实。风火散时无老少，溪山磨尽几英雄。绿鬓未几，而白发早侵；贺者才临，而吊者随至。一包脓血，长年苦恋恩情；七尺髑髅，

恣意滥贪财宝。出息难期入息，今朝不保来朝。爱河出没几时休，火宅忧煎何日了。不愿出离业网，只言未有工夫。阎罗王忽地来追，崔相公岂容展限。回首家亲都不见，到头业报自家当。鬼王狱卒，一任期凌；剑树刀山，更无推抵。或摄沃焦石下，或在铁围山间。受镬汤则万死千生，遭剉磕则一刀两段。饥吞热铁，渴饮熔铜。十二时甘受苦辛，五百劫不见头影。受足罪业，复入轮回。顿失旧时人身，换却这回皮袋。披毛戴角，衔铁负鞍。以肉供人，用命还债。生被刀砧之苦，死遭汤火之灾。互积冤愆，递相食啖。那时追悔，学道无因。何如直下承当，莫待今生蹉过。"

③ 求人天有漏之果，福报尽时，还入三途。《竹窗随笔·来生》："今生持戒修福之僧，若心地未明，愿力轻微，又不求净土，是人来生多感富贵之报，亦多为富贵所迷，或至造业堕落者。有老僧摇手不之信，予谓：'无论隔世，亲见一僧结茅北峰之阴，十年颇着清修。一时善信敬慕，为别创庵，徙居之。遂致沉溺，前所微得俱丧。现世且然，况来生耶！'问此为谁？予云：'即老兄是。'其人默然。"

④ 言生死之苦，如大海然，无边际也。《止观》一："动法性山，入生死海。"《六祖金刚经口诀》："凡夫之人，生缘念有，识在业变，习气熏染，因生愈甚。故既生之后，心著诸妄：妄认四大，以为我身；妄识六亲，以为我有；妄认声色，以为快乐；妄认尘劳，以为富贵；心目知见，无所不妄。诸妄既起，烦恼万差。妄念夺真，真性遂隐。人我为主，真识为客。三业前引，百业后随。流浪生死，无有涯际。生尽则灭，灭尽复生。生灭相寻，至堕诸趣，转辗不知，愈恣无明。造诸业罟，遂至尘沙劫尽，不复人身。"《法华经·方便品》："以诸欲因缘，坠堕三恶道。轮回六趣中，备受诸苦毒。"《心地观经》："有情轮回生六道，犹如车轮无始终。"《观佛三昧经》："三界众生，轮回六趣，如旋火轮。"《身观经》："循环三界内，犹如汲井轮。"《华严经》："张大教网，亘生死海。渡人天龙，置涅槃岸。"《盂兰盆疏新记》："苦海者，三界苦道，无有边底，故喻海也。"《六祖金刚经注》："心若清净，一切妄念不生，能度生死苦海。"《竹窗随笔·醉生梦死》："醉

生梦死,恒言也,实至言也。世人大约贫贱、富贵二种。贫贱者,固朝忙夕忙,以营衣食。富贵者,亦朝忙夕忙,以享欲乐。受用不同,其忙一也。忙至死而后已,而心未已也。赍此心以往,而复生,而复忙,而复死。死生生死,昏昏蒙蒙,如醉如梦,经百千劫,曾无了期。朗然独醒,大丈夫当如是矣。"出离生死,即出三界也。《传心法要》下:"问:'如何是出三界?'师云:'善恶都莫思量,当处便出三界。'"

⑤上自诸佛菩萨,下至蠕动蜎飞之生类,其品类虽千差万别,无非以不变之真性为体。若迷此真性,则为烦恼所覆障,而成生死流转。若悟此真性,则能出离生死而得入于涅槃。此其性谓之自性。即本有之自性也。其自性不迁不变,又谓之如来之自性,又名为真如,又谓之自性真如。自性之本佛备于己身。其本佛,谓本有之自性也。

⑥《金刚三昧经》:"譬如迷子,手执金钱,而不知有。游行十方,经五十年,贫穷困苦,专事求索,而以养身,而不充足。其父见子,有如是事,而谓子言:'汝执金钱,何不取用? 随意所须,皆得充足。'其子醒已,而得金钱。心大欢喜,而谓得钱。其父谓言:'迷子! 汝勿欣怿。所得金钱,是汝本物。汝非有得,云何可喜!'"按:本物即自性也。若迷自性,犹迷子手执金钱而不知有也。

⑦福者,即从福田求得之人天福报也。虽得福,亦不能救生死轮回之苦。《智度论》三十三:"福者,善有漏。"《增壹阿含经》一:"虽受梵天福,犹不至究竟。"《百论》上:"福报灭时,离所乐事。"《智度论》十六:"无色界天,乐定心著,不觉命尽,堕在欲界中,受禽兽形。色界诸天亦复如是,从清净处堕,还受淫欲,在不净中。欲界六天,乐著五欲,还堕地狱,受诸苦痛。见人道中,以十善福,贸得人身。人身多苦少乐,寿尽多堕恶趣中。"《心地观经》五:"三界之顶,非非想天,八万劫尽,还生下地。转轮圣王,千子围绕,七宝眷属,四洲咸伏。寿命报尽,须臾不停。我今亦尔,假使寿年满一百岁,七宝具足,受诸快乐。琰魔使至,不免无常。"按:据此则知,虽享受非非想天、转轮圣王之福报及人间之福寿康乐,亦终不免再入生死大海之苦。

⑧《大乘义章》九:"照见名智,解了称慧,此二各别。知世谛者,名之为智。照第一义,说以为慧。通则义齐。"《法华经义疏》:"经论之中,多说慧门鉴空,智门照有。"

⑨《智度论》四十三:"般若者,秦言智慧,一切诸智慧中,最为第一,无上、无比、无等,更无胜者。"般若者,圆常之大觉也。一觉有三德:一、实相般若,即般若之理体。本来具于众生之本心中。离一切虚妄之相之般若实性也。是所证之理体也。二、观照般若,观照实相之实智也。三、文字般若,解释上之二般若之文字,如五部、八部及《大般若》等之《般若经》是也。按:此般若指第一种实相般若而言。下同。

⑩ 偈,音奇,佛家所喝词句,谓之偈。华言颂。诸经虽五字、七字为句不同,皆以四句为一偈也。然亦有变体而不限此例者。

⑪《止观》一:"大意,囊括始终,冠戴初后。"

⑫ 传正法而更授以师之袈裟也。见《传灯录》三。《五灯会元》一:"达磨乃顾慧可而告之曰:'昔如来以正法眼付迦叶大士,展转嘱累,而至于我。我今付汝,汝当护持。并授汝袈裟,以为法信。各有所表,宜可知矣。'可曰:'请师指陈。'祖曰:'内传法印,以契证心。外付袈裟,以定宗旨。后代浇薄,疑虑竞生。云吾西天之人,言汝此方之子。凭何得法?以何证之?汝今受此衣、法,却后难生,但出此衣,并吾法偈,用以表明,其化无碍。至吾灭后二百年,衣止不传,法周沙界。明道者多,行道者少。说理者多,通理者少。潜符密证,千万有余。'"

《传心法要》:"自达磨大师到中国,唯说一心,唯传一法。以佛传佛,不说余佛。以法传法,不说余法。法即不可说之法,佛即不可取之佛,乃是本源清净心也。"《宛陵录》又云:"祖师直指一切众生本心、本体本来是佛。不假修成,不属渐次,不是明暗。不是明,故无明。不是暗,故无暗。所以'无无明,亦无无明尽'。入我此宗门,切须在意,如此见得,名之为法。"

⑬ 火急,言如火之急也。《北史·齐武帝纪》:"帝特爱非时之物,取求火急,皆须朝征夕办。"

⑭ 思量，思虑事理而量度之也。《法华经·方便品》："是法非思量分别之所能解。"不中用即不适用也。《史记》："始皇曰：'吾前收天下书，不中用者尽去之。'"林子《坛经訊释》："佛之妙义，虽曰不属言语文字矣，而其所以发之言语，见于文字者，亦非有待于拟议而安排也。故曰'思量不中用'。"

⑮ 彻见自心之佛性，名见性。《悟性论》："直指人心，见性成佛。"《永平道元法语》："见性，即佛性也。万法之实想也。亦即众生之心性也。"又曰："众生迷于此性故，轮回六道；诸佛觉悟此性故，不受六道之苦。"

⑯ 《顿悟入道要门》下："师曰：'见性者即非凡夫，顿悟上乘，超凡越圣。迷人论凡论圣，悟人超越生死涅槃。迷人说事说理，悟人大用无方。迷人求得求证，悟人无得无求。迷人期远劫，悟人顿见。'"

⑰ 轮刀上阵者，言舞刀如车轮之转而入军阵作战也。

⑱ 处分，处置也。别本此下有"来经后院"四字。

⑲ 将，赍也，持也。又，送也。

⑳ 《宋高僧传》卷八："释神秀，俗姓李氏，今东京尉氏人也。少览经史，博综多闻。既而奋志出尘，剃染受法。后遇蕲州双峰东山寺五祖忍师，以坐禅为务，乃叹伏曰：'此真吾师也'。决心苦节，以樵汲自役而求其道。……秀既事忍，忍默识之，深加器重。谓人曰：'吾度人多矣，至于悬解圆照，无先汝者。'忍于上元中卒，秀乃往江陵当阳山居焉。四海缁徒，向风而靡。道誉馨香，普蒙熏灼。则天太后闻之，召赴都。肩舆上殿，亲加跪礼，内道场丰其供施，时时问道。敕于昔住山置度门寺，以旌其德。时王公已下京邑士庶，兢至礼谒，望尘拜伏，日有万计。泊中宗孝和帝即位，尤加宠重。中书令张说尝问法，执弟子礼。退谓人曰：'禅师身长八尺，庞眉秀目，威德巍巍，王霸之器也。'"

僧寺有上座一职，在住持之下，为一寺之领袖。又其位最高，上更无人，故名上座，为一切沙门所尊敬者。《五分律》十八："佛言：上更无人，名之上座。"

㉑ 教授师，为五种阿阇梨之第三种，教授弟子威仪、作法等。《辅

行》四之三："宣传圣言，名之为教；训诲于义，名之为授。"

㉒ 谩音瞒，汗漫也，宽泛也。

㉓ 梵语偈陀，此译颂，汉梵双举名偈颂。偈注详前。

㉔ 劳而无功曰枉。心力，谓人所以运用其心思之能力也。《梁书·徐勉传》："吾年时朽暮，心力稍殚。"

㉕ 依止者，依赖止住于有力有德之处，而不离也。

神秀思惟①：'诸人不呈偈者，为我与他为教授师。我须作偈，将呈和尚。若不呈偈，和尚如何知我心中见解②深浅。我呈偈意，求法即善，觅祖即恶，却同凡心夺其圣位奚别③？若不呈偈，终不得法。大难！大难！'

五祖堂前，有步廊三间④，拟请供奉⑤卢珍⑥画《楞伽经》⑦变相⑧及《五祖血脉图》⑨，流传⑩供养⑪。神秀作偈成已，数度⑫欲呈，行至堂前，心中恍惚⑬，遍身汗流，拟呈不得。前后经四日，一十三度呈偈不得。

秀乃思惟：'不如向廊下书著，从他和尚看见。忽若道好，即出礼拜，云是秀作。若道不堪⑭，枉向山中数年，受人礼拜，更修何道？'是夜三更⑮，不使人知，自执灯，书偈于南廊壁间，呈心所见。偈曰：

身是菩提树⑯，　　心如明镜台⑰。

时时勤拂拭⑱，　　勿使惹尘埃⑲。

秀书偈了，便却归房，人总不知。秀复思惟：'五祖明日见偈欢喜，即我与法有缘⑳。若言不堪，自是我迷㉑，宿业㉒障重㉓，不合得法。圣意难测㉔！'房中思想，坐卧不安，直至五更㉕。

【笺注】

　　①《法华经·譬喻品》:"常思惟是事。"《汉书·董仲舒传》:"思惟往古,而务以求实。"

　　②见解,犹言见地,见到之处也。《传灯录》二:"二子见地,过于鹙子。"

　　③若为觅祖位而呈偈,则心同凡夫,如此则与夺五祖之祖位何别。

　　④廊,堂边庑也。

　　⑤供奉,官名。唐时凡有一材一艺者,得供奉内廷,故有翰林、供奉诸名。至宋时,尚有东西两头供奉官。清代之在南书房行走者,亦自称内庭供奉。

　　⑥《指月录》四,作"处士卢珍"。《传灯录》三、《会元》一,又作"处士"。

　　⑦棱与楞同。《棱伽经》有四译本,今存三本:一、宋求那跋陀罗译,名《楞伽阿跋多罗宝经》,凡四卷,又名"四卷楞伽"。二、元魏菩提流支译,名《入楞伽经》,凡十卷,又名"十卷楞伽"。三、唐实叉难陀译,名《大乘入楞伽经》,凡七卷,名"七卷楞伽"。明释宗泐《注解》一:"楞伽是城名,华言不可往,其城在南海摩罗山顶,无神通者不可往。佛于此处说法,即佛境界也。以处表法也。"

　　⑧画《楞伽经》中说法时,会、处、众等之变相,犹言观音经变相、地狱变相也。

　　⑨五祖,谓自初祖达磨大师至五祖弘忍大师也。血脉,体内流通血液之经络也。今借此图以形容嗣续列祖之传。《五祖血脉图》,谓传授列祖之奥旨,而记其相承之名也。《起信注疏》:"血脉相承,一向蹑前起后。"

　　⑩流传,犹传布也。《十六国春秋》:"大化流传。"

　　⑪犹云奉养。后世称献佛及饭僧亦曰供养。《华严经》:"诸供养中,法供养最。"

　　⑫数度,数次也。

⑬ 恍惚，见不真切也。

⑭ 不堪，不胜也。《左传》："君将不堪。"

⑮ 三更，夜间十二时，丙夜也。详下五更注。

⑯ 此譬喻之辞也。《西域记》八："金刚座上菩提树者，即毕钵罗之树也。昔佛在世，高数百尺。屡经残伐，犹高四、五丈。佛坐其下成等正觉，因而谓之菩提树焉。茎干黄白，枝叶青翠。冬夏不凋，光鲜无变。每至如来涅槃之日，叶皆凋落，顷之复故。"

⑰《起信论》："众生心者，犹如于镜。"《性理大全》三十二："程子曰：'圣人之心，明镜止水。'"镜奁之大者，上可架镜，故名镜台。庾信赋："镜台银带，本出魏宫。"《竹窗随笔·心喻》："如喻心以镜，盖谓镜能照物。而物未来时，镜无将迎。物方对时，镜无憎爱。物既去时，镜无留滞。圣人之心，常寂常照，三际空寂，故喻如镜。然取略似而已，究极而论，镜实无知，心果若是之无知乎？则冥然不灵，何以云妙明真体？"

按语：注中引理学家二程"圣人之心"之语句，以为笺注，本合笺注之体例。丁氏似亦有意以显三教所见之相近之处，本来也不错。确实在佛、道、儒三家中，多有相通之处，这也是三教会通和交流的内在依据。丁福保先生在本书各注中多有合会三教的用意。不过佛教在会通儒、道二家时，是有其立场和原则的，而非一味混同，这是自魏晋至唐宋以来，佛门之大师在会通时所持的共同原则。杨仁山先生在《书〈居士传〉汪大绅评语后》一文中，对禅门合会理学的弊端有所说明，现征引如下，以供参考：

"《居士传》内汪大绅评语，直截痛快，实具宗匠手眼。但其中每引程、朱以为契合，似觉不类。度其意，无非欲引理学家究明心宗耳。然理学家既宗程、朱，决不信有此事。是汪君不能令儒者生信，反令儒者易视禅宗，以为不出程、朱心学矣。甚哉！立言之不可不慎也。予愿他日重刻此《传》，将评语内与儒家牵合者节去，未始非护法之一端也。"（《杨仁山全集》，393 页）

⑱ 拂拭，谓除其尘埃也。《南史·殷景仁传》："景仁便拂拭衣冠。"

⑲《禅源诸诠》卷二："当知凡圣功用不同,外境内心各有分限。故须依师言教,背境观心,息灭妄念。念尽即觉悟,无所不知。如镜昏尘,须勤勤拂拭。尘尽明现,即无所不照。"或曰:此偈二句譬喻,言体。二句修行,说功。金源史肃诗:"身似卧轮无伎俩,心如明镜不尘埃。"

⑳《观无量寿经》:"有缘众生,皆悉得见。"《报恩经》七:"佛、世尊应现世间,引接有缘。有缘既尽,迁神涅槃。"

㉑迷,谓心闇于事理而不悟也。《大日经》:"云何迷心?谓所执异,所思异。"《大乘入道章》下:"迷心不悟,一行尚不能依。"

㉒宿业,为作于前世善恶之业因也。《资持记》上三之一:"宿业所追,致使此生虚丧。"

㉓障,烦恼之异名。烦恼能障碍圣道。《大乘义章》五(本):"能碍圣道,说以为障。"

㉔圣,至尊之谓。圣意,圣人之意也。《后汉书·徐昉传》:"五经久远,圣意难明。"测,度量也。

㉕汉旧仪:夜漏起,中黄门持五夜,甲夜毕传乙夜,乙夜毕传丙夜,丙夜毕传丁夜,丁夜毕传戊夜,夜毕,是为五更。皆以五为节。《颜氏家训》卷下曰:"或问:'一夜何故五更?更何所训?'答曰:'汉魏以来,谓为甲夜、乙夜、丙夜、丁夜、戊夜。又云:一鼓、二鼓、三鼓、四鼓、五鼓。亦云:一更、二更、三更、四更、五更。皆以五为节。'"

祖已知神秀入门未得①,不见自性②。天明,祖唤卢供奉来,向南廊壁间绘画图相。忽见其偈,报言:

'供奉却不用画,劳尔远来。经云:"凡所有相③,皆是虚妄④。"但留此偈,与人诵持。依此偈修,免堕恶道⑤。依此偈修,有大利益⑥。'

令门人炷香⑦礼敬⑧:'尽诵此偈,即得见性⑨。'门人诵偈，皆叹善哉⑩。

祖三更唤秀入堂，问曰：‘偈是汝作否？’

秀言：‘实是秀作。不敢妄求祖位，望和尚慈悲⑪，看弟子有少智慧否？’

祖曰：‘汝作此偈，未见本性。只到门外，未入门内。如此见解，觅无上菩提⑫，了不可得⑬。无上菩提，须得言下识自本心，见自本性⑭，不生不灭⑮。于一切时中⑯，念念⑰自见⑱，万法⑲无滞⑳。一真一切真㉑，万境㉒自如如㉓。如如之心，即是真实㉔。若如是见，即是无上菩提之自性也㉕。汝且去，一两日思惟，更作一偈，将㉖来吾看。汝偈若入得门，付汝衣法。’

神秀作礼而出。又经数日，作偈不成，心中恍惚㉗，神思不安，犹如梦中，行坐不乐。

【笺注】

① 入门未得，言尚未入门。

② 此指五祖平日见神秀不见自性而言。

③ 事物之相状表现于外而能想象于心者曰相。《大乘义章》三（本）：“诸法体相，谓之为状。”

④ 《六祖金刚经注》：“‘凡所有相皆是虚妄’者，虚则不实，妄则不真。既不真实，相即非相。”又云：“非独佛身相即无相，凡所有相，皆是虚妄。色身有相，故言虚妄。”

⑤ 《大乘义章》八（末）：“地狱等报，为道所诣，故名为道。故《地持》言：‘乘恶行往，名为恶道’”。《普照禅师修行诀》曰：“且凭世间有为之善，亦可免三途苦轮，于天上人间得殊胜果报，受诸快乐。”

⑥ 《六祖金刚经注》：“希求福利，得福虽多，而于识心见性了无所

得，傅大士云：'宝满三千界，赍持作福田。唯成有漏业，终不离人天'。"

⑦ 炷香，焚香也。

⑧ 礼拜恭敬也。《普贤行愿品》："一者礼敬诸佛。"

⑨ 依此偈修，能享人天福报，此是实语。诵偈见性，此是五祖权辞。

⑩ 善哉，称赞之辞。《智度论》："欢喜赞言：'善哉！善哉！'"

⑪ 与乐为慈，拔苦名悲。《智度论》二十七："大慈与一切众生乐，大悲拔一切众生苦。"

⑫《宝积经》二十八："于无上菩提，坚固不退转。"

⑬《黄檗传心法要》下：问："'何处是菩提?'师云：'菩提无是处。佛亦不得菩提，众生亦不失菩提。不可以身得，不可以心求。一切众生即菩提相。云：'如何发菩提心?'师云：'菩提无所得，尔今但发无所得心，决定不得一法，即菩提心。菩提无住处，是故无有得者。故云：我于然灯佛所，无有少法可得，佛即与我授记。明知一切众生本是菩提，不应更得菩提。尔今闻发菩提心，将谓一个心学取佛去，唯拟作佛。任尔三只劫修，亦只得个报化佛，与尔本源真性佛有何交涉！故云：外求有相佛，与汝不相似。'"

⑭《传心法要》下："达磨来此土，至梁、魏二国，只有可大师一人，密信自心，言下便会：'即心是佛，身心俱无，是名大道。'大道本来平等，所以深信'含生同一真性'。心性不异，即性即心，心不异性，名之为祖。所以云：'认得心性时，可说不思议。'"《南阳慧忠国师语录》："'未审心之与性，为别不别?'师曰：'迷人即别，悟人不别。'禅客曰：'与经又相违也。经云："善男子，心非佛性。佛性是常，心是无常。"今云不别，未审此意如何?'师曰：'汝自依语不依义。譬如寒月，结水为冰。及至暖时，释冰成水。众生迷时，结性成心。悟时，释心成性。'"

⑮ 黄檗云："百种多知，不如无求最为第一。"诸"学道人若欲得成佛，一切佛法总不用学，唯学无求无着。无求即心不生，无着即心不灭。不生不灭即是佛"。又曰："真心无相，不去不来。生时性亦不来，死时性亦不去。湛然圆寂，心境一如。"

⑯ 自无始以来相续者，名一切时。

⑰ 念念，即刹那刹那也。凡物变化于极短之时间，若心念然者。《维摩经·方便品》："是身如电，念念不住。"《宝积经》九十六："此身无量过患，微尘积集，生住异灭，念念迁流。"

⑱《顿悟入道要门》上："问：'身心以何为见？是眼见、耳见、鼻见、身心等见？'答：'见无如许种见。'云：'既无如许种见，复何见？'答：'是自性见。何以故？为自性本来清净，湛然空寂，即于空寂体中能生此见。'问：'只如清净体尚不可得，此见从何而有？'答：'喻如明鉴中虽无像，能见一切像。何以故？为明鉴无心故。学人若心无所染，妄心不生，我所心灭，自然清净。以清净故，能生此见。'"

⑲ 总该万有事理之语也。法，自体之义，规则之义。万有之事理，一一有自体，具规则，故皆名法。

⑳《六祖金刚经注》云："一切万法，皆从心生。心无所生，法无所住。不住法者，谓照见身心法相空也。"又云："心无所住，随处解脱。内外根尘，悉皆销殒。若一切无心，即无所住也。"

㉑《三藏法数》四："无二曰一，不妄曰真。"一真指绝待真理而言。离虚妄谓之真，所谓真如也。真如即自性。念念见自性者，则一切皆离虚妄，故云："一真一切真。"《起信论》："此真如体无有可遣，以一切法悉皆真故。"

㉒ 一切境界，总名万境。

㉓《六祖金刚经注》："如者，万物一如，不起分别。犹如一月当空，千波现影。影有现灭，月实自如。（影喻万境，月喻自性）"《顿悟入道要门论》上："如如是不动义。"《黄檗传心法要》下："菩萨于诸见而不动。"又曰："恒河沙者，佛说是沙。诸佛、菩萨、释、梵、诸天步履而过，沙亦不喜。牛羊虫蚁践踏而行，亦不见怒。珍宝馨香，沙亦不贪。粪尿臭秽，沙亦不恶。此心即无心之心，离一切相，众生、诸佛更无差别。但能无心，即是究竟。"此即如如之一义也。

㉔ 离绝法之迷情、虚妄，曰真实。《大乘义章》二："法绝情妄为

真实。"

㉕《六祖金刚经注》:"学者悟明心地,能行无相、无著之行,开发心中智慧光明,离诸尘劳妄念,共成无上菩提。当知此人负荷自性如来阿耨多罗三藐三菩提在于身内也。"

㉖ 将,持也。《诗》:"无将大车。"

㉗ 恍惚,见不真切也。俗谓记忆不真切而无定见曰恍惚。

复两日,有一童子①于碓坊②过,唱诵其偈。惠能一闻,便知此偈未见本性。虽未蒙教授,早识大意。遂问童子曰:'诵者何偈?'

童子曰:'尔这獦獠不知!大师言:世人生死事大,欲得传付衣法,令门人作偈来看。若悟大意,即付衣法,为第六祖。神秀上座于南廊壁上书《无相偈》,大师令人皆诵,依此偈修,免堕恶道。依此偈修,有大利益。'

惠能曰:'我亦要诵此,结来生缘③。上人④,我此踏碓八个余月,未曾行到堂前,望上人引至偈前礼拜。'

童子引至偈前礼拜。惠能曰:'惠能不识字⑤,请上人为读。'

时有江州⑥别驾⑦,姓张,名日用,便高声读。惠能闻已,遂言:'亦有一偈,望别驾为书。'

别驾言:'汝亦作偈,其事希有⑧!'

惠能向别驾言:'欲学无上菩提,不可轻于初学⑨。下下人有上上智⑩,上上人有没意智⑪。若轻人,即有无量无边罪⑫。'

别驾言:'汝但诵偈,吾为汝书。汝若得法,先须度

吾⑬,勿忘此言。'

惠能偈曰:

菩提本无树⑭, 明镜亦非台⑮。

本来无一物,何处惹尘埃⑯。

书此偈已,徒众总惊,无不嗟讶⑰。各相谓言:'奇哉!不得以貌取人⑱。何得多时使他肉身菩萨⑲!'祖见众人惊怪,恐人损害,遂将鞋擦了偈⑳,曰:'亦未见性㉑。'众以为然。

【笺注】

① 玄应《音义》五:"童子,是彼土八岁未冠者童子总名。"《智度论》二:"梵语鸠摩罗伽,秦言童子。"《寄归传》三:"白衣诣苾刍所,专诵佛典,求落发,号童子。"《论语·宪问篇》"阙党童子",疏:"未冠者之称。"

② 碓坊,舂米之小房也。

③ 来生缘,来世之因缘也。《梁高僧传》:"永结来缘。"

④《释氏要览》上:"《增一经》云:'夫人处世,有过能自改者,名上人。'《律》:'瓶沙王呼佛弟子为上人。'"此上人指童子也。

⑤《传法正宗记》六:"初大鉴示为负薪之役,混一凡辈,自谓不识文字。及其以道稍显,虽三藏教文、俗间书传,引于言论,一一若素练习。发演圣道,解释经义,其无碍大辩,灏若江海,人不能得其涯涘。昔唐相始兴公张九龄方为童,其家人携拜大鉴。大鉴抚其顶曰:'此奇童也,必为国器。'其先知远见皆若此类,孰谓其不识世俗文字乎!识者曰:此非不识文字也,示不识耳!正以其道非世俗文字语言之所及,盖有所表也。"

⑥ 江州,今湖北旧武昌府及江西省地。《一统志》卷五十二:"九江府,《禹贡》荆、扬二州之境。隋初废郡,后改州曰九江郡,唐复为九江。"

⑦ 官名，为州刺史之佐吏。因从刺史行部，别乘传车，故谓之别驾。后世通称通判为别驾，照汉制也。

⑧ 希有，事之甚少者。嘉祥《法华疏》三："旷世所无，故言希有。"

⑨ 初学，谓甫经求学，未克深造之人也。《圆觉经·普眼章》："当知菩萨，不重久习，不轻初学。何以故？一切觉故。"《史记·贾生传》："雒阳之人，年少初学。"

⑩ 此言最下之人，往往发生有最上之智识。

⑪ 言智泪没也。《普灯录》二十八："四个没意智汉，做处总无畔岸。"《太平寰宇记》曰："'与之厚利以没其意'。注，没，溺也。"此言最上之人，往往埋没其智慧。

⑫ 无量，多、大至不可以计量也。《摄大乘论释》八："不可以譬类得知，为无量。"无边，广大无边际也。《法华经·常不轻品》："轻贱我故，二百亿劫常不值佛，不闻法，不见僧。千劫于阿鼻地狱受大苦恼。"

⑬ 度，渡也。渡过生死海而登涅槃岸也。

⑭ 《传灯录》三无树作非树。《大藏一览》又作非树。菩提注详上"觅无上菩提了不可得"下。

⑮ 《传灯录》三、《正宗记》六、《大藏一览》，明镜皆作新镜。此言心镜亦无可磨形，实无方圆、明暗之影，安有镜台之相？

⑯ 卓立无依，虚灵不昧，如鸟飞空而不住空，似鱼游水而不滞水。从本以来，曾无所碍。《传灯录》三、《大藏一览》，皆作佛，假拂。尘埃，《正宗记》六作何处有尘埃。《光明藏》作争得染尘埃，《会元》一、《正脉》一、《类聚》八，悉如今偈。

⑰ 赞美而疑怪曰嗟讶。

⑱ 《史记》："孔子曰：'以貌取人，失之子羽'。"

⑲ 肉身菩萨，谓生身之菩萨也。以父母所生之身，而至菩萨深位之人也。《楞严经》八："是清净人，修三摩地，父母肉身，不须天眼，自然观见十方世界。"《缘起外记》：求那跋陀罗三藏曰："后当有肉身菩萨于此地受戒。"又智药三藏自西竺国来，预志曰："后一百七十年，有肉身菩萨

开演上乘,度无量众。"

　　⑳ 擦,摩也,摩灭文字而泯众疑也。

　　㉑《涅槃经》:"见佛性者,不名众生。不见佛性,是名众生。"

　　次日,祖潜至①碓坊,见能腰石春米②,语曰:'求道之人,为法忘躯③,当如是乎?'乃问曰:'米熟也未?'

　　惠能曰:'米熟久矣,犹欠筛在④。'

　　祖以杖击碓三下而去,惠能即会祖意,三鼓入室⑤。祖以袈裟遮围⑥,不令人见,为说《金刚经》。至'应无所住,而生其心'⑦,惠能言下大悟⑧——一切万法⑨不离自性。遂启祖言:

　　'何期自性本自清净⑩!何期自性本不生灭⑪!何期自性本自具足⑫!何期自性本无动摇!何期自性能生万法⑬!'

　　祖知悟本性,谓惠能曰:'不识本心⑭,学法无益⑮。若识自本心,见自本性,即名丈夫⑯、天人师⑰、佛⑱。'

　　三更受法,人尽不知。便传顿教⑲及衣钵⑳,云:'汝为第六代祖,善自护念㉑,广度有情㉒。流布㉓将来,无令断绝。听吾偈曰:

　　有情来下种㉔,　　　因地㉕果㉖还生。

　　无情既无种,　　　无性亦无生㉗。'

【笺注】

　　① 不使人见而至,曰潜至。

　　② 师坠腰石镌"龙朔元年卢居士志"八字。此石今存黄梅东禅。

③ 忘躯,不顾身命也。《大藏一览》二:"偈曰:'佛求半偈舍全躯。'"《指月录》四:"初祖谓二祖曰:'诸佛最初求道,为法忘形。汝今断臂吾前,求亦可在。'"

④ 筛,师挨切,音衰。用具也。编竹为之,有孔,所以分别物质之粗细者也。又,用筛过物曰筛。五祖以目前事试其行解熟否,六祖答以自所履践。

⑤ 三鼓,夜十二时也。《法华经》:"着如来衣,入如来室。"

⑥ 袈裟,僧衣也。避青、黄、赤、白、黑之五正色,而用其它之杂色染之。其衣为长方形,而以诸小片割截而成者也。《行事钞》下、一:"《增一》云:'如来所著衣,名曰袈裟。'"《慧苑音义》上:"具云迦逻沙曳,此云染色衣。西域俗人俱着白色衣也。"

⑦《六祖金刚经注》:"众生之心,本无所住。因境来触,遂生其心。不知触境是空,将谓世法是实。便于境上住心,正犹猿猴捉月,病眼见花。一切万法,皆从心生。若悟真性,即无所住。无所住心,即是智慧,无诸烦恼。譬如太空,无有罣碍。有所住心,即是妄念。六尘竞起,譬如浮云,往来不定。"《维摩经》云:"欲得净土,但净其心。随其心净,则佛土净。""离却有无诸法,心如日轮,常在虚空,自然不照而照。岂不是省力的事!到此之时,无栖泊处,即是行诸佛路,便是应无所住而生其心,是你清净法身、阿耨多罗三藐三菩提也。"(《传心法要》,略有改动)

《传心法要》卷上曰:"尔但离却有无诸法,心如日轮,常在虚空,光明自然不照而照,不是省力底事!到此之时,无栖泊处。即是行诸佛行,便是应无所住而生其心。"

⑧ 破无始之迷妄,开真实之知见,曰大悟。《观无量寿经》:"廓然大悟,得无生忍。"

⑨《宗镜录》三:"一切万法,至理虚玄。"

⑩ 明州布袋和尚有偈云:"吾有一躯佛,世人皆不识。不塑亦不装,不雕亦不刻。无一滴灰泥,无一点彩色。人画画为成,贼偷偷不得。体

相本自然,清净非拂拭。虽然是一躯,分身千百亿。"

⑪《六祖金刚经注》:"眼对色谓之见,耳对声谓之闻,见闻是根,色声是尘。色声未对之时,我性常见常闻,未曾暂灭。色声相对之时,我性未尝暂生。此是菩萨了悟真性活泼泼地,洞然同于太虚,所以不曾生灭。凡夫即被妄心所覆,随六尘转,即有生灭。故尘起即心起,尘灭即心灭。不知所起灭心,皆是妄念也。若知六尘起灭不生,即是菩提。"按:菩提即自性也。

⑫ 无欠少曰具足。《法华经》:"此大良药,色香美味,皆悉具足。"《六祖金刚经注》:"性含万法,本自具足,应用遍知。一即一切,一切即一。去来自由,无所罣碍。此法上至诸佛,下至含识,本无欠少,是名具足相也。"

⑬《传心法要》上:"此灵觉性,无始已来,与虚空同寿。未曾生,未曾灭。未曾有,未曾无。未曾秽,未曾净。未曾喧,未曾寂。未曾少,未曾老。无方所,无内外。无数量,无形相。无色像,无音声。不可觅,不可求。不可以智慧识,不可以言语取。不可以境物会,不可以功用到。诸佛、菩萨与一切蠢动含灵,同此大涅槃性。性即是心,心即是佛,佛即是法。"

⑭《顿悟入道要门》上:"问:'此心似何物?'答:'其心不青不黄,不赤不白,不长不短,不去不来,非垢非净,不生不灭,湛然常寂。此是本心形相也,亦是本身,本身者,即佛身也。'"

⑮《普照国师修心诀》:"不识自心是真佛,不识自性是真法,欲求法而远推诸圣,欲求佛而不观己心,若言心外有佛,性外有法,坚执此情,欲求佛道者,纵经尘劫烧身炼臂、敲骨出髓、刺血写经、长坐不卧、一食卯斋,乃至转读一大藏教,修种种苦行,如蒸沙作饭,只益自劳。尔但识自心,恒沙法门,无量妙义不求而得。故世尊云:'普观一切众生具有如来智慧德相。'又云:'一切众生,种种幻化,皆生如来圆觉妙心。是知离此心外,无佛可成。'"

⑯ 丈夫,勇健之人。勇修正道而不退转修行者之称。又丈夫即指

调御丈夫言,为佛十号之一也。《大智度论》二:"问曰:'女人佛亦化令得道,何以独言丈夫?'答曰:'男尊女卑故,女从男故,男为事业主故。复次,女人有五碍:不得作转轮王、释天王、魔天王、梵天王、佛,以是故不说。复次,若言佛为女人调御师,为不尊重。若说丈夫,一切都摄。譬如王来,不应独来,必有侍从。如是说丈夫,二根、无根及女尽摄。以是故说丈夫。'"

⑰ 如来十号之一,天与人之教师,故名天人师。《智度论》二:"佛示导是应作、是不应作、是善、是不善,是人随教行,不舍道法,得烦恼解脱报,是名天人师。问曰:'佛能度龙、鬼神等堕余道中生者,何以独言天人师?'答曰:'度余道中生者少,度天、人中生者多。如白色人,虽有黑黡子,不名黑人,黑少故。复次,人中结使薄,厌心易得。天中智慧利,以是故,二处易得道。余道中不尔。复次,言天则摄一切天,言人则摄一切地上生者。何以故? 天上则天大,地上则人大。是故说天,则天上尽摄。说人,则地上尽摄。复次,人中得受戒律仪、见谛道、思惟道及诸道果。或有人言余道中不得,或有人言多少得,天、人中易得、多得,以是故,佛为天人师。复次,人中行乐因多,天中乐报多。善法是乐因,乐是善法报,余道中善因、报少,以是故佛为天人师。'"

⑱ 《六祖金刚经注》:"诸学者各见自性无相之理,得见本源自心是佛,当知此人功德,无有边际,不可称量也。"《心佛颂》云:"佛即心兮心即佛,心佛从来皆妄物。若知无佛复无心,始是真如法身佛。佛佛佛,没模样,一颗圆光入万象。无体之体即真体,无相之相即实相。非色非空非不空,不动不静不来往。无异无同无有无,难取难舍难指望。内外圆明到处通,一佛国在一沙中。一粒沙含大千界,一个身心万个同。知之须会无心法,不染不净为净业。善恶千端无有无,便是南无大迦叶。"《黄檗传心法要》上:"唯直下顿了:自心本来是佛,无一法可得,无一行可修。此是无上道,此是真如佛。学道人只怕一念有,即与道隔矣。念念无相,念念无为,即是佛。学道人若欲得成佛,一切佛法总不用学,唯学无求、无着。无求,即心不生。无着,即心不灭。不生不灭,即是佛。八万四千

法门对八万四千烦恼,只是教化接引门。本无一切法,离即是法,知离者是佛。"

⑲ 顿悟之教,使速疾成佛果也。《笔削记》一:"一直而谈,更无委屈,不历阶渐,唯指本源,故称为顿。"《修心诀》:"顿悟者,凡夫迷时,四大为身,妄想为心,不知自性是真法身,不知自己灵知是真佛也。心外觅佛,波波浪走。忽被善知识指尔入路,一念回光,见自本性。而此性地,元无烦恼。无漏智性,本自具足,即与诸佛分毫不殊,故云顿悟也。"

⑳ 衣与钵二物,是僧资物之最重大者。禅家以道授受,亦曰授受衣钵。《辅行》一之一:"预厕禅门,衣钵授受者盈耳"。《禅宗颂古联珠通集》第七:"死心新曾有偈云:'六祖当年不丈夫,倩人书壁自涂糊。明明有偈言无物,却受他家一钵盂。'"

㉑ 护念,保护与忆念也。嘉祥《法华义疏》九:"令外恶不侵为护,内善得生为念。"

㉒ 有情,为有情识者,有爱情者,总名动物也。《唯识述记》一(本):"梵言萨埵,此言有情,有情识故。又、情者,爱也。能有爱生故。"

㉓ 谓流传也。《南史》:"时有文章,随即毁弃,不令流布。"

㉔《六十华严经》:"下佛种子于众生田,生此觉芽,是故能令佛宝不断。凡有情一预法会,不能无下种得果之益。"

㉕ 因地者,因下种之地也。

㉖《十住毗婆沙论》十二:"果者从因有,事成名为果。"

㉗ 前二句,譬如众生下种于田,是当渐生觉芽,而生佛果。后二句,言无情如木石之类,则无佛性。既不下种子于田,则无生佛果之望。

祖复曰:'昔达磨大师①初来此土,人未之信,故传此衣以为信体②,代代相承。法则以心传心③,皆令自悟自解④。自古佛佛惟传本体⑤,师师密付本心⑥。衣为争端⑦,止汝勿传。若传此衣,命如悬丝⑧。汝须速去,恐人害汝。'

　　惠能启曰：'向甚处去？'

　　祖云：'逢怀则止⑨，遇会则藏⑩。'

　　惠能三更领得衣钵，云：'能本是南中人⑪，素不知此山路，如何出得江口？'

　　五祖言：'汝不须忧，吾自送汝。'

　　祖相送直至九江驿⑫，祖令上船，五祖把橹⑬自摇。

　　惠能言：'请和尚坐，弟子合摇橹。'

　　祖云：'合是吾渡汝。'

　　惠能云：'迷时师度，悟了自度⑭。度名虽一，用处不同。惠能生在边方，语音不正，蒙师传法，今已得悟，只合自性自度⑮。'

　　祖云：'如是⑯。如是。以后佛法⑰，由汝大行。汝去三年，吾方逝世⑱。汝今好去，努力向南⑲。不宜速说，佛法难起。'

【笺注】

　　①《岭南丛述》曰："菩提达磨大师者，南天竺国香至王第三子也。姓刹帝利。本名菩提多罗，后遇二十七祖般若多罗至本国受王供养，师知密迹，谓曰：'汝于诸法，已得通量，夫达磨者，通大之义也。宜名达磨，因改号菩提达磨。'"《五灯会元》师心念震旦缘熟，行化时至，泛重溟，凡三周寒暑，达于南海。实梁普通八年丁未岁九月二十一日也。广州刺史萧昂具主礼迎接，表闻武帝。已览奏，遣使赍诏迎请，十月一日至金陵。《传灯录》后隐于嵩山少林寺，遇毒而卒。其年魏使宋云于葱岭回，见之。门徒发其墓，但有衣履而已。《旧唐书》

　　②《禅源诸诠》上："六代禅宗师资，传授禅法，皆云：'内授密语，外传信衣。衣、法相资，以为符印。'曹溪已后，不闻此事。"

③《血脉论》:"三界兴起,同归一心。前佛后佛,以心传心,不立文字。"黄檗曰:"不得一法,名为传心。若了此心,即是无心、无法。"云:"若无心、无法,云何名传?"师云:"汝闻道传心,将谓有可得也。所以祖师云:认得心性时,可说不思议。了了无所得,得时不说知。"

④ 自悟者,依本觉之内熏,不依他教,自然开悟。解,晓悟也。《礼》:"相说以解。"

⑤ 佛佛者,前佛后佛也。本体,诸法之根本自性也。《大日经》七:"一身与二身,乃至无量身,同入于本体。"

⑥《传心法要》下:"从上祖师,唯传一心,更无二法。指心是佛,顿超等、妙二觉之表,决定不流至第二念,始似入我宗门。"

⑦《左传·昭公》曰:"郑铸刑书。叔向曰:'民知争端矣'。"

⑧ 命者,支持暖与识而为生物之元者。《俱舍论》五:"命根体即寿,能持暖及识。"《后汉书》八十一:"孙福言茂曰:'臣为贼所围,命如丝发。'"

⑨ 怀即怀集,县名。明清皆属广西梧州府,今属广西苍梧道。

⑩ 会即四会,县名。明清皆属广东肇庆府,今属广东粤海道。《会元》一"六祖章"曰:"后传衣法,令隐于怀集、四会之间。"《正宗记》及《传灯录》同。

⑪ 肇庆府新兴县,《禹贡》扬州之南境,秦为南海郡地。六祖新兴人,故云南中人,犹言岭南人也。

⑫ 驿,音亦。《清会典》:"腹地为驿,军报所设为站,皆为交通递送之用。"《大明一统志》五十二:"九江驿即九江府浔阳驿也。"

⑬ 橹,行舟之具,所以拨水而使之前进者也。

⑭ 自度者,先度自身,即度生死海至涅槃岸也。

⑮ 唐释慧海云:"众生自度,佛不能度。若佛能度众生时,过去诸佛如微尘数,一切众生总应度尽。何故我等至今流浪生死,不得成佛?当知众生自度,佛不能度。"见《顿悟入道要门论》卷上。

⑯《胜鬘宝窟》卷上(之本):"印述之辞:如是、如是,诚如圣教。如

是、如是,如汝所说。"

⑰ 此佛法指达磨所传禅宗而言。唐圭峰禅师曰:"诸宗始祖,即是释迦。经是佛语,禅是佛意。诸佛心口,必不相违。诸祖相承根本,是佛亲付。……达磨受法天竺,躬至中华,见此方学人多未得法,唯以名数为解,事相为行。欲令知月不在指,法是我心,故但以心传心,不立文字。"

⑱ 《传灯录》三:"忍大师既付衣法,复经四载,至上元二年逝,寿七十有四。"《正宗记》、《会元》等亦同。

⑲ 努力,勉力也。《文选》:"少壮不努力,老大徒伤悲。"《南史·王僧虔传》:"况吾不能为当荫,政宜各自努力耳。"

惠能辞违祖已,发足南行。两月中间,至大庾岭①。

(五祖归,数日不上堂。众疑,诣问曰:"和尚少病少恼否?"曰:"病即无,衣法已南矣。"问:"谁人传授?"曰:"能者得之。"众乃知焉。)

逐后②数百人来,欲夺衣钵。一僧俗姓陈,名惠明③,先是四品将军④,性行粗糙⑤,极意参寻⑥,为众人先,趁及⑦惠能。惠能掷下衣钵于石上,云:'此衣表信⑧,可力争耶⑨?'能隐草莽中⑩。

惠明至,提掇不动⑪。乃唤云:'行者⑫!行者!我为法来,不为衣来。'

惠能遂出,盘坐⑬石上。惠明作礼,云:'望行者为我说法。'

惠能云:'汝既为法而来,可屏息诸缘⑭,勿生一念⑮。吾为汝说。'

明良久⑯。

惠能云:'不思善,不思恶⑰,正与么时⑱,那个⑲是明上座⑳本来面目㉑?'

惠明言下大悟。复问云:'上来㉒密语密意外㉓,还更有密意否?'

惠能云:'与汝说者,即非密也。汝若返照㉔,密在汝边㉕。'

明曰:'惠明虽在黄梅,实未省自己面目㉖。今蒙指示,如人饮水,冷暖自知㉗。今行者即惠明师也。'

惠能曰:'汝若如是,吾与汝同师黄梅。善自护持㉘。'

明又问:'惠明今后向甚处去?'

惠能曰:'逢袁则止,遇蒙则居㉙。'

明礼辞㉚。

(明回至岭下,谓趁众曰:"向陟崔嵬,竟无踪迹,当别道寻之。"趁众咸以为然。惠明后改道明,避师上字。)

【笺注】

① 大庾岭,在江西大庾县南,与广东南雄县分界。一名台岭,亦名庾岭,为五岭之一,当赣粤之要冲,极险峻。

② 即追逐于后者。

③《传灯录》四:"袁州蒙山道明禅师者,鄱阳人,陈宣帝之裔孙也。国亡落于民间,以其王孙,尝受署,因有将军之号。少于永昌寺出家,慕道颇切。往依五祖法会,极意研寻,初无解悟。及闻五祖密付衣法与卢行者,即率同意数十人,蹑迹追逐至大庾岭,师最先见,馀辈未及。"云云。又见《宋高僧传》八、《五灯会元》二。

④ 品,官之阶级也。旧官制一品至九品,所以别爵秩之高卑也。将军,古无专官,惟为将兵者之通称。

⑤ 粗，不精也。糙，音操，米谷杂也。《沩山警策》曰："未闻佛教，一向情存粗糙。"

⑥ 极意，尽意也。《史记·乐书》：李斯曰："放弃《诗》《书》，极意声色。"参，参究也，寻，追寻也。韩愈诗："由来钝骏寡参寻。"

⑦ 趁，耻印切，音称。逐也，自后追及之也。陆机赋："舞者趁节以披袂。"

⑧ 表，明也。《礼》："君子表微。"《一统志》八十：南雄府：有放钵石，在云封寺，石高数尺，相传唐时卢能放钵其上。宋章得象诗："石上曾经转钵盂，山边南北路崎岖。行人见石空嗟叹，还识西来意也无。"

⑨ 力争，以力相争也。《左传》："臣不心竞而力争。"

⑩ 草莽，犹言草茅中。

⑪ 掇，音咄，拾取也。《传灯录》作"举之如山不动"，《正宗记》作"举其衣钵，不能动"。

⑫ 有发而依止僧寺，曰行者。

⑬ 盘坐，盘膝而坐，即趺坐也。

⑭ 屏，逐也。息，止也。色香等百种之世相，皆我心识之所攀缘者也。《传灯录》三"达磨章"云：师初居少林寺九年，为二祖说法，曰："外息诸缘，内心无喘。心如墙壁，可以入道。"唐释慧海云："万缘俱绝者，即一切法性空是也。法性空者，即一切处无心是。"

⑮ 慧海云："无念者，一切处无心是。无一切境界，无余思求是。对诸境色，永无起动，是名无念。"黄檗曰："一念不起，即十八界空。即身便是菩提华果，即心便是灵智。"

⑯ 良久，谓历时极久也。《列子》："良久告退。"

按语：良久，大约相当于现在口语所说"过了好一会儿"。是唐、宋时期禅门语录中的常用语。

⑰ 绝善恶之思想也。《传心法要》下："问：'如何是出三界？'师云：'善恶都莫思量，当处便出三界。'"

⑱ 犹言即此时也。《祖庭事苑》一："与么，指辞也，审辞也，问

辞也。"

⑲ 那个，俗语，指不思善、不思恶而言。

按语："那个"的含义，自来禅门有两种差异极大的解说：一种如丁福保先生所说的，将"那个"看作指示代词，即不思善、不思恶的心，即无念心，或称之为空白心地。这样理解时，就肯定了无念心与自性的对应关系，意含"当下即是"之意。另一种则将"那个"理解为疑问代词，相当于"哪个"，即禅宗语录中常见的"阿那个"，则此句完全是一个问句，意在启发惠明在一念不生时，生起关于本来面目的疑情，由此疑情之引发，进而契悟本来面目而得大悟。这样理解时，"那个"一句，只是引生疑情的手段，是契悟的方便，也就是禅门所说"得个参禅的入手之处"。由此入处，进而真参实究方得彻悟。

⑳ 上座，僧人之尊称，在最高之位者。

㉑ 本来面目，犹言自己之本分也。《传习录》："不思善、不思恶时，认本来面目。"《修心诀》："诸法如梦，亦如幻化。故妄念本寂，尘境本空。诸法皆空之处，灵知不昧。即此空寂灵知之心，是汝本来面目，亦是三世诸佛、历代祖师、天下善知识密密相传底法印也。若悟此心，真所谓不践阶梯，径登佛地。步步超三界，归家顿绝疑。"

㉒ 上来，从上代祖师以来也。

㉓ 密语，以密意而说之语也。《涅槃经》九："如来密语，甚深难解。"《秘藏记》："密语者，凡夫二乘不能知。"密意，于佛意有所隐藏而不显了真实说之也。《观经玄义分》："佛密意弘深。"

㉔ 返照者，犹言鉴于前事，而穷明自性之本源也。《止观》二："以无住着智，反照观察也。"

㉕ 林子《三教正宗统论》："亦惟在于自性自悟耳。"

㉖ 自己面目即本来面目。

㉗《达磨血脉论》："道本圆成，不用修证。道非声色，微妙难见。如人饮水，冷暖自知，不可向人说也。唯有如来能知。"

㉘ 护持，保护之意。

㉙《传灯录》:"(明)遂独往庐山布水台,经三载后,始往袁州蒙山,大唱玄化。"《指月录》四:"后居袁州蒙山。"《一统志》五十七:"江西袁州府,《禹贡》扬州之地域,隋于宜春县置袁州,因袁山名也。"

㉚《传灯录》四:"初名惠明,以避师上字,故名道明也。"

惠能后至曹溪①,又被恶人寻逐,乃于四会,避难猎人队中,凡经一十五载。时与猎人随宜说法②,猎人常令守网③,每见生命,尽放之。每至饭时,以菜寄煮肉锅。或问,则对曰:'但吃肉边菜。'

一日思惟:时当弘法④,不可终遁⑤。遂出至广州法性寺⑥,值印宗法师⑦讲《涅槃经》⑧,时有风吹幡动⑨。一僧曰:'风动。'一僧曰:'幡动。'议论不已。惠能进曰:'不是风动,不是幡动,仁者心动⑩。'一众骇然⑪。

印宗延至上席⑫,徵⑬诘⑭奥义⑮,见惠能言简理当,不由文字⑯。

宗云:'行者定非常人。久闻黄梅衣法南来,莫是行者否?'

惠能曰:'不敢⑰。'

宗于是作礼,告请传来衣钵出示大众。

宗复问曰:'黄梅付嘱,如何指授?'

惠能曰:'指授即无⑱,惟论见性⑲,不论禅定⑳、解脱㉑。'

宗曰:'何不论禅定、解脱?'

能曰:'为是二法㉒,不是佛法。佛法是不二之法㉓。'

宗又问:'如何是佛法不二之法?'

惠能曰：'法师讲《涅槃经》，明佛性是佛法不二之法。如高贵德王菩萨白佛言㉔："犯四重禁㉕，作五逆罪㉖，及一阐提等㉗，当断善根佛性否㉘？"佛言："善根有二，一者常，二者无常。佛性非常非无常，是故不断㉙，名为不二。一者善㉚，二者不善㉛。佛性非善非不善，是名不二。"蕴之与界㉜，凡夫见二㉝，智者了达㉞其性无二㉟。无二之性即是佛性。'

【笺注】

①《大清一统志》三百四十一："曹溪在曲江县东南五十里，源出县界狗耳岭，西流三十里，合溱水。以土人曹步良舍宅为寺，故名。"

②《维摩经》，维摩诘因以身疾，广为说法。《法华经》："众圣之王，说法教化。"《法华经·方便品》："诸佛随宜说法。"注曰：佛道随三种机，以方便说，故云随宜。

③网，佃渔之具，所以罗鸟取鱼者。

④弘法，弘正法也。《无量寿经》上："弘宣正法。"

⑤遁，音钝，隐没而不出也。言不可永为潜居。

⑥广州，三国吴置，今广东、广西二省除旧廉州、琼州外，皆其地。治番禺。隋时州废，唐复置，元为广州路，明改府，清因之为省治，民国废府，今番禺县即旧治也。《一统志》七十九："在府城内西北，旧为乾明、法性二寺，宋合为一，亦改法性寺也。"

⑦《传灯录》五："广州法性寺印宗和尚者，吴郡人也，姓印氏。从师出家，精《涅槃》大部。唐咸亨元年抵京师，敕居大敬爱寺，固辞。往蕲春谒忍大师，后于广州法性寺讲《涅槃经》，遇六祖能大师，始悟玄理，以能为传法师。"

⑧《僧史略》："僧讲，自朱士行魏代讲《道行经》始也。"《涅槃经》，有南北二译本，南本三十六卷，北本四十卷。详后。

⑨ 幢之有长帛下垂者曰幡。为祈福而立之法物也。

⑩《法华经·序品》:"四众龙神,瞻察仁者。"《中庸》:"仁者,人也。"生一念曰心动。言仁者心动,打破彼偏见,令人得此宗也。《五灯会元》一:"十八祖伽叶舍多尊者。闻风吹殿铃声,十七祖问曰:'铃鸣邪? 风鸣邪?'舍多曰:'非风、铃鸣,我心鸣耳。'"《指月录》四:"琅琊觉云:'不是风兮不是幡,多口阇黎莫可诠。若将巧语求玄会,特地千山隔万山。'大沩智云:'风幡不动人心动,直指分明休懵懂,若将知见巧商量,大似梦中加说梦。'"《禅宗颂古联珠通集》第七:"指出风幡俱不是,直言心动亦还非。夜来一片寒溪月,照破侬家旧翠微。"

⑪ 骇,音蟹,惊起也。

⑫ 座中之第一位也。

⑬ 徵,音征,求也。

⑭ 诘,问也。

⑮《宋史·蔡元定传》:"讲论诸经奥义。"

⑯ 文字,诠表义理之具也。《维摩经·观众生品》:"言语文字,皆解脱相。"《顿悟入道要门》下:"得意者,越于浮言。悟理者,超于文字。法过语言、文字,何向数句中求。是以发菩提者,得意而忘言,悟理而遗教。亦犹得鱼忘筌,得兔忘蹄也。"

⑰《传灯录》五"南阳慧忠章":"师问大耳三藏曰:'汝得他心通耶?'对曰:'不敢。'"

⑱ 林子《三教正宗统论》:"惟论见性,斯其为指授也大矣。"

⑲《血脉论》:"若欲觅佛,须是见性,性即是佛。若不见性,念佛、诵经、持斋、持戒,亦无益处。"黄檗《传心法要》云:"即心是佛。上至诸佛,下至蠢动含灵,皆有佛性,同一心体。所以达磨从西天来,唯传一心法,直指一切众生本来是佛,不假修行。但如今识取自心,见自本性,更莫别求。"

⑳ 唐释宗密《禅源诠》云:"禅是天竺之语,具云禅那,中华翻为思惟修,亦名静虑,皆定慧之通称也。源者,是一切众生本觉真性,亦名佛性,

亦名心地。悟之名慧,修之名定。"又曰:"若顿悟自心本来清净,元无烦恼,无漏智性本自具足,此心即佛,毕竟无异。依此而修者,是最上乘禅,亦名如来清净禅,亦名一行三昧,亦名真如三昧,此是一切三昧根本。若能念念修习,自然渐得百千三昧。达磨门下展转相传者,是此禅也。"

按:据此则知,顿悟自心即是见性,即是禅定,非见性之外,别有禅定。

㉑ 解脱者,离缚而得自在之义。即解脱惑、业之系缚,脱三界之苦果也。《注维摩经》一:"肇曰:'纵任无碍,尘累不能拘,解脱也。'"《唯识述记》一(本):"解谓离缚,脱谓自在。"唐释慧海《入道要门论》下:"曰:'云何得作佛去?'师曰:'不用舍众生心,但莫污染自性。经云:"心佛及众生,是三无差别。"'曰:'若如是解者,得解脱否?'师曰:'本自无缚,不用求解。'"

按:据此则知自心即佛,自心即自性,莫污染自性,即是解脱。非见性之外,别有解脱也。

㉒ 一为见性,一为禅定解脱,故曰二法。

㉓ 只论见性,不论禅定解脱即是不二之法。盖见性即是禅定解脱,禅定解脱即是见性。故繁言之见为三,简言之则为一。试以唐释慧海之言证之。

慧海曰:"欲修何法,即得解脱?"答:"唯有顿悟一门,即得解脱。""云何为顿悟?"答:"顿者,顿除妄念。悟者,悟无所得。"问:"从何而修?"答:"从根本修。""云何从根本修?"答:"心为根本。""云何知心为根本?"答:"《楞伽经》云:'心生,即种种法生。心灭,即种种法灭。'《维摩经》云:'欲得净土,当净其心。随其心净,即佛土净。'《遗教经》云:'但制心一处,无事不办。'《经》云:'圣人求心不求佛,愚人求佛不求心。智人调心不调身,愚人调身不调心。'《佛名经》云:'罪从心生,还从心灭。'故知善恶一切,皆由自心。所以心为根本也。若求解脱者,先须识根本。若不达此理,虚费功劳。于外相求,无有是处。《禅门经》云:'于外相求,虽经劫数,终不能成。于内觉观,如一念顷,即证菩提。'"问:"夫修根本,以何法修?"答:"惟坐禅,禅定即得。《禅门经》云:'求佛圣智,要即禅定。若无禅定,念想喧动,坏其善根。'"问:"云何为禅? 云何为定?"答:"妄念不生为禅,坐见本性为定。本性者,是汝无生心。定者,对境无心,八风不能动。八风者:利、衰、毁、誉、称、讥、苦、乐,是名八风。若得如是定者,虽是凡夫,即入佛位。何以故?《菩萨戒经》云:'众生受佛戒,即入诸佛位。'得如是者,即名解脱。"

有一居士(即三祖,此时尚未出家)问二祖曰:"今见和尚,已知是僧。未审何以名佛、法?"祖曰:"是心是佛,是心是法,法、佛无二,僧宝亦然。"师(三祖)曰:"今日始知罪性,不在内、外、中间,其心亦然。佛、法无二。"

㉔ 高贵德王菩萨,为光明遍照高贵德王菩萨之略名。北凉天竺三藏昙无谶所译《大般涅槃经》之第二十二至二十六卷,即《高贵德王菩萨品》也。

㉕ 四重禁,又名四重罪,亦即四波罗夷也。一、淫戒,二、盗戒,三、杀人戒,四、大妄语戒。广如《梵网经·心地品》中说。

㉖ 五逆罪,五逆之罪恶也。《阿阇世王问五逆经》:"有五逆罪,若族姓子、族姓女,为是五不救罪者,必入地狱不疑。云何为五:谓杀父,杀母,害阿罗汉,斗乱众僧,起恶意于如来所。"

㉗ 无成佛性者,名一阐提。译作不信,为不信佛法之义。《涅槃经》五:"无信之人,名一阐提。一阐提者,名不可治。"又十九:"一阐提者,不信因果,无有惭愧,不信业报,不见现在及未来世,不亲善友,不随诸佛所说教诫。如是之人,名一阐提。诸佛世尊所不能治。"

㉘ 身、口、意三业之善坚固而不可拔者,名根。又,善能生妙果,故亦名根。《维摩经·菩萨行品》:"不惜躯命,种诸善根。"《注》:"什曰:谓坚固善心,深不可拔,乃名根也。"黄檗曰:"言阐提者,信不具也。一切六道众生乃至二乘不信有佛果,皆谓之断善根阐提。"《大涅槃经》二十二:"光明遍照高贵德王菩萨摩诃萨白佛言:'世尊,若犯重禁、谤方等经、作五逆罪一阐提等有佛性者,是等云何复堕地狱? 世尊,若使是等有佛性者,云何复言无常、乐、我、净? 世尊,若断善根名一阐提者,断善根时,所

有佛性云何不断？佛性若断，云何复言常、乐、我、净？如其不断，何故名为一阐提耶？'"

㉙《大涅槃经》二十二："善男子，善根有二种：一者内，二者外。佛性非内非外，以是义故，佛性不断。复有二种：一者有漏，二者无漏。佛性非有漏、非无漏，是故不断。复有二种：一者常，二者无常。佛性非常、非无常，是故不断。"

㉚《菩萨璎珞经》："顺于理为善。有五善、十善之别。"俱见《法界次第》上之下、《俱舍论》十六。

㉛ 不善者，违于理而损害现世及未来世，如五逆、十恶是也。《胜鬘宝窟》上（之末）："十恶破戒违理，名为不善。"按：善不善说，六祖因佛言善根有二，故推广说之。

㉜ 蕴，旧译名阴，荫覆之义。色、心之法，荫覆真理之谓。新译名蕴，积集之义。色、心之法，大小、前后等积集而成自体之谓。蕴，五蕴也，亦名五阴，即色、受、想、行、识。《顿悟入道要门》上："问：'何名五阴等？'答：'对色染色，随色受生，名为色阴。为领纳八风，好集邪信，即随领受中生，名为受阴。迷心取想，随想受生，名为想阴。结集诸行，随行受生，名为行阴。于平等体，妄起分别，系着虚识受生，名为识阴。故云五阴。'"

界，即十八界，眼、耳、鼻、舌、身、意为六根内界，色、声、香、味、触、法为六尘外界，眼识、耳识、鼻识、舌识、身识、意识为六识中界。见《教乘法数》。

㉝《止观》一："凡者常也。"《法华经》："凡夫浅识，深著五欲。"《佛性论》："凡夫以身见为性。"《大威德陀罗尼经》："以于生死，迷惑流转，住不正道，故名凡夫。"《楞伽经·雷庵集注》："愚夫妄相，故说为二。圣人体达，故离有无。"

㉞ 智者，有智慧之人也。《法华经·药草喻品》："我是一切智者。"了悟事理而通达之者，名了达。《法华经·提婆达多品》："深入禅定，了达诸法。"

㉟《传心法要》下："你但知一念不受，即是无受身。一念不想，即是无想身。决定不迁流造作，即是无行身。莫思量卜度分明，即是无识身。"又云："一念不起，即十八界空。即身便是菩提华果，即心便是灵智，亦云灵台。"按：据此即知无念则五蕴空、十八界空。故蕴之与界，无二无别。（出《黄檗断际禅师宛陵录》）

　　印宗闻说，欢喜合掌①言：'某甲②讲经，犹如瓦砾③。仁者论义④，犹如真金⑤。'

　　于是为惠能薙发⑥，愿事为师。惠能遂于菩提树下⑦，开东山法门⑧。

　　惠能于东山得法，辛苦受尽⑨，命似悬丝。今日得与使君⑩、官僚、僧尼、道俗同此一会，莫非累劫之缘⑪。亦是过去生中供养诸佛⑫，同种善根，方始得闻如上顿教，得法之因。教是先圣所传，不是惠能自智。愿闻先圣教者⑬，各令净心⑭。闻了各自除疑，如先代圣人无别⑮。"

　　一众⑯闻法欢喜⑰，作礼而退⑱。

【笺注】

　　① 合掌，合左右掌，合十指以表吾心专一之敬礼法。《观音义疏》上："合掌者，此方以拱手为恭，外国合掌为敬。手本二边，今合为一，表不敢散诞，专至一心。一心相当故，以此表敬也。"《法苑》二十八："若指合其掌不合者，良由心慢而情散故也。必须指掌相著，不令虚也。"

　　②《史记》："某子甲何为不来乎？"《魏略》："许攸呼太祖小字曰：'某甲，卿不得我，不得冀州也。'"

　　③ 瓦砾，瓦片与小石，喻其毫不贵重也。《北史·李安世传》："圣朝不贵金玉，所以同于瓦砾。"

④《世说》:"隐几安坐,读书论义自若。"

⑤ 莲池大师云:"六祖既受黄梅心印,隐于屠猎佣贱一十六年。后至印宗法师讲席,出风幡语。印宗闻而延入,即为剃染,礼请升座说法。人知六祖之为龙天推出矣,未知印宗之不可及也。其自言:'某甲讲经,犹如瓦砾。仁者论义,犹如真金。'夫印宗久谈经论,已然居先辈大法师矣。而使我慢之情未忘,胜负之心向在,安能尊贤重道,舍己从人,一至于是乎!六祖固古佛之流亚,而印宗亦六祖之俦类也。圣贤聚会,岂偶然而已哉!"

⑥ 薙同剃,剃须发,着染衣,佛弟子出家之相也。去骄慢,且为分别外道出家之所为。《因果经》二:"尔时,太子便以利剑自剃须发,即发愿言:'今落须发,愿与一切断除烦恼及以习障。'"《毗尼母经》三:"剃发法:但除头上毛及须,余处毛一切不听却也。所以剃发者,为除憍慢、自恃心故。"《传灯录》五:"仪凤元年丙子正月十五日,会诸名德为之剃发。六祖发塔,在广州光孝寺佛殿后。六祖初剃发时,其徒为藏发于此。盖发冢也。"

⑦《岭南丛述》卷三十八:"广州光孝菩提树,不花不实,经冬不凋。叶之筋脉,细致如纱绢。广人每用此为灯、为花、为蝉虫之翼。"《天台志》:"诃林有菩提树,萧梁时,智药三藏自西竺持来,今历千余年矣。大可百围,作三四大柯。其根不生于根而生于枝,根自上倒垂,以百千计。大者合围,小者拱把。岁久,根包其干,惟见根而不见干,干已空,中无干,根即其干。枝亦空,中无枝,根即其枝。其叶似柔桑而大,本圆末锐,二月而凋落,五月而生。僧采之,浸以寒泉,至于四旬之久,出而浣濯,滓渣既尽,惟余细筋如丝,霏微荡漾。以作灯帷、笠、帽,轻柔可爱。持赠远人,比于绡縠。其萎者以入爨矣(《广语》)。菩提树子可作念珠,面有大圈,文如月周罗,细点如星,谓之星月菩提(《粤东笔记》)。嘉庆二年六月二十五日夜,飓风吹倒,陈中丞大文命工培护,越年枯萎。寺僧乔庵、离相同诣南华接一枝归,植旧地,今扶疏犹昔(《光孝寺志》)。菩提果色白者,味甜,五月熟(《雷州府志》)。"

⑧《宋高僧传》八"神秀传"："昔魏末有天竺沙门达磨者,得禅宗妙法。自释迦佛相传,授以衣钵为记。……隐于嵩丘少林寺,寻卒。……以法付慧可,可付粲,粲付道信,信付忍。忍与信俱住东山,故谓其法为东山法门。"

⑨《尚书正义·洪范》："辛苦之味入口,犹困厄之事在身。故谓殃厄劳役之事为辛苦也。"

⑩ 古时称刺史曰使君。又凡奉使之官,亦以使君称之。

⑪ 累叠数多之劫量也。世界成坏之时期曰劫。《无量寿经》下："世世累劫,无有出期。"

⑫ 供养者,资养三宝、为奉灯明、香花、饮食、资财等事。《法华文句》二下："施其依报,名供养。"《法华经·授记品》："我此弟子摩诃迦叶,于未来世,当得奉觐三百万亿诸佛世尊,供养恭敬,尊重赞叹,广宣诸佛无量大法。"

⑬《四教集注》："教者,效也。效之则革凡成圣也。"

⑭ 各令净心者,各净其心,使无污染,以还复吾人本具之自性清净心也。《宗镜录》二十六："破妄我而显真我之门,斥情识而归净识之道。"

⑮《涅槃经》十一："以何等故,名佛菩萨为圣人耶？如是等人,有圣法故,常观诸法性空寂故。以是义故,故名圣人。有圣戒故,复名圣人。有圣定、慧故,故名圣人。有七圣财,所谓：信、戒、惭、愧、多闻、智慧、舍离,故名圣人。有七圣觉故,故名圣人。"

⑯ 一众犹云大众也。

⑰《法华经·安乐行品》："合掌赞佛,闻法欢喜。"

⑱《楞严经》十："皆大欢喜,作礼而退。"

般若第二

次日，韦使君请益①。师升座，告大众曰："总净心念：'摩诃般若波罗蜜多'②。"复云："善知识③，菩提般若之智，世人本自有之④。只缘心迷⑤，不能自悟。须假大善知识⑥，示导见性⑦。当知愚人、智人，佛性本无差别⑧。只缘迷、悟不同⑨，所以有愚有智。吾今为说摩诃般若波罗蜜法，使汝等各得智慧。志心谛听⑩，吾为汝说。

⑥　大善知识，伟大之善知识也。善知识如言善友。知识，我能知彼之义。

⑦　示导有三种：一、神变示导。二、记说示导。三、教诫示导。见《般若经》四百六十九。虽自证自悟，不假师示，争得见性！

⑧　《六祖金刚经注》："凡夫不见自性，妄识分别，自生高下：诸佛自高，众生自下。菩萨了悟人、法二空，上至诸佛，下至蝼蚁，皆有佛性，无所分别。故一切法皆平等，岂有高下也。"又云："人人具足，个个圆成，本来是佛，与佛无异。"

⑨　《六祖金刚经注》："迷则佛是众生，悟则众生是佛。"唐释慧海云："佛是心作，迷人向文字中求，悟人向心而觉。迷人修因待果，悟人了心无相。迷人执物守我为己，悟人般若应用见前。愚人执空、执有生滞，智人见性了相灵通。干慧辩者口疲，大智体了心泰。菩萨触物斯照，声闻怕境昧心。悟者日用无生，迷人见前隔佛。"

⑩　志心，专心一意也。谛听，倾听也。白居易："凝视谛听殊不足。"《梵网经·心地品》："诸佛子谛听。"注：将欲为说，诫劝时众。谛者，审也，摄耳聆音，发生闻慧。

善知识，世人终日口念般若①，不识自性般若，犹如说食不饱②。口但说空③，万劫不得见性④，终无有益。善知识，摩诃般若波罗蜜是梵语⑤，此言：大智慧到彼岸⑥，此须心行⑦，不在口念。口念心不行，如幻如化⑧、如露如电⑨。口念心行，则心口相应⑩。本性是佛，离性无别佛⑪。何名摩诃？摩诃是大，心量广大⑫，犹如虚空⑬。无有边畔，亦无方圆大小，亦非青黄赤白，亦无上下长短，亦无嗔无喜，无是无非，无善无恶，无有头尾。诸佛刹土⑭，尽同虚空⑮。世人妙性本空⑯，无有一法可得⑰。自性真空⑱，亦复如是⑲。

【笺注】

①《六祖金刚经注》云："祇为世人，性无坚固，口虽诵经，光明不生。外诵内行，光明齐等。内无坚固，定慧即亡。口诵心行，定慧均等。"

②《楞严经》："虽有多闻，若不修行，与不闻等。如人说食，终不能饱。"《华严经》偈："于法不修行，多闻亦如是，如人设美膳，自饿而不食。"

③ 因缘所生之法，究竟无体，故云空。《大智度论》五："有人言，观五阴无我、无我所，是名为空。"又四十六："须菩提，菩萨摩诃萨复有摩诃衍，所谓内空、外空、内外空、空空、大空、第一义空、有为空、无为空、毕竟空、无始空、散空、性空、自相空、诸法空、不可得空、无法空、有法空、无法有法空。"又三十五："般若波罗蜜中皆空，如十八空义中说。"口但说空者，口说而心不行也。

④ 世界一成一毁曰一劫，万劫犹言万世，极言其时间之长也。

⑤ 天竺之言语，从梵天禀承，故名梵语。《西域记》二："详其文字，梵天所制，原始垂则，四十七言。……乃至因地随人，微有改变，语其大较，未异本源。而中印度特为详正，辞调和雅，与天同音。"《四教集解》中："劫初之时，梵天下生，身有光明，是故天竺言语书等，皆承于梵，故云梵语。"

⑥ 大智慧，广大之智慧，能通达一切之事理者。详《大智度论》十八。彼岸，经中以譬涅槃成佛之所也。《思益经》一："世尊，谁住彼岸？"佛言："能知诸道平等者。"

⑦ 心中念念不忘，即是心行。龙树云："佛法以心为本，以身口为末。"

⑧《摩诃般若经》十喻："解了诸法如幻、如焰、如水中月、如虚空、如响、如揵闼婆城、如梦、如影、如镜中像、如化。"西俗多工伎，以种种之法，现出象、马、人、物等，使人实如闻见，以故名幻。幻事虽如实见闻，实无有也，以譬喻一切诸法之无实。《智度论》六："一切诸行，如幻欺诳小儿，属因缘，不自在，不久住，是故说诸菩萨知诸法如幻。"以神仙之通力、天、

龙之业力、或禁咒、禅定等,使种种之物变化现出,故名化。此化事化物,空而无实也。以譬一切诸法之实无性。《智度论》六:"是变化复有四种:欲界药物、宝物、幻术能变化诸物。诸神通人神力故,能变化诸物。天、龙、鬼、神辈,得生报力故,能变化诸物。色界生报修定力故,能变化诸物。如化人无生、老、病、死,无苦无乐,异于人生,以是故,空无实。一切诸法亦如是,皆无生、住、灭,以是故,说诸法如化。"

⑨《金刚经》:"一切有为法,如梦、幻、泡、影,如露亦如电,应作如是观。"隋嘉祥大师疏曰:"露喻:露少时住,身亦尔。电喻,才现即灭,现在法亦尔。"

⑩ 相应,契合之义也。《净土论注》上:"相应者,譬如函盖相称也。"

⑪《顿悟入道要门论》下:"僧问:'何者是佛?'师曰:'离心之外,即无有佛。'"《达磨血脉论》:"一切时中、一切处所,皆是汝本心,皆是汝本佛。"《楞伽经》:"心外见法,名为外道。若悟自心,即是涅槃,离生死故。"

⑫《楞伽经》三:"观诸有为法,离攀缘所缘。无心之心量,我说为心量。"

⑬《六祖金刚经注》曰:"佛与众生,唯止一心,更无差别。此心无始以来,无形无相,不曾生,不曾灭。当下便是,动念则乖。犹如虚空,无有边际。"《起信论》:"心体离念,离念相者,等虚空界,无所不遍,法界一相。"

⑭ 刹,梵语差多罗之论略,译曰土、田。梵汉双举,故云刹土。

⑮《顿悟入道要门论》上:"问:'其心似何物?'答:'其心不青不黄,不赤不白,不长不短,不去不来,非垢非净,不生不灭,湛然常寂。此是本心形相也,亦是本身。本身者,即佛身也。'"《传心法要》上:"本来清净皎皎地,无方圆,无大小,无长短等相。无漏无为,无迷无悟。'了了见,无一物,亦无人,亦无佛。大千沙界海中沤,一切圣贤如电拂','一切不如心真实'。"

⑯虚与空皆为无之别称,虚无形质,空无罣碍。诸法本来性空,非今始不有也,故名性空。《无量寿经》下:"净慧知本空。"

⑰《黄檗传心法要》上:"此心即是佛,更无别佛,亦无别心。此心明净,犹如虚空,无一点相貌。举心动念,即乖法体,即为着相。无始已来,无着相佛。修六度万行,欲求成佛,即是次第。无始已来,无次第佛。但悟一心,更无少法可得,此即真佛。佛与众生,一心无异,犹如虚空,无杂无坏。如大日轮,照四天下,日升之时,明遍天下,虚空不曾明;日没之时,暗遍天下,虚空不曾暗。明暗之境,自相陵夺,虚空之性,廓然不变。佛及众生心,亦如此。若观佛作清净、光明、解脱之相,观众生作垢浊、暗昧、生死之相。作此解者,历河沙劫,终不得菩提,为着相故。唯此一心,更无微尘许法可得。即心是佛,如今学道人,不悟此心体,便于心上生心,向外求佛。着相修行,皆是恶法,非菩提道。供养十方诸佛,不如供养一个无心道人。何故?无心者,无一切心也。"

⑱真空者,对于非有之有为妙有,而云非空之空为真空,是大乘至极之真空也。

⑲《资持记》上之一:"如是者,指示之辞。"

善知识,莫闻吾说空,便即著①空。第一莫著空。若空心静坐②,即著无记空③。善知识,世界④虚空,能含万物色像⑤。日月星宿⑥,山河大地⑦,泉源溪涧⑧,草木丛林⑨,恶人善人,恶法善法⑩,天堂地狱⑪,一切大海⑫,须弥诸山⑬,总在空中。世人性空,亦复如是⑭。

【笺注】

①著,执著也。

②《六祖金刚经注》:"见性之人,自当穷究此理。若人空心静坐,百无所思,以为究竟,即著空相,断灭诸法。"

③ 无记为三性之一，《唯识论》五："于善不善、益损义中，不可记别，故名无记。"《百法问答钞》三："无记性，于善不善、益损事中，无殊胜力用可记别，故名无记也。"永嘉禅师云："无记者，虽不缘善、恶等事，然俱非真心，但是昏住。"

④ 世界者，凡诸有情所依止之国土也。《楞严经》四："世为迁流，界为方位。汝今当知：东、西、南、北，东南、西南、东北、西北、上、下为界；过去、未来、现在为世。"

⑤ 色者，体色。像者，形态。

⑥ 日为恒星之一。月为卫星之一。星宿，天空之列星也，亦谓之星座。

⑦ 大地犹言全地也。温子升文：大地亡于积水。

⑧ 泉源，小水之源。溪，山渎之无所通者。涧，山夹水也。

⑨ 丛林，大木丛生处也。

⑩ 五戒十善者，世间之善法也。三学、六度者，出世间之善法也。浅深虽异，皆顺于理而益己之法，名善法。不顺于理而害人之法，名恶法。

⑪ 天堂，天上之宫殿也。《佛遗教经》："不知足者，虽处天堂，亦不称意。"《法华文句》四："地狱，此方名。胡称泥犁者，秦言无有。无有喜乐，无气味，无欢无利，故云无有。"地狱有八热地狱、八寒地狱、十六游增地狱、十六小地狱、十八地狱、一百三十六地狱之别。

⑫ 据《华严经疏》卷二，大海有十相："一、次第渐深。二、不宿死尸。三、余水入中，皆失本名。四、普同一味。五、具无量珍宝。六、深难得底。七、广大无量。八、大身所居。九、潮不过限。十、普受大雨。"

⑬ 须弥，山名。一小世界之中心也。译为妙高、妙光、安明、善积、善高。凡器世界之最下为风轮，其上为水轮，其上为金轮，即地轮。地轮上有九山八海，即持双、持轴、担木、善见、马耳、象鼻、持边。须弥山之八山八海，有铁围山，即须弥山也。《注维摩诘经》一："肇曰：'须弥山，天帝

释所住金刚山也。秦言妙高。处大海之中，水上方高三百三十六万里。'"

⑭《大智度论》三十一："性空者，诸法性常空，假来相续故，似若不空。譬如水性自冷，假火故热。止火停久，水则还冷。诸法性亦如是：未生时，空无所有，如水性常冷。诸法众缘和合故有，如水得火成热。"又云："性空有二种：一者，于十二入中，无我无我所。二者，十二入相自空，无我、无我所。是声闻论中说。摩诃衍法说：十二入，我我所无，故空。十二入性无，故空。复次，若无我无我所，自然得法空。以人多着我及我所故，佛但说无我无我所。如是应当知一切法空。若我我所法尚不着，何况余法！以是故，众生空、法空终归一义，是名性空。"又三十六："性空者，一切诸法性，本末常自空，何况现在！因缘尚空，何况果报！"又云："空者，性自空，不从因缘生。若从因缘生，则不名性空。"又四十六："何等为性空？一切法性，若有为法性，若无为法性，是性非声闻、辟支佛所作，非佛所作，亦非余人所作。是性性空，非常非灭故。何以故？性自尔，是名性空。"

善知识，自性能含万法是大，万法在诸人性中。若见一切人——恶之与善，尽皆不取不舍，亦不染著，心如虚空，名之为大，故曰摩诃。善知识，迷人口说，智者心行。又有迷人，空心静坐，百无所思，自称为大。此一辈人，不可与语，为邪见故①。

善知识，心量广大②，遍周法界③。用即了了分明④，应用便知一切⑤。一切即一，一即一切⑥。去来自由，心体无滞，即是般若。善知识，一切般若智，皆从自性而生，不从外入，莫错用意，名为真性自用⑦，一真一切真⑧。心量大事⑨，不行小道⑩。口莫终日说，心中不修此行。恰似凡人⑪自称国王⑫,终不可得,非吾弟子。

【笺注】

① 按:此邪见非指五见中拨无因果之邪见,乃谓谬妄、不合于道之邪见耳。何也? 以其著于无记空也。

按语:六祖称无记空为邪见,意指空心静坐不仅不能达到明见自性的目的,而且也非佛法所说之正定,甚至也非共世间的禅定,因其修习缺乏思择之观慧之故。这种修法对修行者的身心均有大害。若认为此即解脱、此即见性,则必然障碍真正的见性与解脱,故六祖斥为邪见。

② 此心量指如来真证之心量言。离一切之所缘、能缘,住于无心者是也。《楞伽经》三之一:"观诸有为法,离攀缘所缘,无心之心量,我说为心量。""离一切诸见,及离想所想,无得亦无生,我说为心量。非性非非性,性非性悉离,谓彼心解脱,我说为心量。如如与空际,涅槃及法界,种种意生身,我说为心量。"

③ 遍周法界与周遍法界同。法之所在名法界。《往生要集》上:"周遍法界,拔苦众生。"

④ 了了,了然之义。谓晓解也。《后汉书》:"小而了了,大未必奇。"《南史》:"彭城王义康于尚书中觅了了令史。"心体廓然大公,物来顺应,则过化存神,而上下与天地同流矣。庄子曰:"至人之用心若镜,不将不迎,应而不藏也。"

⑤ 即《易·系辞》"感而遂通天下之故也",亦即庄子得其环中以应无穷也。

⑥ 三祖《信心铭》云:"一即一切,一切即一。但能如是,何虑不毕。"见《指月录》四。《起信论笔削记》一:"一即一切,一切即一。一入一切,一切入一,互为主伴。"《传心法要》下:"若能了知心外无境、境外无心,一切即一心,心即一切,更无罣碍。"又曰:"诸佛体圆,更无增减。流入六道,处处皆圆。万类之中,个个是佛。譬如一团水银,分散诸处,颗颗皆圆。若不分时,只是一块。此一即一切,一切即一。种种形貌,喻如屋

舍。舍驴屋入人屋,舍人身至天身,乃至声闻、缘觉、菩萨、佛屋,皆是汝取舍处,所以有别。本源之性,何得有别!"永嘉禅师云:"一性圆通一切性,一法遍含一切法。一月普现一切水,一切水月一月摄。诸佛法身入我性,我性同共如来合。"一与一切融,即其体为无碍也。《华严经》第九,《初发心菩萨功德品》云"一切中知一,一中知一切",是为佛教中最究极之说。盖以万有之法,在真如法界中,虽现种种之差别相,而其体中则无丝毫之差别。种种之法,悉为绝对,而与一切法熔融时,知其一,即知一切。如尝海水一滴,即能知一切大海水之咸味也。此妙旨在华严、天台两家发挥最多。即约观法,而为一空一切空,一假一切假,一中一切中之说。以一心三观示一境三谛之圆理。约观境而传一心一切心,一阴一切阴,一境一切境等之幽意。更于诸法上说一尘一切尘、一法一切法、一界一切界、一国土一切国土、一相一切相、一色一切色、一毛孔一切毛孔、一众生一切众生、一身一切身、一人一切人、一字一切字、一识一切识等。或约修证迷悟等,使明一断一切断、一行一切行、一位一切位、一障一切障、一修一切修、一证一切证、一显一切显、一欲一切欲、一魔一切魔、一佛一切佛、一入一切入、一成一切成、一智一切智、一理一切理、一究竟一切究竟、一门一切门、一种一切种、一受一切受等。又约破立权实而为一破一切破、一立一切立、一权一切权、一实一切实等之解释也。

⑦ 不妄名真,不变名性,是吾人本具之心体也。《楞严经》一:"前尘虚妄相想,惑汝真性。"

⑧ 真者,离虚妄之义,所谓真如。《三藏法数》四:"无二曰一,不妄曰真。"

⑨ 大事者,总言转迷开悟,即《法华》所谓佛知见、《涅槃》所谓佛性,《无量寿经》所谓往生极乐也。天台《仁王经疏》上:"大事因缘,为兹出世,显令众生开、示、悟、入佛之知见。《法华》以佛知见为大事,《涅槃》以佛性为大事,《维摩》、《思益》以不思议为大事,《华严》以法界为大事,今此《般若》以成佛因果为大事。名字虽别,其义一也。"

⑩ 小道,指空心静坐等。

⑪ 恰,适当之辞。凡者轻微之称,庸也。凡人,即平常之细民也。

⑫ 国王,前世持十善戒,今生得其果报,得诸天之保护者。又名天子。《金光明王经》三:"因集业故,生于人中,王领国土,故称人王。处在胎中,诸天守护。或先守护,然后入胎。虽在人中,生为人王,以天护故,复称天子。"

　　善知识,何名般若? 般若者,唐言智慧也①。一切处所,一切时中,念念不愚,常行智慧,即是般若行。一念②愚即般若绝③,一念智即般若生。世人愚迷,不见般若,口说般若,心中常愚。常自言:我修般若。念念说空,不识真空④。般若无形相⑤,智慧心即是。若作如是解,即名般若智。

　　何名波罗蜜? 此是西国语⑥,唐言到彼岸⑦。解义离生灭⑧,著境生灭起。如水有波浪,即名为此岸。离境无生灭,如水常通流,即名为彼岸。故号波罗蜜⑨。

【笺注】

　　① 唐时威震四海,兵力及于外国,故外人多称中国为唐。唐言,即中国言也。《大乘义章》九:"言智慧者:照见名智,解了称慧,此二各别。知世谛者,名之为智。照第一义,说以为慧。通则义齐。"

　　② 一念者,时刻之极短促者也。林子《坛义讯释》:"或问:'何以谓之一念?'林子曰:'夫所谓一念者,盖谓一切处所,一切时中,念念如此,而无复有他念也。犹言心心如此,而无复有他心也。故心心念念,自忏前愆;心心念念,自悔过后。心心念念,去假归真。心心念念,离假离真。心心念念,弃邪归正。心心念念,无邪无正。心心念念,见性以为功。心心念念,平等以为德。心心念念,内心谦下以为功。心心念念,外行于礼

以为德。心心念念,敬上念下、矜恤孤贫。心心念念,和光接物,通达无碍。凡若此类,是皆一念之大旨。'"

③ 愚,蒙昧也。绝,灭也。

④《禅源诸诠》上:"龙树、提婆等菩萨,依破相教,广说空义。破其执有,令洞然解于真空。真空者,是不违有之空也。"

⑤《智度论》十八:"已知般若体相,是无相、无得法。"

⑥ 西国,总则指支那以西之诸国,别指则指印度。

⑦《智度论》十二:"波罗(秦言彼岸)蜜(秦言到)……若能直进不退,成办佛道,名到彼岸。复次,于事成办,亦名到彼岸(天竺俗法:凡造事成办,皆言到彼岸)。"

⑧ 若波罗蜜之意义解之,则为离生灭。

⑨《六祖金刚经注·序》云:"何名波罗蜜?唐言到彼岸。到彼岸者,离生灭义。只缘世人性无坚固,于一切法上有生灭相,流浪诸趣,未到真如之地,并是此岸。要具大智慧,于一切法圆满,离生灭相,即是到彼岸也。亦云:心迷则此岸,心悟则彼岸。心邪则此岸,心正则彼岸。口说心行,即自法身有波罗蜜。口说心不行,即无波罗蜜也。"

善知识,迷人口念,当念之时,有妄有非①。念念若行,是名真性。悟此法者,是般若法。修此行者,是般若行。不修即凡,一念修行,自身等佛。

善知识,凡夫即佛②,烦恼即菩提③。前念迷即凡夫,后念悟即佛。前念著境即烦恼,后念离境即菩提。善知识,摩诃般若波罗蜜,最尊、最上、最第一。无住、无往亦无来,三世诸佛从中出④。当用大智慧,打破五蕴烦恼尘劳⑤。如此修行,定成佛道⑥,变三毒为戒、定、慧⑦。

【笺注】

① 妄,不当于实也。《大乘义章》五(末):"谬执不真,名之为妄。"非,不是也,恶也。

②《血脉论》:"若识得施为、运动灵觉之性,即诸佛心。前佛后佛,只言传心,更无别法。若识此法,凡夫一字不识,亦是佛。"

③《唯识述记》一(本):"烦是扰义,恼是乱义。扰乱有情,故名烦恼。"《智度论》七:"烦恼者,能令心烦,能作恼故,名为烦恼。"又四十四:"菩提,秦言无上智慧。"

④ 三世,过去世、现在世、未来世也。诸佛,一切佛也。三世诸佛,为出现于三世之一切佛也。《法华经·方便品》:"三世诸佛说法之仪式。"《观无量寿经》:"三世诸佛,净业正因。"

⑤ 五蕴,旧译作五阴。蕴,积集之义。五蕴者:一曰色蕴、二曰受蕴、三曰想蕴、四曰行蕴、五曰识蕴。《增阿含经》二十七:色如聚沫,受如浮泡,想如野马,行如芭蕉,识如幻法。尘劳者,《维摩》慧远疏曰:"烦恼坌污,名之为尘。彼能劳乱,说以为劳。"《圆觉疏钞》:"经云尘劳者,尘是六尘,劳谓劳倦。由尘成劳,故名尘劳。"

⑥ 佛道,无上菩提之道也。《大乘义章》十八:"菩提,胡语,此翻名道。果德圆通,名之为道。"又,"菩提偏在果,故证成佛道,名得菩提。"

⑦ 三毒者,一贪毒,引取之贪心,以迷心而对于一切顺情之境,引取不厌者。二瞋毒,恚忿之瞋心,以迷心而对于一心违情之境,起忿怒者。三痴毒,迷闇之痴心,心性闇钝,迷于事理之法者是也。亦名无名。防身之恶曰戒,使散乱之心静曰定,去惑证理曰慧。《名义集》四:"防非止恶曰戒,息虑静缘曰定,破惑证真曰慧。"《三藏法数》九:"如来立教,其法有三:一曰戒律,二曰禅定,三曰智慧。然非戒无以生定,非定无以生慧。三法相资,一不可缺。"《破相论》:"三聚净戒者,即制三毒心也。制三毒心,成无量善聚。聚者,会也。无量善法普会于心,故名三聚净戒。……问:'如经所说三聚净戒者:誓断一切恶,誓修一切善,誓度一切众生。今者唯言制三毒心,岂不文义有乖?'答:'佛所说经是真实语。菩萨摩诃

萨于过去因中修行时,为对三毒,发三誓愿。断一切恶,故常持戒,对于贪毒。誓修一切善,故常习定,对于嗔毒。誓度一切众生,故常修慧,对于痴毒。由持如是戒、定、慧等三种净法故,能超彼三毒,成佛道也。'"誓断一切恶(摄律仪,戒也),誓修一切善(摄善法,定也),誓度一切众生(饶益有情,慧也)。以上三聚净戒也。

善知识,我此法门①,从一般若生八万四千智慧②。何以故?为世人有八万四千尘劳③。若无尘劳,智慧常现,不离自性。悟此法者,即是无念④、无忆、无著⑤。不起诳妄,用自真如性,以智慧观照⑥。于一切法⑦,不取不舍⑧,即是见性成佛道。

【笺注】

①《注维摩经》八:"肇曰:'言为世则谓之法,众圣所由谓之门。'"

② 西天之法,凡显物之多,常举八万四千之数,略名八万四。如《般舟赞》:"门门不同八万四。"《法华经·药王品》:"火灭已后,收取舍利,作八万四千宝瓶,以起八万四千塔。"《胜鬘经》:"广大义者,则是无量。得一切佛法,摄八万四千法门。"《智度论》:"般若波罗蜜亦能除八万四千病根本四病——贪、嗔、痴、等分。"《止观》一:"一一尘,有八万四千尘劳。"又《法华经·见宝塔品》:"持八万四千法藏、十二部经,为人演说。"又《妙音菩萨品》:"与妙意境时菩萨俱来者八万四千人。"又云:"与八万四千菩萨国围绕。"又云:"是八万四千菩萨,得现一切色身三昧。"又《智度论》二:"八万四千官属,亦各得道。"则不数枚举也。

③ 八万四千尘劳,犹言八万四千烦恼也。尘劳即烦恼之异称,可以污吾人之真性者。《止观》一:"一一尘,有八万四千尘劳。"《破相论》:"无明之心,虽有八万四千烦恼情欲及恒河沙众恶,皆由三毒以为根本。其三毒者,即贪嗔痴是也。此三毒心,自能具足一切诸恶。犹如大树,根虽

是一,所生枝叶,其数无边。彼三毒根,一一根中,生诸恶业,百千万亿,倍过于前,不可为喻。”

④ 无念,无妄念也。即正念之异名。《三慧经》:“问曰:‘何等为能知一,万事毕?’报曰:‘一者谓无意、无念,万事自毕。意有百念,万事皆失。’”古德云:无念者,心体灵知,湛寂不动,如镜鉴像,如灯显物。其像之妍丑,物之纤洪,而镜与灯不知也。虽曰不知,未尝毫发少隐也。其照体本空而能显物,曾何念虑于其间哉!所谓繁兴大用、举必全真,我常于见闻觉知之顷,欲觅念相如毫许,了不可得。而曰无念,非不念也。无念之念,生无生相,住无住相,异无异相,灭无灭相。非思虑计度所知,惟洞彻法源者,颇测其仿佛,未易与缠情缚识者语也。

⑤ 无著,不执著于事物之念之谓也。

⑥ 以智慧照见事理也。法藏《心经疏》:“观照,能观妙慧。”《六祖金刚经口诀》:“但以自己性智慧,照破诸妄,则晓然自见。”

⑦《智度论》二:“一切法,略说有三种:一者有为法,二者无为法,三者不可说法。此已摄一切法。”《楞伽经》:“佛告大慧:‘一切法者,谓:善、不善、无记;有为、无为;世间、出世间;有罪、无罪;有漏、无漏;受、不受。’”

⑧《楞伽经》:“譬如恒沙,一切鱼、鳖、输牧魔罗、师子、象、马,人兽践踏,沙不念言:彼恼乱我,而生妄想。自性清净,无诸垢污,如来、应供、等正觉自觉圣智,恒河大力神通自在等沙,一切外道、诸人兽等,一切恼乱,如来不念而生妄想。如来寂然,无有念想。如来本愿:以三昧乐,安众生故,无有恼乱。犹如恒沙,等无有异。又断贪恚故。”

善知识,若欲入甚深法界①及般若三昧②者,须修般若行,持诵《金刚般若经》③,即得见性④。当知此经功德⑤无量无边,经中分明赞叹,莫能具说⑥。

【笺注】

① 法之幽妙者，名深；深之极者名甚。《探玄记》十一："超情曰深，深极名甚。"《光明文句》："彻到三谛，故言甚深。"清凉《观经疏》："一真法界，谓寂寥虚旷，冲深包博。总该万有，即是一心。"

②《大乘义章》二："以心合法，离于邪乱，故曰三昧。"《玄应音义》三："三昧……正云三摩地，此译云等持。等者，正也，正持心也，谓持诸功德也。或云正定，谓任缘一境，离诸邪乱也。"《大智度论》四十三："般若不异三昧，三昧不异般若。般若不异菩萨三昧，菩萨三昧不异般若。般若三昧即是菩萨，菩萨即是般若三昧。"又一百卷："散乱心中，但有智慧，不名三昧。今从师闻已，一心思惟，名为三昧。摄心不散，智慧变成三昧。"《翻译名义集》："三昧，此云：调直定。又云：正定。亦云：正受。"远法师云："夫称三昧者何？专思寂想之谓也。思专则志一不分，想寂则气虚神朗。气虚则智恬其照，神朗则无幽不彻。"

③ 持诵者，受持或读诵经典或真言也。《金刚般若经》为《大般若经》第二处第九会五百七十七卷，具名《金刚般若波罗蜜经》。有三译本：一秦之罗什译，一元魏之菩提流支译，一陈真谛译。各一卷。又有三译：隋之达磨崛多、唐之义净及唐之玄奘。合为六译。

④《六祖金刚经·自序》："金在山中，山不知是宝，宝亦不知是山。何以故？为无性故。人则有性，取其宝用。是遇金师，錾凿山破，取矿烹炼，遂成精金，随意使用，得免贫苦。四大身中，佛性亦尔。身喻世界，人我喻山，烦恼喻矿，佛性喻金，智慧喻工匠，精进勇猛喻錾凿。身世界中，有人我山。人我山中，有烦恼矿。烦恼矿中，有佛性宝。佛性宝中，有智慧工匠。用智慧工匠，凿破人我山，见烦恼矿，以觉悟火烹炼，见自金刚佛性，了然明净。"

⑤《胜鬘宝窟》上（之本）："恶尽曰功，善满称德。又，德者，得也。修功所得，故名功德也。"

⑥《金刚般若波罗蜜经》云："须菩提，一切诸佛及诸佛阿耨多罗三藐三菩提法，皆从此经出。"又云："若善男子、善女人，于此经中，乃至受

持四句偈等，为他人说。而此福德胜前福德。"（前福德，指以七宝满恒河沙数三千大千世界以用布施也）又云："若复有人，得闻是经，信心清净，则生实相。当知是人成就第一希有功德。"又云："若有善男子、善女人，能于此经受持读诵，则为如来以佛智慧，悉知是人，悉见是人，皆得成就无量无边功德。"又云："是经有不可思议、不可称量、无边功德。"又云："若善男子、善女人，于后末世，有受持、读诵此经，所得功德，我若具说者，或有人闻，心则狂乱，狐疑不信。须菩提，当知是经义不可思议，果报亦不可思议。"按：此即经中赞叹之明文也。具说，一一详述也。

　　此法门是最上乘①，为大智人说②，为上根人说③。小根小智人闻④，心生不信⑤。何以故？譬如大龙下雨于阎浮提⑥，城邑聚落⑦，悉皆漂流，如漂草叶。若雨大海，不增不减⑧。若大乘人⑨，若最上乘人，闻说《金刚经》⑩，心开悟解，故知本性自有般若之智，自用智慧常观照⑪故，不假文字⑫。譬如雨水，不从天有，元是龙能兴致，令一切众生，一切草木，有情无情⑬，悉皆蒙润。百川众流，却入大海，合为一体⑭。众生本性般若之智，亦复如是。

【笺注】

　　① 最上乘，至极之教法也。诸宗各名其宗义。《法华经·授记品》："诸菩萨智慧坚固，了达空法，求最上乘。"《金刚经》："如来为发大乘者说，为发最上乘者说。"圭峰注曰："最上乘者，一佛乘也。"最上乘者，不见垢法可厌，不见净法可求。不见众生可度，不见涅槃可证。不作度众生心，不作不度众生心，是名最上乘。《六祖金刚经注》："不见垢秽可厌，不见清净可求。无遣可遣，亦不言无遣。无住可住，亦不言无住。心量广大，廓若太虚，无有边际。即是最上乘诸佛地位也。"

② 大智人,为有广大之智慧、通达一切事理之人也。《维摩经·佛国品》慧远疏:"言大智者,是佛智也。佛慧深广,故名大智。"

③ 上根人者,眼等诸根上利之人也。《止观》一之一:"为上根性说圆满修多罗,二乘如聋如哑。"

④ 小根人者,其根性祇可受小乘教之人也。《唯识述记》一(本):"令小根等,渐登圣位。"闻,闻之也。

⑤ 不信者,心念不澄净、于三宝之实德,不乐、欲也。

⑥ 天龙者,诸天与龙神,为八部众之二众。《法华经·普门品科注》云:"龙者是鳞虫之长,有四种:一、守天宫殿。二、兴云致雨。三、地龙,开决江河者也。四、伏藏龙,守护轮王宝藏者也。"阎浮提,新称瞻部洲,为须弥山南方大洲之名,即吾人之住处也。

⑦ 城,城郭也。内曰城,外曰郭。邑,都邑也。大曰都,小曰邑。聚落,即村落也。为人所集居之处。《周礼》:"四县为都,四井为邑。"《左传》:"凡邑有宗庙、先君之主曰都,无曰邑。邑曰筑,都曰城。"聚落,《通鉴纲目》十云:"人所聚居,故谓:村落、屯落、院落、聚落。"《善见律》云:"有市故,名聚落界。"

⑧ 此喻上根人,大智人之容量。

⑨《宝积经》二十八:"诸佛如来,正真正觉所行之道,彼乘名为大乘。"

⑩《六祖金刚经口诀》:"《大般若经》六百卷,皆如来为菩萨、果人说佛性。然而其间犹有为顿、渐者说。惟《金刚经》,为发大乘者说,为发最上乘者说。是故其经,先说四生、四相;次云'凡所有相,皆是虚妄。若见诸相非相,即见如来'。盖显一切法,至无所住,是为真谛。故如来于此经,凡说涉有,即破之以非。直取实相,以示众生。盖恐众生不解佛所说,其心反有所住故也。如'所谓佛法,即非佛法'之类是也。"

⑪ 以智慧照见事理,曰观照。《肇论新疏》:"观照般若,照事照理故。"法藏《心经疏》:"观照,谓能观妙慧。"

⑫《楞伽经》:"大慧,如来不说堕文字法。文字有、无,不可得故,除

不堕文字。大慧。若有说言如来说堕文字法者，此则妄说。法离文字
故。是故大慧，我等诸佛及诸菩萨，不说一字，不答一字。所以者何？法
离文字故。”

⑬无情，指草木、国土而言。《大论》四十一：“梵云仆呼善那，此云
众生，谓众缘所生故。”《释迦谱》一：“众共生世，故云众生。”有情指众生，
无情指草木。

⑭《法华经·药草喻品》：“如彼大云，雨于一切卉木、丛林及诸药
草，如其种性，具足蒙润，各得生长。”《智度论》：“譬如阎浮提阿那婆达多
池，四大河流——一大河有五百小川归之——俱入大海，则失其本名，合
为一味，无有别异。”《涅槃无名论》：“天地与我同根，万物与我一体。”《法
界观》：“情与非情共一体。”

善知识，小根之人闻此顿教，犹如草木根性小者，若被
大雨，悉皆自倒，不能增长①。小根之人，亦复如是。元有
般若之智，与大智人更无差别，因何闻法不自开悟？缘邪见
障重②，烦恼根深，犹如大云覆盖于日，不得风吹，日光不
现③。般若之智，亦无大小，为一切众生自心迷悟不同。迷
心外见，修行觅佛，未悟自性，即是小根。若开悟顿教④，不
执外修，但于自心常起正见⑤，烦恼尘劳，常不能染，即是
见性。

【笺注】

①《大智度论》十九：“求佛道者得佛道，随其本愿、诸根利钝，有大
悲、无大悲。譬如龙王降雨，普雨天下，雨无差别。大树大草根大，故多
受。小树小草根小，故少受。”按：今变通言之，故云悉皆自倒。盖示小
根人不堪大受也。

②《大乘义章》五(本):"能碍圣道,说以为障。"

③《十地经》曰:"众生身中,有金刚佛性,犹如日轮,体明圆满,广大无边。只为五阴重云覆,如瓶内灯,光不能显现。"

④ 顿教,对渐教而言。顿者,顿极、顿速之义。而说迅速成佛之教法,谓之顿教。唐释慧海曰:此顿悟门,"以无念为宗,妄心不起为旨,以清净为体,以智为用。""顿悟者,不离此生,即得解脱。何以知之?譬如师子儿,初生之时,即真师子。修顿悟者,亦复如是。即修之时,即入佛位。如竹,春生笋,不离于春,即与母齐,等无有异。何以故?为心空故。修顿悟者,亦复如是。为顿除妄念,永绝我人,毕竟空寂,即与佛齐,等无有异。故云:'即凡即圣也。'修顿悟者,不离此身即超三界。经云:'不坏世间,而超世间。不舍烦恼,而入涅槃。'不修顿悟者,犹如野干随逐师子,经百千劫,终不得成师子。"

⑤ 正见,为八正道之一,离诸邪倒之正观也。《胜鬘经》:"非颠倒见,是名正见"。《四教仪集注》中:"正以不邪为义。"

善知识,内外不住,去来自由,能除执心①,通达无碍②。能修此行,与《般若经》本无差别③。善知识,一切修多罗及诸文字④,大、小二乘⑤、十二部经⑥,皆因人置⑦。因智慧性,方能建立。若无世人,一切万法⑧,本自不有。故知万法,本自人兴。一切经书,因人说有。缘其人中,有愚有智。愚为小人,智为大人。愚者问于智人,智者与愚人说法,愚人忽然悟解心开,即与智人无别。

【笺注】

① 因事物而执著不离之心名执心。《广百论释》:"非唯空有,亦复空空,遍遣执心。"

② 通达者,通于事理而不壅滞之谓也。《金刚经》:"若菩萨通达无

我法者,如来说名真是菩萨。"《往生论注》下:"无碍者,谓知生死即是涅槃,如是等入不二法门,无碍相也。"

③《般若经》者,说般若波罗蜜深理经典之总名也。有《大般若经》、《放光般若经》、《摩诃般若波罗蜜经》、《光赞经》、《道行般若经》、《佛母出世三法藏般若波罗蜜多经》、《佛母宝德藏般若波罗蜜经》、《大明度经》、《摩诃般若钞经》、《胜天王般若波罗蜜经》、《文殊师利所说摩诃般若波罗蜜经》、《文殊师利所说般若波罗蜜经》、《濡首菩萨无上清净分卫经》、《金刚般若波罗蜜经》、《仁王般若波罗蜜经》、《了义般若波罗蜜经》、《般若波罗蜜多心经》、《开觉自性般若波罗蜜多经》等。

④ 修多罗,或翻为契经,契理合机名契,贯穿法相、摄持所化、如经之于纬名经。

⑤ 大乘与小乘也。对小机说罗汉道,名小乘。对大机说作佛之道,名大乘。又四部《阿含经》为小乘,《法华经》、《维摩经》等为大乘也。《法华游意》下:"佛教虽复尘沙,今以二义往收,则事无不尽。一者赴小机说,名曰小乘。赴大机说,称为大乘教。"

⑥ 十二部经,一切经分为十二类之名也。《智度论》三十三:"一、修多罗,此名契经。二、祇夜,译为应颂,又为重颂。三、伽陀,译为讽颂,又为孤起颂。四、尼陀那,此译因缘。五、伊帝目多,此译本事。六、阇多伽,此译本生。七、阿浮达磨,新名阿毗达磨。八、阿波陀那,此译譬喻。九、优波提舍,此译论议。十、优陀那,此译自说。十一、毗佛略,此译方广。十二、和伽罗,此译授记。以上十二部中,惟修多罗、祇夜与伽陀三者,为经文中体裁之上者,其余九部,不过记载其经文从别事而立名耳。"

⑦ 随大小机,佛为施设。

⑧ 一切万法,见前。

善知识,不悟,即佛是众生。一念悟时,众生是佛。故知万法尽在自心,何不从自心中顿见真如本性!①《菩萨戒

经》②云：'我本元自性清净③。'若识自心、见性④，皆成佛道⑤。《净名经》⑥云：'即时豁然⑦，还得本心⑧。'

【笺注】

①《唯识论》九："真谓真实，显非虚妄。如谓如常，表无变易。谓此真实，于一切位，常如其性，故曰真如。"《大乘止观》："此心即是自性清净心，又名真如，亦名佛性，复名法身，又称如来藏，亦号法界，复名法性。"《华严·回向品》云：真如照明为性。（八十《华严》，"譬如真如，照明为体。"）

② 姚秦罗什于《梵网经》中最后译出之《菩萨心地戒品第十》，分为二卷，题曰"梵网经卢舍那佛说菩萨心地戒品第十"。后于此下卷之中、偈颂已后，所说之戒相，别录为一卷，以便持诵，台祖智者名之为《菩萨戒经》。

③ 我者，常住于己身之一主宰也。《唯识论》："我为主宰。"自性清净，即自性清净心也。吾人本有之心，自性清净，离一切之妄染者是。

④《传心法要》上："真心无相，不去不来。生时性亦不来，死时性亦不去。湛然圆寂，心境一如。但能如是直下顿了，不为三世所拘系，便是出世人也。"按：出世人即识自心、见性之人。

⑤《普照禅师修心诀》云："不识自心是真佛，不识自性是真法，欲求法而远推诸圣，欲求佛而不观己心。若言心外有佛、性外有法，坚执此情，欲求佛道者，纵经尘劫，烧身链臂，敲骨出髓，刺血写经，长坐不卧，一食卯斋，乃至转读一大藏教，修种种苦行，如蒸沙作饭，只益自劳。尔但识自心，恒沙法门，无量妙义不求而得。故世尊云：'普观一切众生，具有如来智慧德相。'又云：'一切众生种种幻化，皆生如来圆觉妙心。'是知离此心外，无佛可成。过去诸如来，只是明心底人。现在诸贤圣，亦是修心底人。未来修学人，当依如是法。愿诸修道之人，切莫外求。心性无染，本自圆成。但离妄缘，即如如佛。"

⑥《净名经》，即《维摩诘所说经》之别名。

⑦ 豁然,《说文》: 豁达也。

⑧《维摩经·弟子品第三》:"时维摩诘即入三昧,令此比丘自识宿命——曾于五百佛所植众德本,回向阿耨多罗三藐三菩提——即时豁然,还得本心。"

　　善知识,我于忍和尚处①,一闻言下便悟②,顿见真如本性。是以将此教法流行③,令学道者顿悟菩提④,各自观心,自见本性。若自不悟,须觅大善知识,解最上乘法者⑤,直示正路。是善知识有大因缘⑥,所谓化导令得见性⑦。一切善法,因善知识能发起故⑧。三世诸佛,十二部经,在人性中本自具有⑨。不能自悟⑩,须求善知识指示方见。若自悟者,不假外求⑪。若一向执——谓:须他善知识,望得解脱者⑫,无有是处。何以故?自心内有知识,自悟。若起邪迷、妄念颠倒,外善知识虽有教授,救不可得⑬。若起正真般若观照⑭,一刹那间⑮,妄念俱灭。若识自性,一悟即至佛地⑯。

【笺注】

　　① 忍和尚,即五祖忍大师。

　　② 一闻,一闻法也。《宗镜录》二:"上上根人,一闻千悟。"按:事见上文三更付法时。

　　③ 此教法,指达磨以来以心传心之法。《释签》一"弘宣教法"。流行者,如水之流行,所及者远也。《孟子》:"孔子曰:'德之流行,速于置邮而传命。'"

　　④ 一类有大心之众生,闻大乘、行大法而直证佛果者,名为顿悟。又速疾证悟妙果者,名顿悟也。按:此云顿悟菩提者,即顿时悟得菩提

之义。菩提，注见前。

⑤《心地观经》三："菩提妙果不难成，真善知识实难遇。"

⑥《维摩经·佛国品注》："什曰：'力强为因，力溺为缘。'[按语]溺，藏经原本如此，别本作弱，是。肇曰：'前后相生，因也。现相助成，缘也。诸法要因、缘相假，然后成立。'"《止观》五、下："招果为因，缘名缘由。"

⑦《演秘钞》五："化谓教化，导谓示导。"《法华经·妙庄严王本事品》："若善男子、善女人，种善根故，世世得善知识。其善知识，能作佛事，示教利喜，令入阿耨多罗三藐三菩提。大王当知，善知识者，是大因缘——所谓化导令得见佛，发阿耨多罗三藐三菩提心。"

⑧ 发起，物之初起也。《注维摩经》二："显维摩诘辩才殊胜，发起众会。"

⑨《华严·出现品》："无一众生而不具有如来智慧，但以妄想、颠倒、执著而不证得。若离妄想，一切智、自然智、无碍智，则得现前。"

⑩ 譬如人虽自具见分，不依外之光明，不辨诸色相。

⑪ 唐释慧海云："贫道闻江西和尚道：'汝自家宝藏一切具足，使用自在，不假外求。'我从此一时休去，自己财宝，随身受用，可谓快活。无一法可取，无一法可舍。不见一法生灭相，不见一法去来相。遍十方界、无一微尘许，不是自家财宝。"

⑫《探玄记》八："情无异念，故云一向。"《剪灯新话句解》二："何一向薄情如是。注：一向犹言一偏也。"《名义集》七："肇曰：'纵任无碍，尘累不能拘，解脱也。'"

⑬ 不能救其邪迷颠倒。

⑭《海水一滴》："自明证据，则心遍一切，智明万境，无物不照，无理不通，是谓正真观照。"

⑮《西域记》二："时极短者，谓刹那也。"《楞严经》二："沈思谛观，刹那刹那，念念之间，不得停住。"

⑯《普照禅师修心诀》云："昔异见王问婆罗提尊者曰：'何者是佛？'

尊者曰:'见性是佛。'王曰:'师见性否?'尊者曰:'我见佛性。'王曰:'性在何处?'尊者曰:'性在作用。'王曰:'是何作用? 今不见。'尊者曰:'今见作用,王自不见。'王曰:'于我有否?'尊者曰:'王若作用,无有不是。王若不用,体亦难见。'王曰:'若当用时,几处出现?'尊者曰:'若出现时,当有其八。'王曰:'其八出现,当为我说。'尊者曰:'在胎曰身,处世曰人,在眼曰见,在耳曰闻,在鼻辨香,在舌谈论,在手执捉,在足运奔。遍现俱该沙界,收摄在一微尘。识者知是佛性,不识者唤作精魂。'王闻,心即开悟。"《四教仪》:"十、佛地。机缘若熟,以一念相应慧,顿断残习……成佛。"又,直了上无佛果可求,下无众生可化,是名为至佛地。

善知识,智慧观照,内外明彻,识自本心。若识本心,即本解脱①。若得解脱,即是般若三昧,般若三昧即是无念②。何名无念? 若见一切法,心不染著③,是为无念。用即遍一切处,亦不著一切处。但净本心,使六识④出六门⑤,于六尘中无染无杂⑥,来去自由,通用无滞,即是般若三昧,自在解脱⑦,名无念行⑧。若百物不思,当令念绝,即是法缚⑨,即名边见⑩。善知识,悟无念法者,万法尽通。悟无念法者,见诸佛境界。悟无念法者,至佛地位。善知识,后代得吾法者,将此顿教法门,于同见、同行⑪,发愿受持⑫,如事佛故,终身而不退者,定入圣位⑬。然须传授,从上以来,默传分付⑭,不得匿其正法⑮。若不同见、同行,在别法中⑯,不得传付,损彼前人,究竟无益。恐愚人不解,谤此法门,百劫千生,断佛种性⑰。

【笺注】

① 唐释慧海云:"若自了了知心不住一切处,即名了了见本心也,亦

名了了见性也。只个不住一切处心者，即是佛心。亦名解脱心，亦名菩提心，亦名无生心，亦名色性空。经云'证无生法忍'是也。汝若未得如是之时，努力！努力！勤加用功，功成自会。所以会者，一切处无心，即是会。言无心者，无假不真也。假者，爱憎心是也。真者，无爱憎心是也。但无憎爱心，即是二性空。二性空者，自然解脱也。"

②《顿悟入道要门论》上："无念者，一切处无心是。无一切境界，无余思求是。对诸境、色，永无起动，是即无念。"又云："得无念者，六根无染故，自然得入诸佛知见。"

③ 爱欲之心，浸染外物，执著而不离，名染著。新译《仁王经》中："愚夫垢识，染著虚妄，为相所缚。"

④ 六识：眼识、耳识、鼻识、舌识、身识、意识也。对于六根之色、声、香、味、触、法六境，能生见、闻、嗅、味、觉、知之了别作用者是也。

⑤ 眼、耳、鼻、舌、身是外五门，内有意门，共六门。

⑥ 六尘见前。《法华经·序品》："纯一无杂。"《顿悟入道要门论》上：喻如明鉴：鉴中虽无像，而能现万像。何以？为鉴明故，能现万像。学人为心无染，故妄念不生，我、人心灭，毕竟清净。以清净故，能生无量知见。

⑦ 进退无碍，名自在。又，心离烦恼之系缚，通达无碍，名自在。《法华经·序品》："尽诸有结，心得自在。"《顿悟入道要门论》上："问：'此顿悟门，以何为宗？以何为旨？以何为体？以何为用？'答：'无念为宗。妄心不起为旨。以清净为体。以智为用。'问：'既言无念为宗，未审无念者，无何念？'答：'无念者，无邪念，非无正念。''云何为邪念？云何名正念？'答：'念有、念无，即名邪念。不念有、无，即名正念。念善、念恶，名为邪念。不念善、恶，名为正念。乃至苦乐、生灭、取舍、怨亲、憎爱，并名邪念。不念苦乐等，即名正念。'问：'云何是正念？'答：'正念者，唯念菩提。'问：'菩提可得否？'答：'菩提不可得。'问：'既不可得，云何唯念菩提？'答：'只如菩提，假立名字，实不可得，亦无前、后得者。为不可得故，即无有念。只个无念，是名真念。菩提无所念。无所念者，即一切处无

心，是无所念。只如上说如许种无念者，皆是随事方便，假立名字，皆同一体，无二无别。但知一切处无心，即是无念也。得无念时，自然解脱。'"

⑧《海水一滴》云："直了自心，无性无念，则在眼曰见，在耳曰闻，在手执捉，在脚运奔。六根门头，无障无碍。六尘堆里，无染无杂。谓之无念行。"

⑨《圆觉经》："菩萨不与法缚，不求法脱。"

⑩ 边见，为五见之一（五见：一身见，二边见，三邪见，四见取见，五戒禁取见）。即或为断见，或为偏于常见一边之恶见也。

⑪ 同行，为三善知识之一。同心而行道者之谓也。《止观辅行》："言同行者，己他互同，递相策发，人异行同，故名同行。"

⑫ 发愿，发起誓愿也。《阿弥陀经》："应当发愿，生彼国土。"受，领受。持，忆持。以信力故受，以念力故持。为《法华》五种法师行之一也。《胜鬘宝窟》上（之本）："始则领受在心，曰受；终则忆而不忘，曰持。"

⑬ 三乘圣果之位也。《华严经》二十六："愿一切众生，速入圣位。"

⑭ 默传者，以心传心、见性成佛。宗门之传授，在言语之外，故名默。

⑮ 正法，正真之道法也。不差于理，故名正。

⑯ 别法，指非禅宗一派而言。

⑰ 佛种，生佛果之种子也。《探玄记》十一："菩萨所行，名为佛种。"《四教集解》下："种即能生，性名不改。"《本业经》元晓疏："种性者，种是种类义；性是体性义。"

善知识，吾有一《无相颂》①，各须诵取。在家出家②，但依此修。若不自修，惟记吾言，亦无有益。听吾颂③曰：

说通及心通④，　　　　如日处虚空⑤。

唯传见性法，　　　　出世⑥破邪宗⑦。

法即无顿渐⑧，　　　　迷悟有迟疾。

只此见性门，　　　　愚人不可悉。

说即虽万般，　　　　合理还归一。

烦恼暗宅中，　　　　常须生慧日⑨。

邪来烦恼至⑩，　　　　正来烦恼除⑪。

邪正俱不用⑫，　　　　清净至无余⑬。

菩提本自性⑭，　　　　起心即是妄⑮。

净心在妄中⑯，　　　　但正无三障⑰。

世人若修道，　　　　一切尽不妨。

常自见己过，　　　　与道即相当⑱。

色类自有道⑲，　　　　各不相妨恼⑳。

离道别觅道，　　　　终身不见道㉑，

波波度一生㉒，　　　　到头还自懊㉓。

【笺注】

①绝真理之众相，名无相。《大乘义章》二："言无相者，释有两义：一就理彰名。理绝众相，故名无相。二就涅槃法相解释。涅槃之法，舍离十相（《涅槃经》三十：色相、声相、味相、触相、生住坏相、男相、女相，是名十相），故曰无相。"《大论》曰："般若波罗蜜，是无相相。"按：《无相颂》者，即心地无相之颂也。于一切相，离一切相，即是无相。

②对出家之称，即在家而有父母、妻子者。出家，出离在家之生活，修沙门之净行者。《释氏要览》上："《毗婆沙论》云：'家者，是烦恼因缘。夫出家者，为灭垢累故，宜远离也。'"《维摩经·弟子品》："我听佛言，父母不听，不得出家。"

③《法华玄赞》二："颂者，美也，歌也。颂中文句极美丽故，歌颂之

故。讹略云偈。”

④ 心通即宗通也。宗通者，即自证殊相之相也。说通者，说法逗机之相也。《楞伽经》三，“一切佛语心品”：“尔时大慧菩萨复白佛言：‘世尊，唯愿为我及诸菩萨说宗通相。若善分别宗通相者，我及诸菩萨通达是相。通是相已，速成阿耨多罗三藐三菩提，不随觉想及众魔外道。’佛告大慧：‘谛听！谛听！善思念之，当为汝说。’大慧白佛言：‘唯然受教。’佛告大慧：‘一切声闻、缘觉、菩萨有二种通相——谓宗通及说通。大慧，宗通者，谓缘自得胜进相，远离言说、文字、妄想，趣无漏界自觉地自相。远离一切虚妄觉、想，降伏一切外道众魔，缘自觉趣光明晖发，是名宗通相。云何说通相？谓说九部种种教法，离异不异、有无等相，以巧方便，随顺众生，如应说法，令得度脱。是名说通相。大慧，汝及余菩萨应当修学。’”南巢法惠宏德禅师《证道歌注》：“宗通者，即悟诸之心宗也。乃达磨大师单传直指之道，不可以智知，不可以识识，惟在当人自证、自悟到无证、无悟之地。所以从上诸老递相出兴，向千圣顶颟上提持者一着子，俾学者尽得单传直指之妙方，谓宗通也。然后命掌藏钥，披阅一代圣教，备知顿、渐、秘密、不定之方，藏、通、别、圆之味，方谓说通也。”

⑤《传心法要》上：“尔但离却有、无诸法，心如日轮，常在虚空，光明自然不照而照，不是省力底事！到此之时，无栖泊处。即是行诸佛行，便是应无所住而生其心。”南巢法惠《证道歌注》云：“宗、说既通，定慧均等，方为圆明。”

⑥ 诸佛欲济度众生，舍净土而来娑婆世界，谓之出世。即佛出现于世也。余详前注。

⑦ 凡不以见性为宗者，曰邪宗。

⑧ 顿渐，顿教与渐教也。此二者以判诸大乘教。

⑨ 慧日者，譬喻佛之智慧，如日能照世之暗冥也。《无量寿经》下：“慧日照世间，消除生死云。”

⑩ 烦恼至便是邪来。

⑪ 烦恼除便是正来。邪来，一念不觉。正来，正念开发。邪、正二

相,共是取舍之念。

⑫《海水一滴》:"邪正烦恼,同一性空。分别假相,妙心现影。譬如彼燃灯时,暗忽消灭。明生时,暗何处去? 暗来时,明至何处? 明暗,代谢之法。二相共是空中假变,而无真实相。故云'邪正俱不用'。"

⑬ 无念清净,至达不生灭之地。无余,指无余涅槃而言。《六祖金刚经注》曰:"无余者,真常湛寂也。"《法华经》云:"佛当为除断,令尽无有余。"涅槃者,菩萨心无取舍,如大月轮,圆满寂静。《唯识论》十:"无余依涅槃,谓即真如出生死苦,烦恼既尽,余依亦灭,众苦永寂,故名涅槃。"

⑭ 菩提本自性,性净本有菩提,非可修相,非可作相。

⑮ 起心者,起他希求之念,实非正念。

⑯ 或云:本净明心非别处,惟在众生妄心中。

⑰ 障正道,害善心之三障也。三障者,一、烦恼障,如贪欲、愚痴等之惑。二、业障,如五逆、十恶之业。三、报障,如地狱、饿鬼、畜生等之苦报。此句言但正,则尽凡情是正心,别不见障惑所在。

⑱ 自顾自己过愆,即与道相当。

⑲《刊定记》四:"类即流类,即胎、卵等四也。"《华严经》:"尽法界、虚空界,十方刹海。所有众生,种种差别……种种生类,种种色身"等。此句言一切生类各自俱有大道。

⑳ 本具大道,故无妨亦无恼。

㉑ 道本不离人,若向别处寻道,则终身不能见道矣。

㉒ 波波,犹言奔波也。岑参诗:"风尘奈尔何,终日独波波。"一生,犹言一世也。

㉓ 到头,毕竟之意。懊,懊悔也,懊恼也。

欲得见真道①,　　行正即是道②。
自若无道心③,　　暗行不见道。
若真修道人,　　不见世间过④。

若见他人非，	自非却是左⑤。
他非我不非⑥，	我非自有过⑦。
但自却非心⑧，	打除烦恼破⑨。
憎爱不关心⑩，	长伸两脚卧⑪。
欲拟化他人，	自须有方便⑫。
勿令彼有疑⑬，	即是自性现⑭。
佛法在世间，	不离世间觉⑮。
离世觅菩提，	恰如求兔角⑯。
正见名出世⑰，	邪见是世间⑱。
邪正尽打却⑲，	菩提性宛然⑳。
此颂是顿教㉑，	亦名大法船㉒。
迷闻经累劫，	悟则刹那间㉓。"

师复曰："今于大梵寺说此顿教㉔，普愿法界众生，言下见性成佛。"时韦使君与官僚道俗，闻师所说，无不省悟。一时作礼，皆叹："善哉！何期岭南，有佛出世！"

【笺注】

① 真道，真实之道。即无上正真道也。《瞿酰经》下："我行真道，何用咒术事耶！"《菩萨睒子经》："使我疾成无上正真之道。"

② 洒洒落落之境。

③ 无道心者，无求佛果之心也。

④ 世间有二，一为有情世间，一为器世间。此指有情世间而言。为一切有情栖息之世间。换言之，即人类是也。过，过失也，罪愆也。黄檗曰："如今但学无心，顿息诸缘，莫生妄想分别。无人无我，无贪嗔，无憎爱，无胜负。但除却如许多种妄想，性自本来清净，即是修行菩提、法、佛等。"

⑤ 言若见他人有非，即是自己之非。却是计之左也。

⑥ 意言他人之非，在于他人，而我不以为非。

⑦ 言若以他人之非为非，即是自己之过。

⑧ 却，止也，退也。此句言，但自己去尽非薄他人之心也。

⑨《入道要门》下曰："若无我者，逢物不生是非。是者我自是，而物非是也。非者我自非，而物非非也。即心无心，是为通达佛道。即物不起见，是名达道。逢物直达，知其本源，此人慧眼开。智者任物不任己，即无取舍、违顺。愚人任己不任物，即有取舍、违顺。不见一物，名为见道。不行一物，名为行道。"

⑩ 唐释慧海曰："见一切色时，不起染著。不染著者，不起爱憎心，即名见无所见也。若得见无所见时，即名佛眼，更无别眼。若见一切色时起爱憎者，即名有所见。有所见者，即是众生眼，更无别眼作众生眼。乃至诸根亦复如是。"

⑪ 此偈自"世人若修道"下至此，是祖祖相传之血脉，大须参详。《传心法要》下："《净名》云：'唯置一床，寝疾而卧'，心不起也。如人卧疾，攀缘都息，妄想歇灭，即是菩提。"

⑫《法华玄赞》三："施为可则曰方，善逗机宜曰便。……方是方术，便谓稳便。"方便之法，名方便。此二句言欲化他人，自己须有逗人机宜之方法。

⑬ 此句言以方便善巧施之于人，须使人实信己语之真，而无疑惑之余地。所谓打破学人之疑团，勿令摘叶寻枝也。

⑭ 疑团既打破，即是学人之自性出现。

⑮ 物物全真，头头现成。

⑯ 愚人误兔之耳为角，此以喻物之必无也。《楞严经》："无则同于龟毛兔角。"《智度论》一："有佛法中方广道人言：'一切法不生不灭，空无所有，譬如兔角龟毛常无。'"同十二："又如兔角龟毛，亦但有名而无实。"

⑰《胜鬘经》："非颠倒见，是名正见。"《华严经》三十："正见牢固，离诸妄见。"超出世间而修净行，谓之出世。《金刚三昧经》一："令彼众生，

获得出世之果。"《智度论》一:"一人出世,多人蒙庆。"

⑱ 非正见曰邪见。《注维摩经·不二品》:"什曰:'世间,三界也。'"

⑲ 邪见、正见,一齐打扫净尽也。

⑳《原人论解》:"宛然者,谓分明之义。"即显然可见也。

㉑ 速疾顿悟而成佛果之法曰顿教。

㉒ 佛以渡人过生死海、到涅槃岸,譬如船筏,故曰法船。《付法藏传》六:"欲出三界生死大海,必假法船方得度脱。"

㉓ 迷闻,闻而不悟也。若了悟,则刹那成佛。《唯识述记》九:"'此时长远,何日成佛?'答曰:'处梦谓经年,窹乃须臾顷。故时虽无量,摄在一刹那。'"此颂至"刹那间"四句,总结上文。

㉔《传灯录》五:"韶州刺史韦据,请于大梵寺转妙法轮。"

疑问第三

【笺注】

　　此品述韦使君疑问达磨祖师无功德语与往生西方等说。《唯识枢要》明五种问：一不解故问，二疑惑故问，三试验故问，四轻触故问，五为利乐有情故问。总兼五，别当第二也。

　　一日，韦刺史为师设大会斋①。斋讫，刺史请师升座，同官僚士庶肃容再拜。问曰："弟子闻和尚说法，实不可思议②。今有少疑，愿大慈悲③，特为解说。"

　　师曰："有疑即问，吾当为说。"

　　韦公曰："和尚所说，可不是达磨大师宗旨乎④？"

　　师曰："是。"

　　公曰："弟子闻：达磨初化梁武帝，帝问云：'朕一生造寺、度僧⑤，布施、设斋，有何功德？'达磨言：'实无功德⑥。'弟子未达此理，愿和尚为说。"

　　师曰："实无功德，勿疑先圣之言。武帝心邪，不知正法。造寺、度僧，布施、设斋，名为求福。不可将福便为功德。功德在法身⑦中，不在修福。"

　　师又曰："见性是功，平等是德⑧。念念无滞，常见本性真实妙用，名为功德⑨。内心谦下是功⑩，外行于礼是德。

自性建立万法是功，心体离念是德⑪。不离自性是功，应用无染是德。若觅功德法身，但依此作，是真功德。

若修功德之人，心即不轻，常行普敬⑫。心常轻人，吾我不断，即自无功。自性虚妄不实，即自无德。为吾我自大，常轻一切故。善知识，念念无间是功，心行平直是德。自修性是功，自修身是德。善知识，功德须自性内见，不是布施、供养之所求也。是以福德与功德别。武帝不识真理，非我祖师有过。"

【笺注】

① 大会，大法会也。大会而兼吃斋，故去大会斋。斋，戒也、敬也，又斋食也。

② 不可思议者，言理之深妙、事之希奇，不可以心思、不可以言议也。《注维摩经》一："生曰：不可思议者凡有二种：一曰理空，非惑情所测。二曰神奇，非浅识所量。"《金刚般若经》："当知此经义不可思议。"

③ 大慈悲，即大慈大悲也。《观无量寿佛经》："佛心者，大慈悲是，以无缘慈，摄诸众生。"

④ 可不是，犹云岂不是。宗旨，谓正确之意指也。《神僧传》："佛图澄妙解深经，旁通世论。讲说之日，正标宗旨，使始末义言，昭然可了。"今谓人行事之目的所在曰宗旨。

⑤ 朕，我也。古时上下通称之，秦始皇始(专)作天子之自称用。

⑥《景德传灯录》卷三达磨章曰："广州刺史萧昂具主礼迎接，表闻武帝。帝览奏，遣使赍诏迎请，十月一日至金陵。帝问曰：'朕即位已来，造寺、写经、度僧不可胜纪，有何功德？'师曰：'并无功德。'帝曰：'何以无功德？'师曰：'此但人天小果，有漏之因。如影随形，虽有非实。'帝曰：'如何是真功德？'答曰：'净智妙圆，体自空寂。如是功德，不以世求。'"

⑦《维摩经》慧远疏："佛以一切清净功德法成，故名法身。"《大乘义

章》十八："言法身者,解有二义:一显本法性,以成其身,名为法身。二以一切诸功德法而成身,故名为法身。"《唯识论》卷十:"大觉世尊,成就无上寂默法,故名大牟尼,亦名法身,无量无边力、无畏等大功德法所庄严故。"

⑧ 无高下浅深之别名平等,平等对差别而言。宇宙本质,皆同一体。一切法、一切众生本无差别,故曰平等。

⑨ 欲行即行,要坐即坐,不思议神力,不可说妙用。

⑩《正法念处经》一:"内心思惟,随顺正法。"

⑪《起信论》:"所言觉义者,谓心体离念。离念相者,等虚空界,无所不遍,法界一相,即是如来平等法身。依此法身,说名本觉。"《法藏疏》:"心体离念者,离于妄念,显无不觉也。"

⑫ 普,遍也。

按语:通常所说功德包括造寺、布施等有漏的行为,也包括断除烦恼、圆满智慧等清净行,同时也指这些杂染、清净等种种行为的果报。达磨祖师否定梁武帝造寺、度僧的功德,目的在于破除武帝对有为功德的执著之心。六祖进一步将杂染的功行与清净功德做了明确的区别,指出只有与自性清净心相应的清净行才可以称为功德,否则都属于必然会感召苦乐相杂果报的福报行,而且所感福报是短暂的、与烦恼相伴而生的。因此,从常乐我净的清净功德角度来看,所谓福报,自然与功德有着本质的区别,所以也可以说无功德。

因为清净功德是自心本具的,以法身为所依,所以六祖同时指出了修行清净功德的具体方法:以见性为根本,常见自性,不离自性,了知自性真实功德,心体离于妄念分别,常行平等心、直心,即属于功德。修行功德,当然要远离遮蔽自性的种种烦恼和虚妄分别,如我慢、我见、我执等,而以谦和、平等、直心作为自己修身的基本准则。

刺史又问曰:"弟子常见僧俗①念阿弥陀佛②,愿生西方③。请和尚说,得生彼否?愿为破疑。"

　　师言："使君善听，惠能与说。世尊在舍卫城中④，说西方引化经文⑤，分明去此不远。若论相说，里数有十万八千⑥，即身中十恶八邪⑦，便是说远。说远为其下根⑧，说近为其上智。人有两种，法无两般。迷悟有殊，见有迟疾。迷人念佛求生于彼，悟人自净其心。所以佛言：'随其心净，即佛土净'⑨。使君东方人，但心净即无罪。虽西方人，心不净，亦有愆。东方人造罪，念佛求生西方。西方人造罪，念佛求生何国？

　　凡愚不了自性，不识身中净土，愿东愿西，悟人在处一般⑩。所以佛言：'随所住处恒安乐'⑪。使君心地但无不善⑫，西方去此不遥。若怀不善之心，念佛往生难到⑬。今劝善知识，先除十恶，即行十万。后除八邪，乃过八千⑭。念念见性，常行平直，到如弹指⑮，便睹弥陀。使君但行十善⑯，何须更愿往生？不断十恶之心，何佛即来迎请？

【笺注】

　　① 在家之人曰俗，出家之人曰僧。又三人以上方称为僧。

　　②《鼓音王经》："阿弥陀佛父名月上转轮王，其母名殊胜妙颜，子名月明。阿弥陀佛有十三号。"《无量寿经》上："是故无量寿佛，号无量光佛、无边光佛、无碍光佛、无对光佛、焰王光佛、清净光佛、欢喜光佛、智慧光佛、不断光佛、难思光佛、无称光佛、超日月光佛。"《名义集》卷一"诸佛别名篇"曰："阿弥陀，《清净平等觉经》翻无量清净佛。"

　　③《佛说阿弥陀经》：从是西方过十万亿佛土，有佛号阿弥陀，今现在说法。

　　④ 世尊，佛之尊号也。以佛具万德，为世所尊重故也。净影《大经疏》："佛具众德，为世钦仰，故号世尊。"《佛说十号经》："天人凡圣、世出

世间咸皆尊重,故曰世尊。"舍卫,在中印度境,侨萨罗国之都城,为别南侨萨罗国,故名。

⑤ 引化,接引化度也。经文,经之文句、能诠义理者,即能诠经文、所诠义理。

⑥ 十万八千,言其成数也。

⑦ 十恶,十不善也。《法界次第》上之上:十恶者:一、杀生。二、偷盗。新名不与取。三、邪淫。非自己妻妾而行欲者。四、妄语。新名虚诳语。五、两舌。新名离间语。六、恶口。新名粗恶语。七、绮语。新名杂秽语,语含淫意者。八、贪欲。九、瞋恚。十、邪见。八邪,八正道之反对也。一、邪见,二、邪思惟,三、邪语,四、邪业,五、邪命,六、邪方便,七、邪念,八、邪定也。

⑧ 下根,根性劣者,根机弱者。《涅槃经》十四:"极下根者,如来终不不为转法轮。"

⑨《注维摩经》第一"佛国品"云:"是故宝积,若菩萨欲得净土,当净其心,随其心净,则佛土净。肇曰:众生既净,则土无秽也。"

⑩《语录解义》:一般,一样也。《海水一滴》:"能了心无碍,则南北东西,在在处处,无往不通,全无别趣触向,面前寂光妙土,是谓在处一般。"

⑪ 安乐,身心安乐也。《法华文句》八下:"身无危险故安,心无忧恼故乐。"

⑫ 心者,万法之本,能生一切诸法,故名心地。《大乘本生心地观经》八:"三界之中,以心为主。能观心者,究竟解脱。不能观者,究竟沉沦。众生之心,犹如大地,五谷五果,从大地生。如是心法,生世出世、善恶五趣、有学无学、独觉菩萨及于如来。以此因缘,三界为心,心名为地。"

⑬ 往生,往生西方极乐国土。六祖言不善之人,虽念佛,难于往生。

⑭ 莲池大师《正讹集》云:"《坛经》以十恶八邪譬十万八千,人遂谓

西方极乐世界去此十万八千。此讹也。十万八千者,五天竺国之西方也。极乐去此,盖十万亿佛刹。夫大千世界为一佛刹,十万亿佛刹,非人力所到,非鬼力、神力、天力所到,惟是念佛人一心不乱,感应道交,到如弹指耳。岂震旦诣乎天竺,同为南瞻部之程途耶!然则,六祖不知西方欤?曰:《坛经》是大众记录,非出祖笔,如六经四子,亦多汉儒附会,胡可尽信?不然,举近况远,理亦无碍,如在市心,以北郊喻燕京,以南郊喻白下,则借近之五天喻远之极乐,欲人之易晓耳,何碍之有!"

⑮ 弹指,时之名。《戒疏》二下:"二十念为瞬,二十瞬为弹指。"

⑯ 十善者:不杀生,不偷盗,不邪淫,不妄语,不绮语,不恶口,不两舌,不贪欲,不瞋恚,不愚痴。

按语:六祖本段文字开、遮并用,遮除信众不悟自性,求东求西之念,直下揭示人人本具的唯心净土,所以关于极乐世界的教相诸说,与净土经教多有抵触,如说:西方极乐世界距此十万八千、但行十善何须更愿往生、西方人造罪念佛求生何方、不断十恶之心何佛即来迎请,等等。若据《阿弥陀经》、《观无量寿佛经》、《佛说无量寿清净平等觉经》等经典来看,这些说法是不准确的。

毋宁说六祖说净土,如九方皋相马,是遗其形而取其神的。遗其远近之相,遗其净土、秽土之相,遗其善、恶往生之相,遗其往生差别之相,惟以迷悟为判、见性为期。而见性所见的人人本具的一体三宝、一体三身自性佛,正是净土往生"花开见佛悟无生"的宗旨所在。

唯心净土,本无去来、彼此之相,亦无东方西方之异。也就是《坛经》所说"内外明彻,不异西方"之自心净土。唯心净土实是通贯禅、净、天台、华严诸宗,通贯显密诸乘的,也是显密诸乘的心髓所在。六祖所倡唯心净土,本意也并不在排斥西方净土,否定西方净土的真实存在,只是强调念佛往生必须自净其心,唯其"心净则国土净",这与净土上品、中品往生的要求是相近的。六祖所倡"见性"、"无生",更是与《观无量寿佛经》上品上生者"如弹指顷,往生彼国……闻已,即悟无生法忍"是同一旨趣。而上品上生所悟的无生法忍,正是禅宗念念所期的"明见自性"、"自性觉悟"。禅宗尤为可贵的正是将此觉悟无生之愿行落实于现前一念,行于念念之间。

　　当然,由于对六祖本段文字的误读,后代禅门之徒多尊禅宗为修行之极致,轻视净土法门;而净土宗行人,因为六祖破斥净土教相的言论,加上宋元以来禅门没落,遂鄙薄禅门,由此形成了禅净对立等种种不良后果。后代兼通禅门、净土的诸位大德,对此多有会通,具体可参看《竹窗随笔》、《西方合论》等著作。

　　若悟无生顿法①,见西方只在刹那。不悟念佛求生,路遥如何得达?惠能与诸人移西方于刹那间,目前便见。各愿见否?"

　　众皆顶礼②云:"若此处见,何须更愿往生?愿和尚慈悲,便现西方,普令得见。"

　　师言:"大众!世人自色身是城③,眼耳鼻舌是门,外有五门,内有意门。心是地,性是王,王居心地上。性在王在,性去王无。性在身心存,性去身心坏。佛向性中作,莫向身外求④。自性迷即是众生,自性觉即是佛。慈悲即是观音⑤,喜舍名为势至⑥。能净即释迦⑦,平直即弥陀⑧。人我是须弥⑨,邪心是海水。烦恼是波浪,毒害是恶龙⑩。虚妄是鬼神⑪,尘劳是鱼鳖。贪嗔是地狱,愚痴是畜生。善知识,常行十善,天堂便至。除人我,须弥倒。去邪心,海水竭。烦恼无,波浪灭,毒害除,鱼龙绝。自心地上觉性如来⑫,放大光明⑬,外照六门清净⑭,能破六欲诸天⑮。自性内照,三毒即除。地狱等罪,一时销灭。内外明彻,不异西方。不作此修,如何到彼?"

大众闻说，了然见性。悉皆礼拜，俱叹善哉，唱言："普愿法界众生⑯，闻者一时悟解。"

【笺注】

①《大智度论》七十三："无生忍者，乃至微细法不可得，何况大？是名无生。得是无生法，不作不起诸业行，是名得无生法忍。"唐释慧海曰："不住一切处心者，即是佛心，亦名解脱心，亦名菩提心，亦名无生心，亦名色性空。"《经》云："证无生法忍是也。"唐释慧海曰："顿者，顿除妄念；悟者，悟无所得。"

② 顶礼者，五体投于地，以吾顶礼尊者之足也。《归敬仪》下："经律文中，多云头面礼足，或云顶礼佛足者。我所高者顶也，彼所卑者足也。以我所尊，敬彼所卑者，礼之极也。"

③ 色身，自四大五尘等之色法而成身，故名色身。《楞严经》十："由汝念虑，使汝色身。"

④《血脉论》："若知自心是佛，不应心外觅佛，佛不度佛。将心觅佛而不识佛，但是外觅佛者，尽是不识自心是佛。"又《心王铭》云："慕道真士，自观自心，知佛在内，不向外寻。"

按语：心与性，在《坛经》中往往有不同的解说，此处六祖将心识分为两层，称前六识为六门，别立第八识为心地，即含藏一切诸法种子的阿赖耶识。与心地相对的"性"，有人认为即是临济禅师所说之"无位真人"。太虚大师认为是"无漏智种起的现行般若"，即此心本具的无漏种子现行时与之俱生的般若智慧。烦恼生起时，即自性迷；般若智慧现行时，则自性觉：

"此心不但从本以来自性清净，亦从本以来而有无明——'此心从本以来'六字，应双贯'自性清净'及'而有无明'读——为无明染而有染心，则无始有漏种子恒起现行而成诸杂染法也。虽有染心而常恒不变，则虽有漏现行，而真如体及无始无漏种不以之变失也。此在真如宗之圣教，无不如是说者。故基师于《宗轮论记》设问答云：'有情无始有心称本性净,心性本无染,宁非本是圣?'答曰:'有情无始心性亦复有心即染,故非是圣。'又问:'有心即染,何故今言心性本净,说染为客?客主齐故。'答曰:'后修道时,染乃离灭,唯性净在,故染称客。'据此一文,亦可见于真如体不可离不可灭之净相净用,得称为主之性净也。"(太虚,《佛法总抉择谈》)

⑤ 诸佛菩萨以爱念给一切众生之心,曰慈悲。显教以观音为阿弥陀佛之弟子,密教以观音为阿弥陀佛之化身。

《达摩多罗禅经》下:"修行者若欲广修慈心,先当系心所缘,渐习令无量。灭除过恶,心不净竞,亦无怨结,无恚清净。谓于亲、中、怨三种九品众生无量无数,安处十方,尽三分际,淳一乐行。唯除国土世界,于众生世界周普总缘成就游。行者修慈方便,先等心思惟,总缘一切众生,令心坚固,灭除嗔恚而起慈心,是名总观慈无量三昧。

如是总观犹为嗔恚所缚者,当于上亲修别相慈,次于中亲、下亲、中人、怨家次第修习九品慈心,渐离嗔恚,心生爱念,与种种乐具。与是乐已,然后于一切众生起法饶益心,修三种慈:广大慈、极远慈、无量慈。舍除嗔碍,住仁爱心,随其所应功德善根,一切佛法皆悉与之,谓与种种法乐、修种种慈:先与出家乐,次与禅定正受乐,次与菩提乐,次与寂灭乐。彼修行者本曾所更及所未更种种乐具,自得他得清净善根,乃至无上寂灭究竟无为,随其修行意所想念,无量法乐等与众生,相现在前。乐想起已,一一观察,以相自证,便得决定。犹如明镜,因物像现。慈三昧镜,亦因乐事,种种乐相,悉现在前。

或时修行为嗔恚所乱,作是思惟:我从本来,由是嗔恚多所杀害,兴诸罪逆,入于恶道,于大地狱还受苦毒。或作蜂虿、蜈蚣、毒蛇、恶龙、害鬼、罗刹,如是种种毒害之类,今不除灭,复见烧迫。以是方便,能止嗔恚。又复思惟:骂者、受者,彼我无常,须臾不住,二俱过去,恶声已灭,后起二人,无故共净。又今二人,念念即灭,虚妄无实。谁骂谁受?何为颠倒,与空共斗?计我耳根,从虚妄颠倒、烦恼业起,彼人舌根亦复如是。因缘生灭,谁骂谁闻?修行如是思惟时,嗔恚缚解,能修慈心,离垢清净。

如佛说：修慈者于四念处，能得决定修习、增广，成就无量法门、胜妙道果，不复退还。是则三种方便大慈。若已离欲，更修净妙离欲慈心，深心饶益，增广无量，得真实果。因此功德，具足所愿，究竟涅槃。所以者何？一切诸佛说慈为无畏，慈为一切功德之母，慈为一切功德钻燧，慈能消灭凶暴诸恶。是故修行当勤方便，修离欲大慈。

悲无量者，如慈境界，怨、亲、中人，悲亦如是，次第修习。如佛言曰：饶益众生说名慈心，除不饶益说名悲心。若先于众生起饶益心，以种种乐具悉施与之。然后观众生，唯见受乐，是名慈心。若先观众生受无量苦，起除不饶益心，然后见众生除不饶益。除不饶益已，受种种乐，非与乐也，是名悲心。见净相是慈，见虚空相是悲。乐行是慈，苦行是悲。是则差别。谓修行者见诸众生凶暴、净怒、残贼、杀害，共相逼迫，无有覆护。如是见已而起悲心，为作覆护。又见众生斩截身、首、耳、鼻、肢体，苦痛无量，无能救者，修行见已而起悲心。又修行住悲心时，见五趣众生苦痛炽然，无量烧迫，深起悲心，兴救护想，如是修行悲无量，善根生时，无量功德相现。若见此众生受无量苦而不起悲，是则极恶无善根人。如是大悲，一切诸佛本所修习，由是究竟一切智海。行者若能具足修习，当知不久必到是处。"

⑥ 喜舍，亦名净舍，净施，喜施财宝也。势至，即大势至菩萨也。菩萨之大智，至一切处，故名。《法华义疏》云："大势至者，所经之处，世界震动，恶道休息也。"黄檗《传心法要》："观音当大悲，势至当大智。"

《达摩多罗禅经》下："喜无量者，谓修行于慈境界，以六思念等诸善功德、无量佛法及自身成就戒、定、智慧一切功德，饶益众生，自乐他乐，尽皆与之。见一切众生得法乐已，其心欢喜。其心欢喜，则忧戚灭。忧戚灭已，一向欣悦，踊跃欢喜。念言：'快哉！永使安乐！于一切众生欢喜时，见有乐相，轻微明净。成就此相，名为喜无量三昧。'如佛说：'修集喜等，乃至识处。'"

舍无量者，舍怨亲已，等缘中品，此唯是众生，无有差别。离慈、悲、喜，唯作众生行，近境界近相。是故世尊说舍，种种舍，各自有相。舍无量不与彼同。谓:平等、清净、离苦乐相。舍相似相现,是名舍无量三昧。

按语:慈悲喜舍,被看作大乘佛教的基本特质,六祖将此四德分指观音、势至二菩萨,表达的正是这个意思。实际上,慈、悲、喜、舍本是婆罗门教、小乘、大乘佛教共修的四种禅定,称为慈(悲、喜、舍)心三昧、慈(悲、喜、舍)心定等。由于修习时需要观想慈心遍于无量世界,所以也称为慈(悲、喜、舍)无量心。在婆罗门教中,因为爱乐、希求,愿生梵天,亦修慈悲喜舍之心,所以也称此为四梵住。小乘修习四无量心时,与无常、苦、空、无我的智慧合观,大乘则与人法二空、诸法无生的智慧合观。在大小乘佛教中,慈悲喜舍也用来对治烦恼,如慈悲对治嗔恨、喜舍对治嫉妒、爱著等。大乘慈心观依据观修的对象而有三种层次:初发心修慈心观时,以遍法界有情为对象,称为众生缘慈。进一步观修时,远离众生想,以性空无生之理贯穿慈无量为缘,称为法缘慈。这二种慈心观多属有漏,只有证入无生法忍的菩萨所修慈心观称为无缘慈,只有这种慈心观,方可称为大慈,远离一切虚妄分别,恒与无分别智相应,恒与平等大悲相应故。所以《观无量寿佛经》说:"以观佛身故,亦见佛心。诸佛心者,大慈悲是。以无缘慈,摄诸众生。"称诸佛菩萨为大慈大悲,正是从这个角度来说的。

⑦ 指释迦牟尼佛而言。

⑧ 唐沙门慧海《语录》云:"法明曰:'阿弥陀佛有父母及姓否?'师曰:'阿弥陀姓憍尸迦,父名月上,母名殊胜妙颜。'曰:'出何教文?'师曰:'出《陀罗尼集》。'法明礼谢赞叹而退。"

《大般若经》四百六十九:"平等平等,无所分别。何以故? 诸菩萨摩诃萨了达诸法及诸有情自相皆空,都无差别,故无异想,无所分别而行布施。是菩萨摩诃萨由无异想、无所分别行布施故,当得无异、无分别果。谓得圆满一切相智及余无量诸佛功德。善现! 若菩萨摩诃萨见乞丐者便起是心:若是如来、应正等觉是福田故,我应施与,供养恭敬。若傍生等,非福田故,不应施与所须资具,是菩萨摩诃萨起如是心,非菩萨法。所以者何? 善现! 诸菩萨摩诃萨发菩提心,求趣无上正等菩提,要净自心,福田方净。见诸乞者不应念言:如是有情,我应布施,为作饶益。如是有情,我不应施,不作饶益。违本所发菩提心故。谓诸菩萨发菩提心,我为有情当作依怙、洲渚、舍宅、救护之处,见诸乞者应作念言:令此有情贫穷孤露,我当以施而摄益之。”

《维摩经·佛国品》:“直心是菩萨净土。”又《菩萨品》:“直心是道场。”《注》:“肇曰:直心者,谓质直无谄,此心乃是万行之本。”“什曰:直心,诚实心也,发心之始,始于诚实。”

《楞严经》:“汝今欲研无上菩提,真发明性,应当直心酬我所问。十方如来同一道故,出离生死皆以直心。心言直故,如是乃至终始地位,中间永无诸委曲相。”

⑨ 人身常有一主宰为实体,自此实体生出人我之相、人我之见。自此执见,复生出种种之过失。须弥即须弥山之略。《释氏要览》云:“《长阿含》并《起世因本经》等云:‘四洲地心,即须弥山(梵音正云苏迷卢,此名妙高)。此山有八山绕,外有大铁围山周回围绕。并一日月昼夜回转照四天下,名一国土。’”

⑩ 恶龙,造恶之龙神也。《仁王经良贲疏》:恶鬼,疾疫;恶龙,旱涝。

⑪《释摩诃衍论》:“鬼并及神云何差别?”“障身为鬼,障心为神。”

⑫ 觉性,离一切迷妄之觉悟自性也。

⑬ 自莹名光,照物名明。《探玄记》三:“光明亦二义:一是照暗义,二是现法义。”《往生论》下:“佛光明,是智慧相也。”

⑭ 上文云:但净本心,使六识出六门,于六尘中无染无杂。眼、耳、鼻、舌、身为外五门,意为内一门,合为六门。

⑮ 六欲天,欲界六重之天也。亦名六欲天:一、四天王天,有持国、增长、广目、多闻之四王。二、忉利天,亦译三十三天。三、夜摩天,又译时分,彼天中时唱:快哉! 快哉! 四、兜率天,亦译喜足,于五欲之乐,生喜足心。五、乐变化天,于五欲之境,自乐变化。六、他化自在天,使五欲之境,变化自在。见《大智度论》九、《俱舍论》八。

⑯《菩萨璎珞本业经》上："一法界中，有三界报。一切有为法，若凡若圣、若见著、若因果法，不出法界，唯佛一人在法界外。"

师言："善知识，若欲修行，在家亦得，不由在寺。在家能行，如东方人心善。在寺不修，如西方人心恶。但心清净，即是自性西方。"

韦公又问："在家如何修行？愿为教授。"

师言："吾与大众说《无相颂》。但依此修，常与吾同处无别。若不依此修，剃发出家①，于道何益？"

颂曰：

心平何劳持戒②，　　　行直何用修禅③。

恩则孝养父母④，　　　义则上下相怜⑤。

让则尊卑和睦⑥，　　　忍则众恶无喧⑦。

若能钻木出火⑧，　　　淤泥定生红莲⑨。

苦口的是良药，　　　逆耳必是忠言。

改过必生智慧⑩，　　　护短心内非贤⑪。

日用常行饶益⑫，　　　成道非由施钱。

菩提只向心觅，　　　何劳向外求玄？

听说依此修行，　　　西方只在目前⑬。

师复曰："善知识，总须依偈修行，见取自性，直成佛道。时不相待，众人且散，吾归曹溪。众若有疑，却来相问。"

时刺史、官僚、在会善男信女，各得开悟，信受奉行⑭。

【笺注】

① 剃须发、染衣，为佛弟子出家之相也。且去骄慢，且别于外道之

出家。是三世诸佛之仪式。

② 心平，即心平等义。持戒，为六度之一，受持戒律而不触犯也。《法华经·譬喻品》："持戒清洁，如净明珠。"按：此言戒律本备止恶防非，假令在家，心若平等，何劳具戒如比丘。

③《论语》："斯民也，三代之所以直道而行也。"《大智度论》："一切禅定摄心，皆名为三摩提（秦言正心行处）。是心从无始世界来，常曲不端。得是正心行处，心则端直。譬如蛇行常曲，入竹筒中则直。"此即制心之说也。《维摩经·佛道品》："直心是菩萨道场。"按：见性者方能无妄念，无妄念方是直心。故唐释慧海曰："妄念不生为禅，坐见本性为定。"

④ 孝养父母者，尽孝道以供养父母也。《观无量寿佛经》："欲生彼国者，当修三福：一者孝养父母。（下略）"

⑤ 怜者，扶持其患难饥寒。林子《坛经讯释》："《无相颂》曰：'心平何劳持戒，行直何用修禅。'夫不曰持戒，而曰心平，岂不以心平则自有至戒者在乎！不曰修禅，而曰行直，岂不以行直而自有真禅者在乎！由是观之，则释氏修为之功，殆无出于此矣。又曰：'恩则孝养父母，义则上下相怜。'夫知所孝养，乃所以为仁也，岂有仁而遗其父母者乎？知所相怜，乃所以为义也，岂有义而忘其上下者乎？由是观之，则释氏立本之教，概可见于此矣。若或戒矣，而心有未平。禅矣，而行有未直，父母且不知所以仁之，上下且不知所以义之，此其大本已失，而曰能依法修行以见性者，岂其然哉！"

按语：《坛经》语言浅近，而意蕴深广，虽可依字面来解，但未必合于六祖本意。如"心平、行直"诸语，虽然也含有公平、平等、正直之意，通于日常所言，但实以性空、无我的思想为本源，以见性、般若为指归，远非日常伦理所赖以建立的是非利害的计较、血缘亲疏的分别、尊卑等级的区隔等伦理道德层面所能含摄。《坛经讯释》乃用道学家不离人我、不达二空的分别、爱著之心解释心平、持戒，又以儒家尊卑上下、爱有差等之"义"来规范、约束禅宗，以为佛教立教之本乃不出此。此语虽然对于批评佛教末流不无助益,但与六祖《无相颂》的本意实在相去甚远。

丁氏此处所引之"林子",指明代福建莆田林兆恩,字茂勋,别号龙江,道号子谷子、心隐子,与李贽、袁宗道同时。主张合会儒、释、道三教,创立了三一教,以儒行为立教之本,以道教为入教之门,以释氏为立教之极则,而以"归儒宗孔"为最终之目的。立教杂取道教内丹、禅宗心性之说,而以理学思想为主干,反对六道轮回、男女平等之说,认为僧人剃发、出家、改姓释氏、不事婚嫁是违背天理伦常的行为,主张僧尼还俗、结婚,没收寺院土地重新分配,等等。在明、清知识分子中一度影响很大,并传播于东南亚等地。著作很多,由弟子整理为《林子全书》等,《坛经訦释》为其中之一种。丁福保先生大概不遑多察其中流弊,本书中有多处引用。

⑥ 克恭克让,则和睦相亲。

⑦ 不报无道,则喧争自息。

⑧ 修行不息,如钻火,则必定见性。《华严经》颂云:"如钻燧求火,未出而数息,火势随止灭。"《大智度论》:"譬如钻燧求火,一生勤著,不休不息,乃可得火。"

⑨ 红莲,赤色之莲花也。《维摩经·佛道品》:"譬如高原、陆地,不生莲花,卑湿淤泥,乃生此花。如是烦恼泥中,乃有众生起佛法耳。"

⑩ 除我执,生智慧。

⑪ 短,绌也,陋也。短长犹善恶也。短指过咎而言,护短犹怙恶也。

⑫ 饶益,丰于利人也。《法华经·譬喻品》:"饶益诸子,等与大车。"

⑬ 唯心净土、自性弥陀,故云"西方只在目前"。按:此偈归束到"西方只在目前"者,六祖正为迷人不行孝义忍让,而口诵佛名,冀带恶业往生西方故耳。西方极乐世界岂有不孝义忍让之人哉!《阿弥陀经》云:"得与如是诸上善人俱会一处",可知未能孝义忍让者、心未调伏,何能往生?故六祖痛发之,使人觅菩提于本心为往生之基也。

⑭ 信受奉行者,信受教命而奉行也。《往生论注》下:"经始称'如是',为彰信为能入,末言'奉行',表服膺事已。"

定慧第四

【笺注】

　　禅定,体也,寂而常照;智慧,用也,照而常寂。体用不二,谓之定慧。《禅源诸诠集序》上:"禅是天竺之语,具云禅那,中华翻为思惟修,亦名静虑,皆定慧之通称也。"《佛祖通载》卷十六:"唐宣宗问荐福辩禅师:'何名戒、定、慧?'对曰:'防非止恶,名戒。六根涉境,心不随缘,名定。心境俱空,照鉴无惑,为慧。'"

　　师示众云:"善知识,我此法门,以定慧为本①。大众勿迷,言定慧别! 定慧一体②,不是二。定是慧体,慧是定用。即慧之时定在慧,即定之时慧在定。若识此义,即是定慧等学③。诸学道人④,莫言先定发慧,先慧发定,各别。作此见者,法有二相。口说善语,心中不善。空有定慧,定慧不等。若心口俱善,内外一如,定慧即等。自悟修行,不在于诤。若诤先后,即同迷人,不断胜负,却增我法,不离四相⑤。善知识,定慧犹如何等? 犹如灯光。有灯即光,无灯即暗。灯是光之体,光是灯之用。名虽有二,体本同一。此定慧法,亦复如是⑥。"

【笺注】

　　① 调摄乱意名定,观照事理名慧。(二者合称)名止观。《理趣六波

罗蜜多经》八:"佛果大菩提,定慧为根本。"

②《起信笔削记》五:"禅者,具云禅那,此云静虑,即慧之定。般若,此云智慧,即定之慧。故此与第五(品)是自性定慧,本自一法,但约体用义,分异尔。"

③《涅槃经》北本、三十一:"善男子,十住菩萨智慧力多,三昧力少,是故不得明见佛性。声闻、缘觉三昧力多,智慧力少,以是因缘不见佛性。诸佛世尊定、慧等故,明见佛性,了了无碍。"

按语:自《阿含经》以来,教下即将佛法概括为戒定慧三学。通途认为,由戒生定,由定生慧。认为定、慧的修习目标有差异,修习的途径不同,修习的先后次第也有区别。定学即四禅八定等,也称为止。慧学即四谛、十二因缘等,也称为观。大乘兴起后,一方面也认可由定生慧的传统说法,一方面依诸法实相等理论,提出定慧不二、圆顿止观等修行理论。禅门更据祖师自证境界,别依真如自性之义,倡定慧一体之说,以求顿明自心,顿见自性,从而形成了自宗的见、修、行、果的理论体系。认为由定生慧、定慧有别的观念,不达佛法不二之深义。这就是禅宗虽以禅名,而不论禅定、解脱的根本原因。

④ 学道人,修学道行之人也。《菩萨璎珞经》:"佛子,严持菩萨二种法身,是人名学行人。"

⑤《金刚经》:"须菩提,若菩萨有我相、人相、众生相、寿者相,则非菩萨。"《六祖金刚经注》:"有我相者,倚恃名位权势、财宝艺学,攀高接贵,轻慢贫贱、愚迷之流。人相者,有能、所心,有知、解心,未得谓得,未证谓证。自恃持戒,轻破戒者。众生相者,谓有苟求希望之心,言正行邪,口善心恶。寿者相者,觉时似悟,见境生情,执著诸相,希求福利。有此四相,即同众生,非菩萨也。"又曰:"'实无有法',谓:初悟人尚有微细四相也,但少有悟心,是我相。见有智慧能降伏烦恼,是人相。见降伏烦恼竟,是众生相。见清净心可得,是寿者相。不除此念,皆是有法。故云:'实无有法发阿耨多罗三藐三菩提者。'"又曰:"始即令诸学人,先除粗重四相。如《大乘正宗分》所说也。次即令见自性之后,复除微细四

相，如《究竟无我分》中说也。此二分中，即皆显出理中清净四相。若于自心，无求无得，湛然常住，是清净我见。若见自性，本自具足，是清净人见。于自心中无烦恼可断，是清净众生见。自性无变无异，不生不灭，是清净寿者见。"

⑥《破相论》："觉之明了，喻之为灯。是故一切求解脱者，身为灯台，心为灯炷，增诸戒行，以为添油，智慧明达，喻如灯火常燃。如是真正觉灯，而照一切无明痴暗。"

　　师示众云："善知识，一行三昧者①，于一切处行、住、坐、卧②，常行一直心是也③。《净名经》④云：'直心是道场'⑤，'直心是净土'⑥。莫心行谄曲，口但说直，口说一行三昧，不行直心。但行直心，于一切法勿有执著。迷人著法相，执一行三昧，直言常坐不动，妄不起心，即是一行三昧。作此解者，即同无情，却是障道因缘。善知识，道须通流，何以却滞！心不住法，道即通流。心若住法，名为自缚⑦。若言常坐不动是，只如舍利弗⑧宴坐林中⑨，却被维摩诘诃⑩！善知识，又有人教坐，看心、观静⑪，不动不起，从此置功。迷人不会，便执成颠⑫，如此者众。如是相教，故知大错。"

【笺注】

　　①《三藏法数》四："惟专一行，修习正定也。"《大智度论》四十七："云何名一行三昧？住是三昧，不见诸三昧此岸、彼岸，是名一行三昧。"

　　按语：一行三昧为大乘一百零八种三昧中之一种，在《大品》、《大宝积经》、《文殊说摩诃般若波罗蜜经》及《大智度论》等多种经论中都有叙述，以《大宝积》、《文殊说》最为详尽。一行三昧是天台、禅宗及净土等各宗倡行的重要法门。在敦煌文献中所见四祖、五祖之论著中，都将念佛与一行三昧相结合,将一行三昧视为契入心性的重要法门,对一行三昧的重视,也为六祖所继承。

②行、住、坐、卧即四威仪。《观念法门》:"行者等一切时处,昼夜常作此想,行、住、坐、卧,亦作此想。"

按语:丁氏注文在原文中未找到对应之句,今依《观念法门》之相应原文。

③《维摩经·佛国品》:"直心是菩萨净土"。《注维摩经》一:肇曰:"直心者,谓质直无谄。此心乃是万行之本。"什曰:"直心,诚实心也。发心之始,始于诚实。"《普观记》:"言直心者,离屈曲故。谓以此心,直缘真如,由此方便,发起正智。"

④《净名经》即《维摩经》。

⑤《维摩经·菩萨品第四》:"光严白佛言:世尊,我不堪任诣彼问疾。所以者何?忆念我昔,出毗耶离大城。时维摩诘方入城。我即为作礼而问言:'居士从何所来?'答我言:'吾从道场来。'我问:'道场者,何所是?'答曰:'直心是道场。'"

⑥《维摩经·佛国品第一》:"宝积,当知:直心是菩萨净土。"此云:直心是道场、是净土,大师略菩萨二字言也。

⑦法缚,同法执,缠着于法也。《圆觉经》:"菩萨不与法缚,不求法脱。"《菩提心论》:"二乘之人,虽破人执,犹有法执。"

⑧舍利弗,亦名舍利子。佛之大弟子也。嘉祥《法华疏》:"从母立名。以母眼似舍利鸟眼,故名母为舍利。其母于众女人中聪明第一,以世人贵重其母,故呼为舍利子。"

⑨《义记》二(本):"宴犹默也。默坐树下,名为宴坐。"

⑩《维摩经·弟子品》:"告舍利弗:汝行诣维摩诘问疾。舍利弗白佛言:世尊,我不堪任诣彼问疾。所以者何?忆念我昔,曾于林中,宴坐树下。时维摩诘来谓我言:'唯!舍利弗,不必是坐,为宴坐也。'"

⑪《宗镜录》九十七:"崛多三藏。师因行至太原定襄县历村,见秀大师弟子结草为庵,独坐观心。师问:'作什么?'对云:'看静。'师曰:'看

者何人？静者何物？'其僧无对。问：'此理如何？乞师指示。'师曰：'何
不自看？何不自静？'"又出《传灯录》五、《西域崛多三藏章》。按：静当
作净。《坛经》（敦煌本）作"看心看净"。唐人写经，"净"、"静"不分。《神
会语录》亦作"看心看净"。详《坐禅品》。

按语：依《楞伽师资记》相关资料来看，看心、观静（看净）是四祖以
来禅宗接引初学者的方便法门，从静坐入手，或用看心、或用观静、或用
守一等方法摄心，由此渐得心念澄寂、心路明净，从此深入，或得定心，或
得悟解，乃至明心见性。作为一种入门的方法，本来也是可行的。六祖
说"从此置功"，也表明了它只是一种下手功夫，六祖也没有否定这种方
法。但这种方法的流弊也是很明显的，如执心不动、心念不起、以定境为
悟境等，都是执著看心、观静的弊病。这些弊病中，有的只是方法不当，
妨碍入禅。有些则属邪见，其过甚大。

⑫ 颠，痴癫病也。

师示众云："善知识，本来正教①，无有顿渐②，人性自有
利钝。迷人渐修，悟人顿契。自识本心，自见本性，即无差
别，所以立顿、渐之假名。善知识，我此法门，从上以来，先
立无念为宗③，无相为体④，无住为本⑤。无相者，于相而离
相⑥。无念者，于念而无念。无住者，人之本性，于世间善
恶、好丑，乃至冤之与亲，言语触刺、欺争之时，并将为空，不
思酬害⑦，念念之中，不思前境。若前念、今念、后念⑧，念念
相续不断，名为系缚⑨。于诸法上，念念不住，即无缚也。
此是以无住为本⑩。

【笺注】

① 所说契于正理，名正教。

② 顿、渐，顿教与渐教也。用以判别诸大乘教者。余见前。

③ 无念即正念也。《顿悟入道要门论》上："无念者，一切处无心是。无一切境界，无余思求是。对诸境色，永无起动，是即无念。无念者，是名真念也。若以念为念者，即是邪念，非为正念。何以故？经云：'若教人六念，名为非念。有六念名为邪念，无六念者即真念。'经云：'善男子，我等住于无念法中，得如是金色三十二相，放大光明，照无余世界，不可思议功德。佛说之犹不尽，何况余乘能知也。得无念者，六根无染故，自然得入诸佛知见。得如是者，即名佛藏，亦名法藏。即能一切佛、一切法。何以故？为无念故。'经云：'一切诸佛等，皆从此经出。'问：'既称无念，入佛知见复从何立？'答：'从无念立。何以故？'经云：'从无住本，立一切法。'"

按语：原始佛教及小乘佛教中，多要求学人在修行时，当住正知正念，即对所观之相及能观之心如实觉知，不起常乐我净之颠倒分别，不起贪嗔痴等邪妄之心，是为正念。大乘佛教兴起后，依《般若经》诸法缘起性空之义，而申明诸法自性空、相空、有为空、无为空等种种深义，从所观之境、能观之心及所用观智等自性皆空之角度，对正念正知加以深化，遂倡无念之说，如《大般若经》卷三百七十三云："菩萨摩诃萨修行般若波罗蜜多时，不应思惟善法，不应思惟不善法，不应思惟无记法；不应思惟世间法，不应思惟出世间法。……不应思惟有为法，不应思惟无为法。何以故？善现，如是诸法皆无自性。若法无自性，则无所有。若无所有，则不可念。所以者何？善现，若无念、无思惟，是为法随念。"认为从自性空的角度来看，善恶、世间出世间、有为无为诸法，自性空故，无所有故，皆是不可念、不可思惟的。认为只有通达正念之空性，才是合于《般若经》深义的正念。如是原始佛教甚为重视的念佛、法、僧等六随念，在《般若经》中，多以无念来解说之。

《坛经》之"无念为宗"，思想源头正在《般若经》，故六祖称无念法为"般若三昧"，六祖所说无念的含义，正是《般若经》所说无自性、无分别、无二、无所得之意。由于"无念"易被误解，故六祖一再强调"无念"不是百物不思,不是心念断绝,不是执心不动,不是压抑心念令其不起,而是于心识所现种种念想上,正观其性空、离染、本来清净、无缚无脱之真如自性。如是观时,自然渐得"于念而离念",成就真实无念行。

唐五代以后,由于《大乘起信论》日渐盛行,后代遂多以《起信论》"心体离念"之说解说《坛经》之"无念"。其实仔细对比二者,其中还是有着诸多细微差别的,此处不做分析,有意者可细究之。

④《大智度论》八十八:"诸法实相,是一切法无相。是无相中,不分别是佛、是畜生。若分别,即是取相。是故等观。"《破相论》:"真如佛性,非是凡形。烦恼尘垢,本来无相。岂可将质碍水洗无为身!"

⑤《维摩经·观众生品第七》:"(文殊师利)又问:'颠倒想,孰为本?'答曰:'无住为本。'"《宗镜录》八:"'文殊师利,从无住本,立一切法。'睿公释云:'无住,即实相异名。实相,即性空异名。'"

⑥《传心法要》云:"学道人若欲得知要诀,但莫于心上著一物。言佛真法身,犹若虚空。此是喻法身即虚空,虚空即法身。常人谓法身遍虚空处,虚空中含容法身。不知法身即虚空,虚空即法身也。若定言有虚空,虚空不是法身。若定言有法身,法身不是虚空。但莫作虚空解,虚空即法身。莫作法身解,法身即虚空。虚空与法身无异相,佛与众生无异相,生死与涅槃无异相,烦恼与菩提无异相。离一切相即是佛。"

⑦《中阿含经》:"时诸比丘数共斗诤,于是世尊说偈曰:'若以诤止诤,至竟不见止。唯忍能止诤,是法可尊贵。'"《庄严经论》:"尸利崛多因设火坑并毒食害佛不得,悔过号泣。世尊告言:'汝勿忧怖。'即说偈言:'起起我无嗔,久舍怨亲心。右以栴檀涂,左以利刀割,于此二人中,其心等无异。'"

⑧《起信论》:"一切众生,不名为觉。以从本来,念念相续,未曾离念故。"

⑨ 系缚,烦恼之异名,烦恼能缠缚身心,而使不得自由。《起信论笔削记》:"《正法念》云:'如绳系飞鸟,虽远摄即还。众生业所牵,当知亦如是。'苟非觉悟,无有解期。"

⑩《顿悟入道要门论》上:"汝若欲了了识无所住心时,正坐之时,但

知心莫思量一切物，一切善恶都莫思量。过去事已过去而莫思量，过去心自绝，即名无过去事。未来事未至，莫愿莫求，未来心自绝，即名无未来事。现在事已现在，于一切事，但知无著——无著者，不起憎、爱心，即是无著——现在心自绝，即名无现在事。三世不摄，亦名无三世也。心若起去时，即莫随去，去心自绝。若住时，亦莫随住，住心自绝，即无住心。即是住无住处也。"

善知识，外离一切相，名为无相①。能离于相，即法体清净②。此是以无相为体。善知识，于诸境上心不染，曰无念。于自念上，常离诸境，不于境上生心③。若只百物不思，念尽除却，一念绝即死，别处受生，是为大错，学道者思之！若不识法意，自错犹可，更劝他人！自迷不见，又谤佛经，所以立无念为宗。善知识，云何立无念为宗？只缘口说见性，迷人④于境上有念，念上便起邪见，一切尘劳妄想⑤从此而生。自性本无一法可得⑥，若有所得，妄说祸福，即是尘劳邪见，故此法门立无念为宗。善知识，无者，无何事？念者，念何物？无者，无二相，无诸尘劳之心。念者，念真如本性。真如即是念之体，念即是真如之用⑦。真如自性起念，非眼、耳、鼻、舌能念。真如有性，所以起念。真如若无，眼耳色声当时即坏。善知识，真如自性起念，六根虽有见、闻、觉、知⑧，不染万境，而真性常自在。故《经》⑨云：'能善分别⑩诸法相⑪，于第一义而不动⑫。'"

【笺注】

①《大智度论》七十："诸法空者，即是无有男女、长短、好丑等相，是

名无相相。"

②　法体，有为、无为诸法之体性也。《八宗纲要》上："三世实有，法体恒有。"

③　唐有源律师来问慧海曰："和尚修道还用功否?"师曰："用功。"曰："如何用功?"师曰："饥来吃饭，困来即眠。"曰："一切人总如是，同师用功否?"师曰："不同。"曰："何故不同?"师曰："他吃饭时不肯吃饭，百种须索。睡时不肯睡，千般计较。所以不同也。"律师杜口。按：吃饭百种须索，睡时千般计较，即是境上生心。

④　口说见性迷人者，口中说见性而不实行之迷人也。按语：指自以为开悟见性，而实际上于自性并无真实体证之人。

⑤　《大乘义章》五（本）："谬执不真，名之为妄。所取不实，故曰妄想。"

⑥　《起信论》："一切众生，本来常住，入于涅槃。菩提之法，非可修相，非可作相，毕竟无得。"《传心法要》下："菩提者，不可以身得，身无相故。不可以心得，心无相故。不可以性得，性即便是本源自性天真佛故。不可以佛更得佛，不可以无相更得无相，不可以空更得空，不可以道更得道。本无所得，无得亦不可得。所以道'无一法可得'，只教你了取本心。当下了时，不得了相，无了无不了相，亦不可得。"

⑦　《中庸》"喜怒哀乐之未发"即真如之体也，"发而皆中节"即真如之用也。《庄子》"至人之用心若镜"即真如之体也，"不将不迎，应而不藏"即真如之用也。《大易·系辞传》"无思也，无为也，寂而不动"即真如之体也，"感而遂通天下之故"即真如之用也。

⑧　根，能生之义。眼根对于色境而生眼识，乃至意根对于法境而生意识，名根。《大乘义章》四："六根者，对色名眼，乃至第六对法名意。此之六种，能生六识，故名为根。"《笔削记》六："心散乱时，眼所见色，乃至意所知法等六尘——闻谓耳、鼻，觉谓舌、身，知即是意——摄六略尽。"《净名经·不思议品第六》："法不可见闻觉知。"肇曰："六识略为四名：见、闻，眼、耳识也。觉，鼻、舌、身识也。知，意识也。"

⑨《维摩经·佛国品》。

⑩ 分别有三：一、自性分别，二、计度分别，三、随念分别。按：此即第二之计度分别，谓思量、推度种种差别之事也。

⑪ 殊别之相可见于外者，名为法相。《大乘义章》二："一切世谛，有为、无为，通名法相。"《维摩经·佛国品》："善解法相，知众生根。"

⑫《楞伽经》二："第一义者，圣智自觉所得，非言说妄想觉境界。"又，二之下："相名常相随，而生诸妄想。究竟不成就，则度诸妄想，然后知(智)清净，是名第一义。"唐译《楞伽经》："第一义者，是圣乐处。因言而入，非即是言。"《大智度论》四十六："第一义名涅槃。"

坐禅第五

【笺注】

《悟性论》："不忆一切法，乃名为禅定。若了此言者，行住坐卧，皆是禅定。"《海水一滴》云："坐禅虽标三业不动，然一切处心不动，则语默动静无往不禅。若谓坐是禅，而其他非禅，则是非祖师门中正禅。"

师示众云："此门坐禅①，元不看心，亦不看净②，亦不是不动。若言看心，心元是妄。知心如幻，故无所看也。若言看净，人性本净，由妄念故，盖覆真如。但无妄想，性自清净③。起心看净，却生净妄。妄无处所，看者是妄。净无形相，却立净相，言是工夫④。作此见者，障自本性⑤，却被净缚⑥。善知识，若修不动者，但见一切人时，不见人之是非、善恶、过患，即是自性不动⑦。善知识，迷人身虽不动，开口便说他人是非、长短、好恶，与道违背⑧。若看心、看净，即障道也⑨。"

【笺注】

① 坐而修禅，息虑凝心以究明心性之术也。达磨以来，此法始盛于中国。与从前之四禅八定不同。

② 俗本皆误作"着心"、"着净"。敦煌唐写本《神会语录》："问：'何

不看心？'答：'看即是妄，无妄即无看。'问：'何不看净？'答：'无垢即无净，净亦是相，是以不看。'"按：北宗皆教人凝心入定，住心看净，起心外照，摄心内证。故南宗以不看心、不看净辟之。

③《禅源诸诠》上："一切众生皆有空寂真心，无始本来性自清净。"

④ 工夫，亦作功夫。工谓功程，夫谓役夫。言是工夫者，迷人以为做工夫也。

按语：修行者将经过努力所得之内心明净之相，误认作见性，并因此自得。其实此种有为净相，多属清净意识之相，至多不过定境而已，若认此为真实见性，则为大邪见，必障真实见性之路。

⑤ 为工夫所障。

⑥ 净相是妄，故被净缚。《高子遗书》一："心即精神，不外驰，即内凝。有意凝之，反梏之矣。"

⑦ 当得大忿懥、大恐惧、大忧患、大好乐而不动，乃真把柄也。

⑧《汤子遗书》云："每见朋友中自己吝于改过，偏要议论人过，甚至数十年前偶误，常记在心，以为话柄。独不思'士别三日，当刮目相待'；舜、跖之分，只在一念转移！若向来所为是君子，一旦改行，即为小人矣。向来所为是小人，一旦改图，即为君子矣。岂可一眚便弃，阻人自新之路！更有背后议人过失，当面反不肯尽言。此非独朋友之过，亦自己心地不忠厚、不光明，此过更为非细。"

⑨ 为看所障。

师示众云："善知识，何名坐禅？此法门中，无障无碍。外于一切善恶境界①，心念不起②，名为坐；内见自性不动③，名为禅。善知识，何名禅定？外离相为禅，内不乱为定。外若著相，内心即乱。外若离相，心即不乱。本性自净自定，只为见境、思境即乱。若见诸境心不乱者，是真定也。善知识，外离相即禅，内不乱即定。外禅内定，是为禅定。

《菩萨戒经》云：'我本元自性清净'④。善知识，于念念中，自见本性清净⑤，自修自行，自成佛道⑥。"

【笺注】

①　境者，境地。界者，界限。《无量寿经》上："比丘白佛：'斯义弘深，非我境界'。"

②　心识之思、念也。

③　即于第一义而不动。

④　《高子遗书》一："但自默观：吾性本来清净无物，不可自生缠扰。吾性本来完全具足，不可自疑亏欠。吾性本来荡平正直，不可自作迂曲。吾性本来广大无垠，不可自为局促。吾性本来光明照朗，不可自为迷昧。吾性本来易简直截，不可自增造作。"

⑤　《海水一滴》云："非是脱尘垢而得净相，佛及众生，本然性空，谓之清净。深达此理，则念念禅定，事事空行。常住无间那伽大定。故云：'于念念中，自见本性清净'也。"

⑥　佛所得之无上菩提，谓之佛道。《法华经·序品》："恒沙菩萨，种种因缘，而求佛道。"又《方便品》："是诸世尊，皆说一乘法，化无量众生，令入于佛道。"

忏悔第六

【笺注】

　　梵云忏摩,此云悔过,梵汉兼举,故云忏悔。此篇所说,凡有五节。一、自性五分法身香。二、无相忏悔。三、自心四弘誓愿。四、自性三宝、皈、戒。五、自性一体三身佛也。忏悔有多品,如理忏、事忏、无生忏、取相忏、作法忏、大忏悔、庄严忏悔、无相忏悔等。此品所言之忏悔,指无相忏悔也。

　　时,大师见广、韶①洎②四方士庶骈集山中听法,于是升座告众曰:"来!诸善知识。此事须从自性中起,于一切时,念念自净其心,自修自行,见自己法身,见自心佛,自度自戒,始得不假到此。既从远来,一会于此,皆共有缘。今可各各胡跪③,先为传自性五分法身香④,次授无相忏悔⑤。"众胡跪,师曰:"一戒香⑥。即自心中无非无恶,无嫉妒⑦,无贪嗔⑧,无劫害⑨,名戒香。二定香⑩。即睹诸善恶境相,自心不乱⑪,名定香。三慧香⑫。自心无碍,常以智慧观照自性,不造诸恶。虽修众善,心不执著。敬上念下,矜恤孤贫,名慧香。四解脱香⑬。即自心无所攀缘,不思善,不思恶,自在无碍,名解脱香。五解脱知见香⑭。自心既无所攀缘善恶,不可沉空守寂⑮,即须广学多闻⑯,识自本心,达诸佛理,和光接物⑰,无我无人,直至菩提,真性不易,名解脱知见香。善知识,此香各自内熏⑱,莫向外觅。

【笺注】

①　广,广州。韶,韶州也。

②　洎,音忌,及也。

③　《慧琳音义》三十六:"(胡跪)右膝着地,竖左膝,危坐。或云互跪也。"《归敬仪》:"佛法顺右,即以右膝拄地,右髀在空,右指(趾)拄地。又,左膝上戴,左指(趾)拄地。使三处翘翘,曲身前就,故得心有专志,请悔方极。"

④　五分法身者,以五种功德法而成佛身也。《行宗记》一上:"(五分法身者)戒、定、慧从因受名,解脱、解脱知见从果彰号。由慧断惑、惑无之处,名解脱。出缠破障,反照观心,名解脱知见。"五分法身香者,即一、戒香,二、定香,三、慧香,四、解脱香,五、解脱知见香。《维摩经·方便品第二》:"佛身者,即法身也。从无量功德智慧生,从戒、定、慧、解脱、解脱知见生。"《注》:"肇曰:五分法身。"

⑤　《止观》七:"忏名陈露先恶,悔名改往修来。"《慧苑音义》下:忏悔,谓"忏摩,此云请忍。谓请贤圣或清净僧忍受悔过也。"

⑥　《破相论》:"佛在世日,令诸弟子,以智慧火烧如是无价宝香,供养十方诸佛。今时众生不解如来真实之义,唯将外火,烧于世间沈、檀、熏陆质碍之香,希望福报。云何可得乎?"又,达磨曰:"(戒香)诸恶能断,能修诸善。"

⑦　《笔削记》十八:"嫉谓妒忌。"害贤曰嫉,害色曰妒。

⑧　《法界次第》上:"引取之心,名之为贪"。"违忿之心,名之为嗔"。

⑨　南山《戒疏》二之上:不白而取曰劫。(《四分律行事钞资持记》中:"公白取者曰劫。")《观音疏记》:乖慈名害。

⑩　达磨云:"决信大乘,心无退转。"

⑪ 言自心本不散乱。《起信论》:"以知法性常定,体无乱故,随顺修行禅波罗蜜。"

⑫ 达磨云:"常于身心,内外观察。"

⑬ 达磨云:"能断一切无明结缚。"又曰:"自觉觉他,觉智明了,则名解脱。"

⑭ 达磨云:"观照常明,通达无碍。"解脱知见,谓己实知解脱。即后得智也。由戒生定,由定生慧,由慧得解脱,由解脱得解脱知见。

⑮ 沉空者,大乘之菩萨二阿僧祇劫之终,于第七地专修无相观,上无菩提可求,下无众生可度,于是钝根怯弱之菩萨,著此空相,不发自利利他之大行。名七地沉空难。

⑯《维摩经·菩萨品》:多闻是道场。

⑰《老子》:"和其光,同其尘。"骆宾王《萤火赋》:"不贪热而苟进,每和光而曲全。"苏颋诗"善物遗方外,和光绕道边"。《庄子》:"接于物而生时者也。"

⑱ 内熏者,众生心内有本觉之真如,熏习无明,使以妄心厌生死之苦,求涅槃之乐,名内熏。佛菩萨之教法及自己之修行,名外熏。

今与汝等授无相忏悔,灭三世罪①,令得三业②清净。善知识,各随我语,一时道③:'弟子等,从前念、今念及后念,念念不被愚迷染,从前所有恶业④、愚迷等罪,悉皆忏悔,愿一时销灭,永不复起。弟子等,从前念、今念及后念,念念不被憍诳⑤染,从前所有恶业、憍诳等罪,悉皆忏悔,愿一时消灭,永不复起。弟子等,从前念、今念及后念,念念不被嫉妒⑥染,从前所有恶业、嫉妒等罪,悉皆忏悔,愿一时销灭,永不复起。'善知识,已上是为无相忏悔。云何名忏?云何名悔?忏者,忏其前愆⑦。从前所有恶业、愚迷、憍诳、嫉妒等罪,悉皆尽忏,永不复起,是名为忏。悔者,悔其后过。从今以后,所有恶业、愚迷、憍诳、嫉妒等罪,今已觉悟,悉皆永断,更不复作,是名为悔。故称忏悔。凡夫愚迷,只知忏其前愆,不知悔其后过。以不悔故,前愆不灭,后过又生。前愆既不灭,后过复又生,何名忏悔!"

【笺注】

①《宝积经》九十四:"三世,所谓过去、未来、现在。云何过去世?若法生已灭,是名过去世。云何未来世? 若法未生未起,是名未来世。云何现在世? 若法生已未灭,是名现在世。"

② 三业者,一、身业,身所作。二、口业,口所说。三、意业,意所思。

③ 一时道,即一时说道,犹云一时唱言。按语:即一起说、同时说。

④ 乖于理而行,名恶。作身、口、意之三事,名业。《四十华严》卷四十:"我昔所造诸恶业,皆由无始贪瞋痴。"

⑤《唯识论》六:"矫诳者,心怀异谋,多现不实,邪命事故。此即贪、痴一分为体。离二,无别诳相用故。"按:憍、诳者,《唯识》二十随烦恼中之二也。按语:骄、诳是唯识宗所分析的二十种性格缺陷中,两种危害较小的性格缺陷(随烦恼)。丁注仅引用了关于诳的说明。诳即欺诈,骄即骄傲。憍(后来多写作"骄"),《成唯识论》卷六也作了分析:"云何为憍? 于自盛事,深生染著,醉傲为性。能障不憍,染依为业。谓憍醉者,生长一切杂染法故。此亦贪爱一分为体,离贪无别憍相用故。"这段话的意思是说:骄,产生于对自己的长处、优势的过分欣赏、迷恋,以自我陶醉、轻视他人为行为特征。后果是,无法谦虚待人,并导致诸多烦恼的生起。如果完全的自我陶醉,会造成唯识宗所说的二十六种性格缺陷全部呈现。骄的本质还是贪爱的一部分(自我、我所),如果没有贪爱的话,骄也不会呈现、发生作用。

⑥ 害贤曰嫉,相忌曰妒。《唯识论》六:"嫉妒者,闻见他荣,深怀忧戚,不安隐故。此亦嗔恚一分为体。"

⑦《玉篇》:愆,去干切,过也,失也。《说文》作愆。

善知识,既忏悔已,与善知识发四弘誓愿①,各须用心正听②:自心众生无边誓愿度!自心烦恼无边誓愿断!自性法门无尽誓愿学!自性无上佛道誓愿成③!善知识,大家岂不道:众生无边誓愿度!恁么④道,且不是惠能度⑤。善知识,心中众生,所谓邪迷心、诳妄心、不善心、嫉妒心、恶毒心。如是等心,尽是众生,各须自性自度,是名真度。何名自性自度?即自心中邪见、烦恼、愚痴众生,将正见度⑥。既有正见,使般若智打破愚痴、迷妄,众生各各自度。邪来正度,迷来悟度,愚来智度,恶来善度。如是度者,名为真度。又烦恼无边誓愿断——将自性般若智,除却虚妄思想心是也。又法门无尽誓愿学——须自见性,常行正法⑦,是名真学。又无上佛道誓愿成——既常能下心,行于真正,离迷离觉,常生般若。除真除妄,即见佛性,即言下佛道成。常念修行,是愿力法。

【笺注】

① 天台《法界次第》下:"菩萨善达四谛、十二因缘,怜愍一切,同于子想。故能为众生,久处生死,发心荷负一切,共入涅槃。是以必须大誓庄严,要心不退也。此四通言弘誓愿者——广普之缘,谓之为弘。自制其心,名之曰誓。志求满足,故云愿也。"《心地观经》七:"一切菩萨复有四愿,成熟有情,住持三宝,经大劫海,终不退转。云何为四:一者,誓度一切众生。二者,誓断一切烦恼。三者,誓学一切法门。四者,誓证一切

佛果。”

　　② 唐《华严经》十四：“云何用心，能获一切胜妙功德？”

　　③ 以上四誓愿，即四弘誓愿也。

　　④ 恁，音衽。怎么，犹言：如斯。

　　⑤ 且不是惠能度者，众生自性自度也。《顿悟入道要门论》上：“众生自度，佛不能度。若佛能度众生时，过去诸佛如微尘数，一切众生总应度尽。何故我等至今流浪生死，不得成佛？当知众生自度，佛不能度。努力！努力！自修，莫倚他佛力。经云：夫求法者，不著佛求。”

　　⑥ 正见者，明知苦、集、灭、道之理也。《悟性论》：“凡迷者，迷于悟。悟者，悟于迷。正见之人，知心空无，即超迷悟。无有迷悟，始名正解、正见。”《法界次第》中：“见四谛分明，故云正见。”《顿悟要道入门论》上：“见无所见，即名正见。”

　　⑦ 新《婆沙论》百八十三：“有二种正法：一、世俗正法，二、胜义正法。世俗正法谓：名、句、文身，即素怛缆（经）、毗奈耶（律）、阿毗达磨（论）。胜义正法谓：圣道。即无漏根、力、觉支、道支。”正法，正真之道法也。理无差，故云正。法，为三宝中之法宝。以教、理、行、果四者为体。《无量寿经》上：“弘宣正法。”

　　善知识，今发四弘愿了，更与善知识授无相三归依戒①。善知识，归依觉，两足尊②。归依正，离欲尊③。归依净，众中尊④。从今日去，称觉为师，更不归依邪魔外道⑤，以自性三宝常自证明，劝善知识归依自性三宝⑥。佛者，觉也⑦。法者，正也⑧。僧者，净也⑨。自心归依觉，邪迷不生，少欲知足⑩，能离财色，名两足尊。自心归依正，念念无邪见，以无邪见故，即无人我、贡高⑪、贪爱、执著，名离欲尊。自心归依净，一切尘劳、爱欲境界，自性皆不染著，名众中尊。若修此行，是自归依。凡夫不会，从日至夜受三归戒。若言归依佛，佛在何处？若不见佛，凭何所归？言却成妄。善知识，各自观察，莫错用心。经文分明言自归依佛⑫，不言归依他佛。自佛不归，无所依处。今既自悟，各须归依自心三宝⑬。内调心性，外敬他人，是自归依也。

【笺注】

①《大乘义章》十："归投依伏，故曰归依。"《法界次第》上之上："归者，以反还为义。""依者，凭也。"《胜鬘经》："一切法常住，是故我归依。"

② 福、慧两足尊故。按语：意思是说，佛在智慧、福德两个方面都很圆满。

③ 离邪曰正，即正法离欲垢尘染故。

④ 无污染曰净，净于众物中最尊故。按语：以上三归，皆从三宝超越性的功德方面来说，而不重其外在的形象和事项。

⑤ 邪，邪道，不明佛法者。魔，魔道，妨害佛法者。《传灯录》："心外求佛，名为外道"。《俱舍玄义》："学乖谛理，随自妄情，不返内觉，称为外道。"《法事赞》："不取佛言名外道。"外道六师各有十五弟子，合六师而为九十六也。其六师：一为富兰那迦叶，二、末伽黎瞿赊梨子，三、删阇耶毗罗胝子，四、阿耆多翅舍钦婆罗，五、迦罗鸠驮迦旃延，六、尼干陀若提子。按：此处外道总指异端而言。按语：上列六师，指释迦佛时代的六种宗教派别或哲学派别。佛经中对于他们所持的各种观点都有所批判，后来者总括他们的见解为九十六种，成为泛指佛教之外的各宗教派别的习用术语。

⑥ 一切之佛陀，佛宝也。佛陀所说之教法，法宝也。随其教法而修业，僧宝也。自性三宝，即各自具有之一体三宝也。了法为佛，远离为法，无为为僧也。按：三宝有同体、别相、住持等异，今即同体三宝也。或名一体三宝、自体三宝、自性三宝等。名称有别耳。性自灵觉即佛宝，性本寂静即法宝，性无乖净即僧宝，是名同体自性三宝也。

⑦ 佛者，具满自觉、觉他之二行，为十界最高之圣者。《般若灯论》曰："何名佛？于一切法不颠倒，真实觉了，故名为佛。"按：此言自性即觉为佛。

⑧ 法者，一切皆有法，即道也，故以讲道为说法。《要览》中："梵音达磨，华言法，以轨持为义。谓轨物生解，任持自性故。"按：此言自性即正为法。

⑨ 僧者，僧伽之略，三宝之一，译作众。凡三人以上之比丘，和合一处而修道者，曰僧。《别行疏钞》二："一味清净性体，僧也。"《般若灯论》："四果人——谓与戒、定、慧、解脱、解脱知见和合，故名僧也。"按：此言即净为僧。按语：就归依之三宝而言，指的是初果至四果的圣僧，至此方究竟出离邪见之染污故。"僧者净也"的真实内涵即在于此。

⑩《要览》下《静躁篇》云："师子吼菩萨问云：'少欲、知足，有何差别？'佛言：'少欲者，不求不取。知足者，得少不悔恨。'"

⑪ 贡，献也。贡高，献己学问、势力等高于人也。

⑫《华严经·净行品》：自归依佛，当愿众生，体解大道，发无上心。

⑬《顿悟入道要门论》下："心是佛，不用将佛求佛。心是法，不用将法求法。佛、法无二，和合为僧，即是一体三宝。经云：'心、佛与众生，是三无差别。'身、口、意清净，名为佛出世。三业不清净，名为佛灭度。"按：此即自性三宝之说也。

善知识，既归依自三宝竟，各各志心①，吾与说一体三身自性佛②，令汝等见三身，了然自悟自性。总随我道：于自色身③，归依清净法身佛④！于自色身，归依圆满报身佛⑤！于自色身，归依千百亿化身佛⑥！善知识，色身是舍宅⑦，不可言归。向者三身佛，在自性中，世人总有。为自心迷，不见内性，外觅三身如来，不见自身中有三身佛。汝等听说，令汝等于自身中，见自性有三身佛。此三身佛，从自性生，不从外得。

【笺注】

① 心之所之为志。志心犹言留心也。

② 经论所说佛身有二身乃至十身。虽开合多途，可以三身括之。如台宗所立法、报、应三身，法相宗所立自性、受用、变化三身，《最胜王经》所说之法、应、化三身，大小乘通用之法、报、化三身等是也。又《悟性论》云："飞腾十方，随宜救济者，化身佛也。断惑修善，雪山成道者，报身佛也。无言无说，湛然常住者，法身佛也。若论至理，一佛尚无，何得有三！此言三身者，但据人智有上中下。"

③ 父母所生之身为色身。

④《妙句》九："法身如来名毗卢遮那，此翻遍一切处。"

⑤《妙句》九："报身如来名卢舍那，此翻净满。"

⑥《梵网经·心地品》："我今卢舍那，方坐莲花台。周匝千花上，复现千释迦。一花百亿国，一国一释迦，各坐菩提树，一时成佛道。如是千百亿，卢舍那本身。"

⑦ 客馆曰舍。舍宅云者，言色身如旅行之馆舍也。

何名清净法身佛？世人性本清净，万法从自性生①。思量一切恶事，即生恶行。思量一切善事，即生善行。如是诸法在自性中，如天常清，日月常明。为浮云盖覆②，上明下暗。忽遇风吹云散，上下俱明，万象皆现。世人性常浮游③，如彼天云。善知识，智如日，慧如月④，智慧常明。于外著境⑤，被妄念浮云盖覆自性，不得明朗。若遇善知识，闻真正法，自除迷妄，内外明彻，于自性中万法皆现⑥。见性之人，亦复如是，此名清净法身佛。善知识，自心归依自性，是归依真佛。自归依者⑦，除却自性中不善心⑧、嫉妒心、谄曲心⑨、吾我心⑩、诳妄心⑪、轻人心⑫、慢他心⑬、邪见心⑭、贡高心⑮及一切时中不善之行。常自见己过⑯，不说他人好恶⑰，是自归依。常须下心⑱，普行恭敬，即是见性通达，更无滞碍，是自归依。

【笺注】

①《弥陀经疏钞》二："称理，则自性能生万法。"《传心法要》下："心生种种法生，心灭种种法灭。故知一切诸法，皆由心造，乃至人、天、地狱——六道——修罗，尽由心造。"

②《十地论》云："众生身中有金刚佛性，犹如日轮，体明圆满，广大无边。只为五蕴重云所覆，如瓶内灯光，不能照外。"

③ 浮游，犹言周流也。《庄子》："浮游不知所求。"《淮南子》："忘肝胆，遗耳目，独浮游无方之外。"

④《世类摘录》第四：慧日普照，智月常圆。《无量寿经》下："慧日照世间，清除生死云。"《法华经·普门品》："慧日破诸暗。"

⑤ 著境，执著于六尘也。

⑥ 林子《三教正宗统论》："夫佛岂无法邪？若迷若妄，不即自除，而性中万法岂能自现？"按语：若从因地来说，佛自有迷妄之时。若就果地来说，佛已究竟出离一切烦恼、无明、迷妄，岂有如林兆恩所说之邪妄之心！六祖此处是从贯通心、佛、众生的自性佛性角度来说，不同于林兆恩妄牵已究竟清净的果地之佛，这一点在大乘各经论中皆有明论，大乘诸经论中所说十力、四无所畏、十八不共法，皆在表明此点。丁先生引林兆恩此说，显然失察。

⑦ 按：以下九十六字，或云在前三归戒末，"是自归依"之下。

⑧ 妄念迁流之心。

⑨《笔削记》六："诳谓罔冒，曲谓违理。"

⑩《大智度论》四十八："但住吾我心中，忆想、分别、觉观心说。"

⑪《唯识论》六、七："（诳心所）为获利誉，矫现有德，诡诈为性。"

⑫ 不敬重人之心。

⑬ 慢者，恃己，高举于他为性。

⑭《笔削记》十八："邪见者，亦名恶见，即身、边等五见也。"

⑮ 夸功之心。

⑯ 罪己则无尤。

⑰ 终日不见己过，便绝圣贤之路。终日喜谈人过，便伤天地之和。《汤子遗书》："不见己过，是心不存。一检点来，喜怒哀乐，多不中节。视听言动，多不合礼。自己克治不暇，何敢责备他人。"

⑱ 下心，谦下其心也。

何名圆满报身？譬如一灯能除千年暗，一智能灭万年愚。莫思向前，已过不可得。常思于后，念念圆明，自见本性。善恶虽殊，本性无二。无二之性，名为实性①。于实性中不染善恶，此名圆满报身佛。自性起一念恶，灭万劫善因。自性起一念善，得恒沙恶尽②，直至无上菩提。念念自见，不失本念，名为报身。

何名千百亿化身？若不思万法，性本如空。一念思量，名为变化③。思量恶事，化为地狱④。思量善事，化为天堂⑤。毒害化为龙蛇⑥，慈悲化为菩萨⑦。智慧化为上界⑧，愚痴化为下方⑨。自性变化甚多，迷人不能省觉⑩。念念起恶，常行恶道。回一念善，智慧即生。此名自性化身佛。

善知识，法身本具，念念自性自见，即是报身佛。从报身思量⑪，即是化身佛。自悟、自修自性功德⑫，是真归依。皮肉是色身，色身是舍宅，不言归依也。但悟自性三身，即识⑬自性佛。

【笺注】

①《笔削记》一："实性即是真如也。"《唯识论》八："二空所显，圆满成就诸法实性，名圆成实。"实性即诸法实性。《仁王经》："诸法实性，清净平等，非有非无。"《仁王经良贲疏》："诸法实性者，即诸法性也。"

② 恒河中之沙数也，以喻数量之多。《起信论》："过恒沙等上烦恼，依无明起。"《笔削记》十四："意明烦恼，数过恒沙等。"《智度论》七："问曰：'如阎浮提中种种大河，亦有过恒河者，何以常言恒河沙等？'答曰：'恒河沙多，余河不尔。复次；是恒河是佛生处、游行处，弟子眼见，故以为喻。复次；……诸人经书，皆以恒河为福德吉河，若入中洗者，诸罪垢恶皆悉除尽。以人敬事此河，皆共识知，故以恒河沙为喻。复次；余河名字喜转，此恒河世世不转。以是故，以恒河沙为喻，不取余河。'"

③《荀子注》："改其旧质，谓之变。""驯致于善，谓之化。"又互相生灭之义，自有而无谓之变，自无而有谓之化。《易》曰："四时变化，而能久成。"

④《悟性论》："无妄想时，一心是一佛国。有妄想时，一心是一地狱。"《宗镜录》七十五："心能作佛，心作众生，心作天堂，心作地狱。"地狱，如八大地狱、八寒地狱、十六游增地狱、十六小地狱等。

⑤ 天堂，天上之宫殿也。《佛遗教经》："不知足者，虽处天堂，亦不称意。"

⑥ 毒害，狠毒之计划，可以害人者。王维诗："安禅制毒龙。"又刘禹锡诗："独向昭潭制毒龙。"皆谓禅家降伏其心也。《佛遗教经》："心之可畏，甚于毒蛇。"按：佛经每以金及人身之四大喻毒蛇。此处则以心喻毒龙、毒蛇也。

⑦ 菩萨即菩提萨埵。《净名疏》一:"菩提云无上道,萨埵名大心。谓无上道大心。此人发大心,为众生求无上道,故名菩萨。安师云:开士、始士,又翻云:大道心众生。古本翻为高士。既异翻不定,须留梵音,今依《大论》释菩提名佛道,萨埵名成众生。用诸佛道,成就众生,故名菩提萨埵。又菩提是自行,萨埵是化他。自修佛道,又用化他,故名菩萨。"天台《戒义疏》上:"天竺梵音摩诃菩提质帝萨埵,今言菩萨,略其余字。译云:大道心成众生。"菩萨以慈悲为心,吾人一念慈悲,即一念是菩萨。念念慈悲,即念念菩萨。故云慈悲化为菩萨也。

⑧ 上界,指诸天。

⑨ 下方指三途。按语:即三恶道,相对于诸天,故名下方。

⑩ 省觉,省察而觉悟也。

⑪ 此思量二字,指发出智慧而言。

⑫《弥陀经疏钞》二:"功德者,无漏性功德也。"又,功指其行之善,德指其心之善。按:自悟、自修自性功德者,自悟自性功德,自修自性功德也。功德为自性中所本有,须待修、悟也。

⑬ 识,认识也。

吾有一《无相颂》,若能诵持,言下令汝积劫迷罪,一时消灭。颂①曰:

迷人修福不修道②, 　　只言修福便是道③。
布施供养福无边④, 　　心中三恶元来造⑤。
拟将修福欲灭罪, 　　后世得福罪还在⑥。
但向心中除罪缘, 　　各自性中真忏悔⑦。
忽悟大乘真忏悔, 　　除邪行正即无罪⑧。
学道常于自性观, 　　即与诸佛同一类⑨。
吾祖惟传此顿法, 　　普愿见性同一体⑩。

若欲当来觅法身⑪，　　　离诸法相心中洗⑫。

努力自见莫悠悠⑬，　　　后念忽绝一世休⑭。

若悟大乘得见性，　　　虔恭合掌至心求⑮"。

师言："善知识，总须诵取，依此修行，言下见性⑯。虽去吾千里，如常在吾边。于此言下不悟，即对面千里，何勤远来⑰！珍重！好去⑱！"一众闻法，靡不开悟⑲，欢喜奉行。

【笺注】

① 按：古本以今"迷人修福"等二十句颂，载记前《般若第二》末"说通心通"颂处，亦无别颂。兹顺现世流行之本置此。

按语：此二十句偈及"说通及宗通"偈，并见于敦煌本、敦博本及日本发现的惠昕本系统的大乘寺等多种《坛经》文献中，文字几乎完全相同。丁先生或许一时失察，或所说古本非指敦煌及日本文献。当然从顺序来说，通行本的位置，比敦煌文献及日本文献，较为靠后了。

② 迷人，闇于事理之人也。修福不修道，如梁武帝之造殿（寺？）度僧等事，得人、天福报者。

③ 永嘉真觉大师《证道歌》："住相布施生天福，犹如仰箭射虚空。势力尽，箭还坠，招得来生不如意。"《注》："古德云：'人天福报，为三生冤，'人罕知之。良由世人因其福力，不明其本，就上增添。以此世福，恣情娱乐。临命终时，福尽业在，返堕恶道，受种种苦。故云'招得来生不如意'也。"

《传心法要》上："道无方所，名大乘心。此心不在内、外、中间，实无方所。第一不得作知解，只是说汝如今情量处。情量若尽，心无方所。此道天真，本无名字。只为世人不识，迷在情中，所以诸佛出来，说破此事。恐汝诸人不了，权立道名，不可守名而生解。故云：得鱼忘筌，身心自然达道。'识心达本源，故号为沙门。'"《庄子》："东郭子问于庄子曰：'所谓道，恶乎在？'庄子曰：'无所不在。'东郭子曰：'期而后可。'庄子曰：

'在蝼蚁。'曰：'何其下邪？'曰：'在稊稗。'曰：'何其愈下邪？'曰：'在瓦甓。'曰：'何其愈甚邪？'曰：'在屎溺。'"按：禅宗之"青青翠竹即是法身，郁郁黄花无非般若"，亦此意也。

④《名义集》四：檀那，"秦言布施。……布施有二种，一者财施，二者法施。"

⑤ 贪、嗔、痴，三毒，又云三恶。或云：种恶、现前恶、不返恶，谓之三恶。又欲、恚、害，谓之三恶觉。又地狱、饿鬼、畜生，谓之三恶道。林子《坛经訆释》："布施供养，岂不是人天小果也邪！心中三恶，不自忏悔，纵满三千大千世界七宝，以用布施，得福虽多，终成有漏。然而古人亦有言曰：'先须作福，福至心灵。而契机悟性，盖亦有在于此矣。'或问：'何也？'林子曰：'夫心即灵，顾有机之不能契，而性之不能悟也？'"

按语：福、慧双修是三乘共许的修行原则，六祖在此强调须以无相心、离染著心修福。至于开悟，福报固然是一个因素，但主要因素还在于信、戒、闻、施、慧、菩提心、大悲心等诸善根的成熟，不然，豪富尊荣者岂不皆当开悟见道？佛为何又有"豪贵学道难"之语？

⑥ 有因必有果，造福善力强，先报其善，不善业仍在，终当报也。故云罪还在。

⑦ 心中即无罪缘，洒洒落落，是真忏悔。余详前注。

⑧《顿悟入道要门论》下："人问：'一心修道，过去业障得消灭否？'师曰：'不见性人，未得消灭。若见性人，如日照霜雪。又见性人，犹如积草等须弥山，只用一星之火。业障如草，智慧似火。'曰：'云何得知业障尽？'师曰：'见（现）前心通前、后生事，犹如对（面）。见前佛、后佛，万法同时。经云：一念知一切法，是道场，成就一切智故。'"

⑨ 学道即观自性，观自性者，即是佛一类，故云同一类。《永嘉证道歌》"恒沙诸佛体皆同"，言圆明法性，我与诸佛体皆同也。《六祖金刚经口诀》："昔我如来，以大慈悲心，悯一切众生迷错颠倒，流浪生死之如此。又见一切众生，本有快乐自在性，皆可修证成佛。欲一切众生，尽为圣贤生灭，不为凡夫生灭。犹虑一切众生，无始以来，流浪日久，其种性已差，

未能以一法速悟,故为说八万四千法门,门门可入,皆可到真如之地。每说一法门,莫非丁宁实语,欲使一切众生,各随所见法门,入自心地。到自心地,见自佛性,证自身佛,即同如来。"《长沙景岑招贤禅师语录》:"僧问:'如何是文殊?'师云:'墙壁瓦砾是。'又问:'如何是观音?'师云:'音声语言是。'又问:'如何(是)普贤?'师云:'众生心是。'又问:'如何是佛?'师云:'众生色身是。'僧曰:'河沙诸佛体皆同,何故有种种名字?'师云:'从眼根返源,名为文殊。耳根返源,名为观音。从心返源,名为普贤。文殊是佛妙观察智,观音是佛无缘大慈,普贤是佛无为妙行。三圣是佛之妙用,佛是三圣之真体。用则有河沙假名,体则总名一薄伽梵。'"

⑩ 心、佛、众生,本无差别。为心迷故,众生不能与佛同。今有此祖祖相传之顿法,苟能见性,则时时在觉无迷。佛觉、众生觉,故同一体。永嘉真觉大师《证道歌注》:"'一性如来体自同'者,迥出外道六十二种异见,即与般若、涅槃妙心冥合,故云'体自同'也。"

⑪ 佛之真身曰法身,即指佛之本性而言。

⑫ 诸法一性而相殊,殊别之相由外可见,名法相。又谓法定之形相也。

⑬ 努力,强勤貌。《菩萨戒序》云:"强健时,努力勤修善。"《诗》:"悠悠施旌"。《注》:"闲暇貌。"莫悠悠者,言不可闲暇也。

⑭ 前念、今念已过去,后念忽绝,言已死也,故曰"一世休"。休,终止也。唐人诗:"他生未卜此生休。"

⑮ 虔,身心端严纯一也。《海水一滴》云:"以上二十句颂,别本在前《般若第三》'说通心通'之处,甚不可也。或云,以上二十句,押韵字,似亦后人所强为。"按语:此二十句,在《坛经》多种版本中位置前后不定。但内容实属敦煌本等古本《坛经》所本有。具体见前述。

⑯ 在此偈文言下见性也。

⑰《四十二章经》:"佛言:'弟子去离吾数千里,意念吾戒,必得道。在吾左侧,意在邪,终不得道。'"

⑱《僧史略》上："又临去辞云'珍重'者，相见已毕，情意已通，嘱曰珍重，犹言善加保重，请加自爱，宜保惜也。"又，《要览》中《礼数篇》云："释氏相见，将退，即口云'珍重'，如此方俗云'安置'也。"

⑲《法华经·序品》："照明佛法，开悟众生。"《八十华严经》四："开悟一切暗愚众生。"

机缘第七

【笺注】

　　机谓根机，缘谓胜缘。机有利钝，缘有胜劣。机缘相感，自性开发，故以"机缘"名篇。按：古本无此篇题，别本或作《参请机缘第六》。今从流行本也。

　　师自黄梅得法，回至韶州曹侯村，人无知者①。时有儒士刘志略②，礼遇③甚厚。志略有姑为尼④，名无尽藏，常诵《大涅槃经》。师暂听，即知妙义，遂为解说。尼乃执卷问字，师曰："字即不识，义即请问。"尼曰："字尚不识，焉能会义？"师曰："诸佛妙理，非关文字⑤。"尼惊异之，遍告里中耆德⑥云："此是有道之士⑦，宜请供养。"有魏⑧武侯玄孙曹叔良⑨及居民，竞来瞻礼⑩。时宝林古寺自隋末兵火已废⑪，遂于故基重建梵宇⑫，延师居之，俄成宝坊⑬。师住九月余日，又为恶党寻逐。师乃遁⑭于前山，被其纵火焚草木，师隐身挨入石中得免。石今有师趺坐膝痕⑮及衣布之纹⑯，因名避难石。师忆五祖"怀会止藏"之嘱，遂行隐于二邑⑰焉。

【笺注】

　　① 别本云：师去时，至曹侯村，住九月余。然师自言："不经三十余

日,便至黄梅。"此求道之切,岂有逗留? 作去时者,非是。按《传灯》、《会元》、《正宗记》等,以为未得法已前之事。今本则以为得法之后,至韶州逢刘志略。兹依今本。

② 《万姓统谱》五十八:"志略,唐刘志道之子也。"

③ 礼遇,以礼相待也。

④ 父之姊妹曰姑。尼者,出家之女子,梵语比丘尼。比丘之语通男女,而尼音则示女性也。

⑤ 《传心法要》:"裴相公问师曰:'山中四五百人,几人得和尚法?'师云:'得者莫测其数。何故? 道在心悟,岂在言说! 言说只是化童蒙耳。'"

⑥ 年高德优之人曰耆德。《周礼》:"六十曰耆。"《周雅释诂》:"耆,长也。"《周语》:"耆艾修之。"注:"耆艾,师傅也。"

⑦ 《书》:"惟有道曾孙周王发。"杜甫诗:"先生有道出羲皇。"韩愈《诤臣论》:"或问谏议大夫阳城于愈:'可以为有道之士乎哉?'"

⑧ 魏,一作晋。

⑨ 魏武侯,《魏志》第一云:"太祖武帝,姓曹氏,讳操,字孟德。追谥为武皇帝。或云,曹氏玄孙有仕晋封侯者,故作晋武侯玄孙。"按:玄孙,乃系孙之误。系与纟字体相近,故改系为纟,后又改纟为玄。故有此误。系孙即远孙。《旧唐书》:"柳宗元……后魏侍中济阴公之系孙。"

⑩ 仰视曰瞻。

⑪ 《帝王姓系》四:"隋都长安。始文帝辛丑篡后周,即帝位,终恭帝戊寅,三主共三十八年而灭。"

⑫ 梵宇,谓佛寺也。江总文:"我开梵宇,面壑临丘。"

⑬ 俄、顷也。时之至短、速者,曰俄顷。《鸡跖集》:"给孤长者布黄金地为伽蓝,故寺字号为宝坊。"按:《大集经》一:"尔时如来示现无量神通道力,渐渐至彼七宝坊中。""诸大菩萨俱共发来,至娑婆世界大宝坊中,见释迦牟尼佛。"盖欲界、色界中间,有大宝坊,佛于此说《涅槃经》,后称寺字为谓宝坊,即据此为美称也。

⑭ 遁,隐避也。

⑮ 趺坐,结跏趺坐也。《大毗婆沙论》三十九:"声论者曰:以两足趺加致两髀,如龙盘结,端坐思惟。"慧琳《音义》八:"结跏趺坐略有二种:一曰吉祥,二曰降魔。凡坐,皆先以右趾押左股,后以左趾押右股,此即右押。右手亦居左上,名曰降魔坐。诸禅宗多传此坐。若依持明藏教瑜伽法门,即传吉祥为上,降魔坐有时而用。其吉祥坐,先以左趾押右股,后以右趾押左股,令二足掌仰于二股之上。手亦右押左,仰安跏趺之上,名为吉祥坐。如来昔在菩提树下成正觉时,身安吉祥之坐,手作降魔之印。是故如来常安此坐,转妙法轮。"嘉祥《法华义疏》二:"结跏趺坐,是诸佛常坐之法。作此坐者,身端而心正也。"

⑯ 常人闻石上有趺坐痕则起疑,谓为怪事。以意度之:师固未尝留痕于石也。石上今有膝痕者,殆后人重其德,或镌其迹于石上,如儒者爱其甘棠之意耶。然佛家多不可思议之事,慎勿以常人之风测度之。

⑰ 二邑,即怀集、四会二县。详见上文注中。

僧法海,韶州曲江人也。初参祖师,问曰:"即心即佛①,愿垂指谕。"师曰:"前念不生即心②,后念不灭即佛③。成一切相即心④,离一切相即佛⑤。吾若具说,穷劫不尽。听吾偈曰:

即心名慧⑥，　　　　即佛乃定⑦。
定慧等持⑧，　　　　意中清净。
悟此法门，　　　　由汝习性⑨。
用本无生⑩，　　　　双修是正⑪。"

法海言下大悟,以偈赞曰:
"即心元是佛⑫，　　　不悟而自屈⑬。
我知定慧因⑭，　　　双修离诸物⑮。"

【笺注】

① 唐释慧海《顿悟入道要门》下："有行者问：'即心即佛，那个是佛？'师云：'汝疑那个不是佛？指出看！'无对。师曰：'达即遍境是。不悟永乖疏。'"《传灯录》：明州大梅法常禅师："问：'如何是佛？'大寂（马祖）云：'即心是佛。'师即大悟。"直入大梅山住二十年。祖令一僧去问："和尚见马师，得个什么，便住此山？"师云："马师向我道：'即心是佛'，我便向遮里住。"僧云："马师近日佛法又别。"师云："作么生别？"僧云："近日又道'非心非佛'"师云："遮老汉惑乱人未有了日！任汝非心非佛，我只管即心即佛。"其僧回，举似马祖。祖云："大众，梅子熟也。"

② 前念已过去，不可沾恋而再使之生。以全此心之清净圆明，即离一切相也。

③ 心体湛然，应用自在，故后念不可灭也。后念若灭已，如槁木死灰之无情，不可作佛。

④ 经云："一切唯心造。"又曰："心生则种种法生，"故知一切皆由心造。

⑤ 如今但学无心，顿息诸缘，莫生妄想分别，无人无我，无贪嗔，无憎爱，无胜负，离一切相，即是本来清净佛。

⑥ 不起一念即定，此名即心。是心常能照境，谓之慧。同体异名也。

⑦ 离一切相，即佛乃定。定是慧体，其名虽异，其本来则一也。

⑧ 等持，别本作"等等"。《传灯》、《会元》、《正脉》皆作"等持"。即定慧均等修持之谓也。《涅槃经》："定慧等故，明见佛性。"《顿悟入道要门论》下："僧问：'如何是定慧等学？'师曰：'定是体，慧是用。从定起慧，从慧归定。如水与波一体，更无前后，名定慧等学。'"《小止观》上："《法华经》云：'佛自住大乘，如其所得法，定慧力庄严，以此度众生。'当知此之二法，如车之双轮，鸟之两翼。若偏修习，即堕邪倒。故经云：'若偏修禅定福德，不学智慧，名之曰愚。偏学知慧，不修禅定福德，名之曰狂。'狂愚之过，虽小不同，邪见轮转，盖无差别。若不均等，此则行乖圆备，何

能疾登极果？故经云：'声闻之人，定力多故，不见佛性。十住菩萨，智慧力多，虽见佛性，而不明了。诸佛如来，定慧力等，是故了了见于佛性。'"

⑨ 研习修成之性也。《地持经》："习种性者，若从先来修善所得，是名习种性。"

⑩ 定体起用，名为慧。慧，寂而常照。定，照而常寂。寂故，无生无灭也。无生无灭之所起用，用亦无生无灭，故能照而常寂，是乃本来一体之正法也。

⑪ 双修，定慧双修也。《修心诀》："曹溪云：'心地无乱自性定，心地无痴自性慧。'若悟如是，任运寂知，遮照无二，则是为顿门。个者双修定慧也。"

⑫ 前念不生，后念不灭，成一切相，离一切相，无二无别。

⑬ 不悟者，自己屈辱自佛。

⑭ 言我今始知定慧之正因。

⑮ 双修定慧，则离一切相。

僧法达，洪州人①。七岁出家，常诵《法华经》②。来礼祖师，头不至地③。师诃④曰："礼不投地⑤，何如不礼！汝心中必有一物蕴，习⑥何事耶？"曰："念《法华经》已及三千部。"师曰："汝若念至万部，得其经意，不以为胜⑦，则与吾偕行。汝今负⑧此事业，都不知过。听吾偈曰：

礼本折慢幢⑨，　　头奚不至地？

有我罪即生⑩，　　亡功福无比⑪。"

【笺注】

① 洪州，隋置，旋废。唐复置，南唐建为南都，宋初复为洪州，旋改为隆兴府。今江西南昌县，即旧时州治也。

②《法华经》即《妙法莲华经》。七卷，二十八品，姚秦天竺沙门鸠

摩罗什译。明释智旭云："此经乃如来究竟极谈,具明施设一代时教所以然之线索。如家业之有总账簿,如天子之有九鼎也。非精研智者大师《玄义》、《文句》,不能尽此经之奥。仍须以荆溪尊者《释签》、《妙乐》辅之。"

按语:《妙乐》指荆溪湛然的《法华文句记》。因师曾住常州之妙乐寺,讲《法华》,号妙乐大师,师之《法华文句记》遂被称为《妙乐》。

③ 头至地者,以我所贵之首,接彼所贱之足,五体投地,表至敬也。

④ 音呵。《说文》:"大言而怒也。"

⑤《法苑珠林》二十《致敬篇·仪式部》云:"既知一心合掌之仪,即须五体投地礼之。"按:法达礼六祖,头不至地,盖是乖慢之礼,非如法行礼。故大师诃禁其无礼之慢心,实为法中之诫勖,后学宜知。

⑥ 蕴,蕴蓄。习,积习。

⑦ 不以为可胜人、则无慢心矣。

⑧《孟子》朱注:"负,任在背。"《前汉书·高祖纪》上,"自负"注:"应劭曰:负,恃也。"

⑨ 幢,幢幡也。《笔削记》一:"破邪见幢,树正法宝。"净影《双卷经疏》(《十地经论义记》?):我慢高胜,如幢上出。慢心之高举,譬如幢之高耸,故曰慢幢。

⑩《止观》七:"为无智慧故,计言有我。以慧观之,实无有我。我在何处?头、足、支节,一一谛观,了不见我。"《原人论》:"形骸之色,思虑之心,从无始来,因缘力故,念念生灭,相续无穷。如水涓涓,如灯焰焰,身心假合,似一似常。凡愚不觉,执之为我。宝此我故,即起贪、嗔、痴等三毒。三毒击意,发动身、口,造一切业。"按:我慢为有我中之一。以法达恃诵《法华经》三千部而慢人,故以生罪之说折之。

⑪ 亡与无通,无功与有我对待。旧刻本及藏经本皆作亡,俗刻本改为忘,非是。无功则成无漏因,故曰福无比。功指一切之有为功德而言,诵经特其中之一端而已。法达以诵《法华经》三千部自以为功,故以无功之说折之。《金刚经》:"若福德有实,如来不说得福德多。以福德无故,

如来说得福德多。"

师又曰："汝名什么?"曰："法达。"

师曰："汝名法达,何曾达法①?"

复说偈曰:

"汝今名法达,　　　勤诵未休歇②。

　空诵但循声③,　　　明心号菩萨④。

　汝今有缘故⑤,　　　吾今为汝说,

　但信佛无言⑥,　　　莲华从口发⑦。"

【笺注】

① 若实达于法,行、住、坐、卧,出息入息,皆真诵经。今徒劳于文句,故知未达真妙法也。

② 休歇、止息也。

③《破相论》:"若心无实,口诵空名,三毒内臻,人我填臆。"但循声,言心实未诵也。

④ 不但循声读诵,且将经义明白在心,即号菩萨。或云:明心见性,方号菩萨也。

⑤ 缘,宿缘也。

⑥《血脉论》:"至理绝言,教是言词,实不是道。道本无言,言说是妄。"《庄子》:"无言,终身言,未尝言。终身不言,未尝不言。"

⑦《法华合论》一:"众生难见者自心,习见者莲华。指其习见之象,示其难见之妙。故以《经》名'妙法莲华'。"《法华句解》一:"莲华者,上根观之,即是自性法华三昧,更非他物。中下之机,则作引物譬,喻本有觉性清妙理也。"《妙玄》云:"问:'莲华定是法华三昧之莲华? 定是华草之莲华?'答:'定是法莲华。法莲华难解,故以华草为喻。利根即名解理,不假譬喻,但作法华之解。中下未悟,须譬乃知。以易解之华草莲华,喻

难解之三昧莲华。'"戒环《要解》:"一称经名,则莲华出口。一能随喜,则法香在身。"此言法达果信佛未尝有所说法,离言说相而忘诵经之功,则可以诵《妙法莲华经》矣。故曰:"莲华从口发。"

达闻偈,悔谢①曰:"而今而后,当谦恭一切。弟子诵《法华经》,未解经义,心常有疑。和尚智慧广大,愿略说经中义理。"

师曰:"法达,法即甚达,汝心不达。经本无疑,汝心自疑。汝念此经,以何为宗?"

达曰:"学人根性暗钝,从来但依文诵念②,岂知宗趣③?"

师曰:"吾不识文字,汝试取《经》诵一遍,吾当为汝解说。"

法达即高声念《经》,至《譬喻品》,师曰:"止④!此《经》元来以因缘出世为宗⑤,纵说多种譬喻⑥,亦无越于此。何者因缘?《经》云:'诸佛世尊唯以一大事因缘故出现于世⑦。'一大事者,佛之知见也⑧。世人外迷著相,内迷著空。若能于相离相,于空离空,即是内外不迷。若悟此法,一念心开,是为开佛知见。佛犹觉也⑨,分为四门:开觉知见,示觉知见,悟觉知见,入觉知见。若闻开、示,便能悟、入⑩,即觉知见,本来真性而得出现。汝慎勿错解经意,见他道:开、示、悟、入,自是佛之知见,我辈无分⑪。若作此解,乃是谤《经》、毁佛也。彼既是佛,已具知见,何用更开?汝今当信,佛知见者,只汝自心,更无别佛。盖为一切众生,自蔽光明,贪爱尘境,外缘内扰,甘受驱驰⑫。

便劳他世尊,从三昧起⑬,种种苦口⑭,劝令寝息⑮,莫向外求,与佛无二。故云:开佛知见。吾亦劝一切人,于自心中,常开佛之知见。世人心邪,愚迷造罪,口善心恶,贪嗔、嫉妒,谄佞、我慢⑯,侵人害物,自开众生知见。若能正心⑰,常生智慧,观照自心,止恶行善,是自开佛之知见。汝须念念开佛知见,勿开众生知见。开佛知见,即是出世。开众生知见,即是世间。汝若但劳劳执念⑱,以为功课⑲者,何异犛牛爱尾⑳?"

【笺注】

① 悔谢,忏悔谢罪也。

②《破相论》:"在口曰诵,在心曰念。"

③《起信论法藏疏》:"当部所崇曰宗,宗之所归曰趣。"

④ 止,使之止于《方便品》,不再诵下文之《譬喻品》也。

⑤ 出世,佛出世也。即出现于世间也。

⑥ 纵说,尽凭而说之意。《法华文句》:"譬,比况也。喻,晓训也。"

⑦《法华经·方便品》:"'我以无数方便,种种因缘、譬喻言辞,演说诸法。是法非思量、分别之所能解,唯有诸佛,乃能知之。所以者何?诸佛世尊唯以一大事因缘故,出现于世。舍利弗,云何名诸佛世尊,唯以一大事因缘故出现于世?欲令众生开佛知见,使得清净故,出现于世。欲示众生佛之知见故,出现于世。欲令众生悟佛知见故,出现于世。欲令众生入佛知见道故,出现于世。舍利弗,是为诸佛以一大事因缘故,出现于世。'佛告舍利弗:'诸佛如来,但教化菩萨。诸有所作,常为一事——唯以佛之知见,示悟众生。'"《法华指掌疏》一下:"唯,犹独也。以,犹为也。言诸佛所为,无二无三,故曰'唯以一事'。此事非小,故曰'唯以一大事'。因此生悲,缘此感佛,故曰'唯以一大事因缘'。因缘凑合,佛乃出兴。故曰'唯以一大事因缘故出现于世'。"

⑧《法华要解》："佛知见者,彻了实相、真知真见也。在法名一佛乘,在因名一大事,在果名一切种智。故曰诸佛因一大事故出兴,为一佛乘故说法,欲令众生开佛知见,而究竟皆得一切种智也。此真知见,生佛等有,本来清净。唯人以妄尘所染,无明所覆,而自迷失。"《中峰广录》一曰:"佛知见者,乃破生死、根尘之利具也。"《法华文句》四:"佛以一切种智知,佛以佛眼见。开此智、眼,乃名佛知见。"《法华玄义》九:"灵知寂照,名佛知见。"

⑨《智度论》七十:"佛名为觉,于一切无明睡眠中,最初觉,故名为觉。"

⑩《法华经·方便品》:令众生开佛知见者,即开觉知见也。欲示众生佛知见者,即示觉知见也。令众生悟佛知见者,即悟觉知见也。令众生入佛知见道者,即入觉知见也。《法华合论》三:"佛不言以佛知见授之众生,而言欲令众生开佛知见,示佛知见,悟佛知见,入佛知见者,则知众生本自有之,不从他以得之也。虽不从他以得之,必籍善知识为之缘,以方便为开示,而使之悟入也。"《法华要解》云:"开,破无明之封蔀。示,指所迷之真体。悟,豁然洞视。入,深造自得,而证一切种智。是为佛知见道也。"又以四门配释四位、四智、四教等者,详天台《文句》、《文句记》及《法华科注》等。

⑪按此小乘劣慧之机,每兴"佛知见我辈无分"之叹者。如《法华·信解品》云:"犹处门外,止宿草庵。自念贫事,我无此物。"又如:"穷子即受教敕,领知珍宝"是也。

⑫驱驰,驱车马而驰逐也。《诗·皇华》篇:"载驰载驱"。按:此言为尘劳所驱驰也。

⑬三昧见前注。《法华·方便品》:"尔时,世尊从三昧安详而起,告舍利弗:'诸佛智慧,甚深无量。其智慧门,难解难入,一切声闻、辟支佛所不能知。'"

⑭《法华·方便品》:"如来能种种分别,巧说诸法。言辞柔软,悦可众心。"苦口,犹云苦言。《法华经·信解品》:"如是苦言:'汝当勤作'。

又以软语:'若如我子。'"

⑮ 寝,止也。寝息者,止其贪爱也。

⑯ 我慢者,自恃高贵而慢他之谓也。《法华经·方便品》:"我慢自矜高,谄曲心不实。"

⑰《大学》:"所谓修身,在正其心。"

⑱ 劳,疲也,勤也。《说文》:"剧也。"劳劳,言劳之至也。

⑲ 功,功令。课,课程。每日限定时间作事,谓之功课。

⑳ 牦,音毛。《法华·方便品》:"见六道众生,贫穷无福慧。入生死险道,相续苦不断。深着于五欲,如牦牛爱尾,以贪爱自蔽,盲瞑无所见。"牦牛,黑色,背有长毛。尾粗大,毛尤长,颇自爱护。人取尾毛,以为冠缨。

达曰:"若然者,但得解义,不劳诵《经》耶?"

师曰:"《经》有何过,岂障汝念? 只为迷悟在人①,损益由己②。口诵心行,即是转经③。口诵心不行,即是被经转。听吾偈曰:

心迷《法华》转④,　　　心悟转《法华》⑤。

诵《经》久不明⑥,　　　与义作仇家⑦。

无念念即正⑧,　　　　　有念念成邪⑨。

有无俱不计⑩,　　　　　长御白牛车⑪。"

达闻偈,不觉悲泣,言下大悟,而告师曰:"法达从昔已来,实未曾转《法华》,乃被《法华》转。"

【笺注】

① 在人之人,非指他人言,亦指迷悟人之自己也。

② 损益,犹言增减。

③ 转、转诵也。即诵满一遍又一遍、次第遍遍诵下之意。

④ 但执诵文字语句者，则为《法华》所转。

⑤《楞严经》："若能转物，即同如来。"《中庸注》，诚能动物，即转物之义。

⑥ 法达诵《法华经》三千部，不明此经之宗旨。

⑦ 此言与《法华》经义相违也。仇家，冤家也。《起信论》："或为知友，或为冤家。"

⑧ 无念无作而念经，即为正心念经。

⑨ 有有、无之念，则为邪心，被经转。

⑩ 不计，不涉计较也。

⑪ 驾驭车马曰御。《法华科注》："白即是诸色之本，而与本净无漏相应。体具万德，如肤之充。烦恼不染，如色之洁。"《华严合论》："门前三驾，且受权乘。露地白牛，方明实德。"

再启曰："《经》云：诸大声闻乃至菩萨，皆'尽思共度量，不能测佛智①。'今令凡夫但悟自心，便名佛之知见，自非上根②，未免疑谤。又《经》说三车——羊、鹿、牛车——与白牛之车③，如何区别？愿和尚再垂开示④。"

师曰："《经》意分明⑤，汝自迷背。诸三乘人，不能测佛智者，患在度量也。饶伊⑥尽思共推，转加悬远。佛本为凡夫说，不为佛说。此理若不肯信者，从他退席⑦。殊不知坐却白牛车⑧，更于门外觅三车⑨。况《经》文明向汝道：'唯一佛乘⑩，无有余乘，若二若三。'乃至无数方便，种种因缘、譬喻言词，'是法皆为一佛乘故'，汝何不省？ 三车是假⑪，为昔时故⑫。一乘是实⑬，为今时故⑭。只教汝去假归实，归实之后，实亦无名⑮。应知所有珍财⑯，尽属于汝，由汝受用⑰。更不作父想⑱,亦不作子想⑲,亦无用想⑳,是名持《法华经》,从劫至劫,手不释卷㉑。从昼至夜,无不念时也㉒。"

【笺注】

①《法华经·方便品》:"假使满世间,皆如舍利弗,尽思共度量,不能测佛智。"《唯识论》十:"如来实心,等觉菩萨尚不知故。"

② 眼等诸根上利者,曰上根。

按语:三乘共通有二十二根之说,包括眼、耳等五根,及信根、定根、慧根等二十二种。此处所说之上根,似重于说明信、戒、闻、施、慧、菩提心、大慈大悲等心理倾向、行为素质,尤其偏重指对大乘佛法的深信不疑的信仰和能充分理解、深入通达的智慧等。因为这些素质、倾向能够不断强化和发展,并能促进与此相关的优良品质的成长,如利他、精进、宽容等,如树根能生长枝叶、花果等,故称为根。依三乘通说,以上诸根,亦有渐次生长、成熟的过程和阶段。

③ 羊车喻声闻,鹿车喻缘觉,牛车喻菩萨,白牛之车喻一佛乘。

④ 开示者,启发之而示以佛道也。

⑤ 经意,指《法华经·方便》、《譬喻》二品之意。

⑥ 饶伊、犹言尽他。

⑦《法华·方便品》:"尔时,世尊告舍利弗:'汝已殷勤三请,岂得不说!汝今谛听!善思念之,吾当为汝,分别解说。'说此语时,会中有比丘、比丘尼、优婆塞、优婆夷五千人等,即从座起,礼佛而退。所以者何?此辈罪根深重及增上慢,未得谓得,未证谓证,有如此失,是以不住。世尊默然,而不制止。"听从也,从教也,从他即听他也。

⑧《法华经·譬喻品》:"尔时,长者各赐诸子等一大车,其车高广,众宝庄校,周匝栏楯,四面悬铃。又于其上,张设幰盖,亦以珍奇、杂宝而严饰之。宝绳交络,垂诸华缨。重敷婉筵,安置丹枕。驾以白牛,肤色充

洁,形体姝好,有大筋力,行步平正,其疾如风。"按:佛之知见,即在人人之自性中,故以坐白牛车喻之。

⑨《法华经·譬喻品》:"羊车、鹿车、牛车,今在门外,可以游戏。"按语:六祖此句喻意,正是法达"谁知火宅内,元是法中王"一偈所表达的。

⑩《法华经·方便品》:"舍利弗!如来但以一佛乘故,为众生说法。无有余乘,若二若三。舍利弗!一切十方诸佛,法亦如是。舍利弗!过去诸佛,以无量无数方便,种种因缘、譬喻言辞,而为众生演说诸法,是法皆为一佛乘故。"按:一佛乘,即人人自己之佛性,亦即佛之知见也,亦即人人自坐之白牛车也。

⑪《法华·方便品》:"佛以方便力,示以三乘教。众生处处著,引之令得出。"又云:"以假名字,引导于众生。"

⑫ 为实(教)施权(教)。

⑬《涅槃经》:"一切众生所得一乘,一乘者,名为佛性。以是义故,我说一切众生悉有佛性。"

⑭ 开权显实。

⑮ 归一佛乘、实相而见之,即无一佛乘、实相之名。无妙法之相,此祖门下之眼,而非不见性者之所知也。故《法句经》云:"森罗及万象,一法之所印。一亦不为一。"

⑯ 所有珍财,众生本具之宝藏也。

⑰《法华·譬喻品》:"是大长者,财富无量,种种库藏,悉皆充溢。今此幼童,皆是吾子,爱无偏党。我有如是七宝大车,其数无量。应当等心,各各与之。"受用、享受之意。《朱子语录》:"如今不曾经历许多(事),事过都自凑他道理不着。若便去看(《易》),卒未得他受用。"

⑱ 父,指长者,喻诸佛如来也。

⑲ 子指诸穷人,喻一切众生。

⑳《法华·信解品》云:"宜加用心,无令漏失。"又曰:"以付之,恣其所用。"按:此言既得珍宝,则父想、子想、用想,三想一齐捐除。

㉑ 转如是经,无有究尽。

㉒ 自己有一乘法,故无不念时也。《妙玄》第八:"手不执卷,常读是经。口无言声,遍诵众典。佛不说法,常闻梵音。心不思维,普照法界。"

达蒙启发①,踊跃欢喜②。以偈赞曰:

"经诵三千部③,　　曹溪一句亡④。

未明出世旨⑤,　　宁歇累生狂⑥!

羊鹿牛权设⑦,　　初中后善扬⑧。

谁知火宅内⑨,　　元是法中王⑩。"

师曰:"汝今后方可名念经僧也。"达从此领玄旨⑪,亦不辍诵《经》。⑫

【笺注】

①《论语·述而》篇:"不愤不启,不悱不发"。

②《法华科注》二:"内解在心,名喜。喜动于形,名踊跃。"《左传》:"距跃三百,曲踊三百。"

③ 一遍为一部,法达共读三千遍《法华经》。

④ 往日恃诵经三千部有大功德,今日至曹溪,于一句之下亡所恃也。

⑤ 出世旨,出兴于世间之旨,即一大事因缘也。言佛乘此一大事因缘,来此世间度人者。

⑥ 宁,安能之意。累生,多生也。

⑦ 佛不得已,而设此羊、鹿、牛三乘。

⑧《法华·序品》:"演说正法,初善、中善、后善。其义深远,其语巧妙。纯一无杂,具足清白梵行之相。"扬,演说而举扬之也。

⑨ 火宅,火起方烧之宅。《法华·譬喻品》:"三界无安,犹如火宅。"

⑩ 元,本来也。《法华·信解品》:"法王法中,久修梵行。今得无

漏、无上大果。"《证道歌》:"法中王,最高胜。"注曰:"王中法王,位过百王之上,故云法中王也。"按:此言迷于火宅内者,一悟本来,即是法中王也。

⑪ 玄旨,深奥之义理也。张蠙诗:"静室谈玄旨。"

⑫ 辍,止也。已也。

僧智通,寿州安丰人①。初看《楞伽经》约千余遍,而不会三身、四智②。礼师,求解其义。师曰:"三身者——清净法身,汝之性也;圆满报身,汝之智也;千百亿化身,汝之行也③。若离本性,别说三身,即名有身无智④。若悟三身,无有自性,即名四智菩提⑤。听吾偈曰:

自性具三身⑥, 　　发明成四智⑦。

不离见闻缘, 　　超然登佛地⑧。

吾今为汝说, 　　谛信永无迷⑨。

莫学驰求者⑩, 　　终日说菩提⑪。"

【笺注】

① 智通,见《传灯录》五、《会元》二、《正脉》一、《禅林类聚八》。唐之寿州,今之寿县,属安徽淮泗道安丰县,故城在今寿县西南。

② 不会,不明白也。《永嘉证道歌》:"三身四智体中圆"。注云:"三身、四智者","乃觉性功用得名也"。"所言三身者:法身、报身、化身也。四智者:大圆镜智、平等性智、妙观察智、成所作智也。"详后。

③《顿悟入道要门论》上:"问:'束四智成三身者,几个智共成一身?几个智独成一身?'答:'大圆镜智独成法身,平等性智独成报身,妙观察智与成所作智共成化身。此三身亦假立名字、分别,只令未解者看。若了此理,亦无三身应用。何以故? 为体性无相,从无住本而立,亦无无

住本。'"

④ 四智不离本性。若离本性而说三身。故曰有身无智。

⑤ 三身从一自性而生、非三身中各有一自性也。《大乘庄严论·序》："转八识以成四智,束四智以具三身。"故既悟三身之无有自性,即明三身由四智而成也。四智菩提,即四智之智慧也。

⑥ 言各人自性中皆有三身。

⑦《顿悟入道要门论》上:"问:'转八识成四智,束四智成三身。几个识共成一智?几个识独成一智?'答:'眼、耳、鼻、舌、身,此五识共成成所作智。第六是意,独成妙观察智。第七心识,独成平等性智。第八含藏识,独成大圆镜智。'"

⑧ 言不必不闻不见,屏绝外缘,已能直入佛地也。

⑨ 谛,审实不虚义。信,更无疑念也。

⑩ 莫学,犹言勿效。驰求,向外驰求也。《血脉论》:"驰求觅佛,元来不得。"

⑪ 此言莫学向外驰求,不向自性中求,虽终日说菩提,而终不得菩提也。

通再启曰:"四智之义,可得闻乎?"师曰:"既会三身,便明四智。何更问耶①?若离三身,别谈四智,此名有智无身。即此有智,还成无智②。"复说偈曰:

"大圆镜智性清净③,　　平等性智心无病④,
妙观察智见非功⑤,　　成所作智同圆镜⑥。
五八六七果因转⑦,　　但用名言无实性⑧。
若于转处不留情⑨,　　繁兴永处那伽定⑩。"

【笺注】

① 转八识成四智,束四智成三身。三身既会,未有不明四智者。故

曰"何更问耶"。

② 试以造屋喻之：四智如材料，三身如房屋。若离三身而别谈四智，犹离房屋而但讲材料，此名有材料而无房屋。虽有此材料，还与无材料相同。

③ 自性清净，唤为镜智。唐释慧海云："湛然空寂，圆明不动，即大圆镜智。"《三藏法数》十四："一、大圆镜智。谓如来真智，本性清净，离诸尘染，洞彻内外，无幽不烛。如大圆镜，洞照万物，无不明了，是名大圆镜智。"

④ 唐释慧海曰："能对诸尘，不起爱憎，即是二性空。二性空即平等性智。"《三藏法数》十四："二、平等性智。谓如来观一切法，与诸众生皆悉平等。以大慈悲心，随其根机，示现开导，令其证入，是名平等性智。"有隔碍相，则为有病。若无隔碍，万法流通，更无滞着，故为无病。

⑤ 唐释慧海云："能入诸根境界，善能分别，不起乱想而得自在，即是妙观察智。"《三藏法数》十四："三、妙观察智。谓如来善能观察诸法圆融次第，后知众生根性、乐欲，以无碍辩才，说诸妙法，令其开悟，获大安乐，是名妙观察智。"按：六识、七识，历事历行，练磨纯熟，应机接物，任运不涉计度，顿时观察明了，不假功成，故云非功也。

按语：依教下的说法，菩萨登初地后，后得智渐渐与根本无分别智同时现起时，即能一方面明了诸相，同时也不与凡夫一样，起染污分别。至八地时，则可以任运分别一切法相，而不需起心动念，此时可称作"见非功"。宗门下讲四智众生本具，不历渐次，故似不须至菩萨八地时方任运现起，但须明见自性后，方可施功，此时所生妙观察智，也可称为"见非功"。

⑥ 应所成办，唤为所作。唐释慧海云："能令诸根随事应用，悉入正受，无二相者，即是成所作智。"《三藏数》十四："四、成所作智。谓如来为欲利乐诸众生故，普于十方世界，示现种种神通变化，引诸众生，令入圣道，成本愿力所应作事，是名成所作智。"

⑦ 五者，八识中之前五识也。如眼之能见色，耳之能闻声，鼻之能

辨臭，舌之能别味，身之能知冷热，对于色、声、香、味、触之五尘，有能起五种识之性也。八者，八识中之第八识也。又名阿赖耶识，又名藏识。凡为世间万物之本之种子，皆收藏于此识之中也。前五识及第八识，皆属于果。六者，八识中之第六识也。因前五识之感觉，而起分别判断之作用，故名曰意识。七者，八识中之第七识也，名曰末那识。因六识分别五尘好恶，而由此识传送、相续、执取，故又谓之我见识。第六识及第七识，皆属于因。果、因转者，即憨山大师所谓"六、七二识，因中先转。五、八一体，至果乃圆"也。

⑧《人天眼目》下"但用名言无实性"注："转名不转体也。"《传灯录》五，注："但转其名，而不转其体也。"此言转八识成四智，在文字上则谓之转，在实性（又名自性、又名自心、自本性、真如）上则无所谓转也。迷则为识，悟则为智。在实性固无所改变也。

⑨ 心迷则为识，心悟则为智。一悟悟至极处，不再退转，即所谓不留情也。

⑩ 法藏《起信论义记》："虽复繁兴鼓跃，未始动于心源。"《笔削记》一："繁，多。兴，起。""繁，则染净多途；兴，则新新生起。"欲长保其寿，俟弥勒佛出世，以此为愿力者，名曰那伽定。《人天眼目》下，注云："那伽定者，此曰龙定。龙常静思念摄，故有定力，能现大变。佛有四威仪而常在定，故喻龙也。"

原注：如上转识为智也。教中云：转前五识为成所作智，转第六识为妙观察智，转第七识为平等性智，转第八识为大圆镜智。虽六、七因中转，五、八果上转。但转其名而不转其体也。

按：已上六十七字，考大藏经刻本及明刻本，均作小字。惟近刻本误作大字，与《坛经》原文相混，非是。故仍作小字，而冠原注二字以别之。

《憨山大师梦游集》一、《示周旸孺》曰："周子请益法相宗旨，老人因揭六祖《识智颂》曰：'大圆镜智性清净，平等性智心无病，妙观察智见非功，成所作智同圆镜。五八、六七果因转，但转名言无实性。若于转处不

留情,繁兴永处那伽定。'

此八句,发尽佛祖心髓,揭露性相根源。往往数宝算沙之徒,贪多嚼不烂,概视此为闲家具,曾无正眼觑之者,大可悯也!咸谓六祖不识字、不通教,何以道此?殊不知佛祖慧命,只有八个字包括无余——所谓'三界唯心、万法唯识'。以唯心故,三界寂然,了无一物。以唯识故,万法枞然,盖万法从唯识变现耳。求之自心、自性,了不可得。所以佛祖教人,但言心外无片事可得,即黄梅夜半露出'本来无一物'。即此一语,十方三世诸佛、历代祖师,尽在里许,擘不破,故衣钵止之。即二派五宗,都从此一语衍出。何曾有性、相之分耶!

及观《识智颂》,略为注破。若约三界唯心,则无下口处。因迷此心,变而为识,则失真如之名,但名阿赖耶识,亦名藏识。此识乃全体真如所变者,斯正所谓生灭与不生灭和合而成。乃真妄迷悟之根,生死凡圣之本。《楞伽》云:'藏识海常住,境界风所动。洪波鼓冥壑,无有断绝时。'既云藏识即阿赖耶,而又云常住,则本不动也。然所动者非藏识,特境界风耳。偈云:'前境若无心亦无,'是则取境界者,非藏识,乃生灭心耳。此生灭心,强名七识,其实是八识之动念,而谓生机。若此机一息,前境顿空,而六识纵能分别,亦无可寄矣。若前五识,原无别体,但是藏识应缘之用,独能照境,不能分别,故曰同圆镜。其分别五尘者,非五识,乃同时意识耳,故居有功。若不起分别,则见非功矣。由是观之,藏识本真,故曰性清净。其过在一念生心,是为心病。有生则有灭,惟此生灭,如水之流,非水外别有流也。但水不住之性,见有流相,有流则非湛渊之水明矣。故《楞伽》二种生住灭——谓:相生住灭、流注生住灭。此二种生灭,总属藏识。生灭不灭,则前七识生。生灭若灭,则唯一精真,其真如之性,自兹复矣。复则识不名识而名智,故曰心无病。六祖大师所颂,约转八识而成四智:大圆镜智,藏识所转。平等性智,七识所转。妙观察智,六识所转。成所作智,前五识转。以妄属藏识之用,故真亦同圆镜。然六、七二识,因中先转。五、八一体,至果乃圆。如此观之,识本非实,而妄有二用。故曰:'但转名言而已','换名不换体也'。且此体不在禅定修行,唯在日用一切。圣凡同时转之,唯在留情不留情之间,故有圣凡、迷悟之别。周子有志于此,谛向日用转处著眼,试定当看。"

　　通顿悟性智,遂呈偈曰:
　　"三身元我体①,　　四智本心明②。
　　　身智融无碍③,　　应物任随形④。
　　　起修皆妄动⑤,　　守住匪真精⑥。
　　　妙旨因师晓⑦,　　终亡染污名⑧。"

【笺注】

　　① 往时求三身于身外,今依师教,忽知三身元是在我体内。

　　② 昔以为得菩提后,方可得四智。今乃知四智本于自心,心悟则转八识已成四智。

　　③ 身,三身。智,四智。三身以四智为体,四智以三身为用。体用合一,故曰无碍。

　　④《金光明经·四天王品》云:"佛真法身,犹如虚空。应物现形,如水中月。"《法华经·普门品》:"佛告无尽意菩萨:'善男子,若有国土众生,应以佛身得度者,观世音菩萨即现佛身而为说法。应以辟支佛身得度者,即现辟支佛身而为说法。应以声闻身得度者,即现声闻身而为说法。应以梵王身得度者,即现梵王身而为说法。应以帝释身得度者,即现帝释身而为说法。应以自在天身得度者,即现自在天身而为说法。应以大自在天身得度者,即现大自在天身而为说法。应以天大将军身得度者,即现天大将军身而为说法。应以毗沙门身得度者,即现毗沙门身而为说法。应以小王身得度者,即现小王身而为说法。应以长者身得度者,即现长者身而为说法。应以居士身得度者,即现居士身而为说法。应以宰官身得度者,即现宰官身而为说法。应以婆罗门身得度者,即现婆罗门身而为说法。应以比丘、比丘尼、优婆塞、优婆夷身得度者,即现比丘、

比丘尼、优婆塞、优婆夷身而为说法。应以长者、居士、宰官、婆罗门妇女身得度者,即现妇女身而为说法。应以童男童女身得度者,即现童男童女身而为说法。应以天龙、夜叉、乾闼婆、阿修罗、迦楼罗、紧那罗、摩侯罗伽、人非人等身得度者,即皆现之而为说法。应以执金刚神得度者,即现执金刚神而为说法。无尽意,是观世音菩萨,成就如是功德,以种种形游诸国土,度脱众生。'"

⑤ 本具身智,何劳修治? 若有修治,皆是妄动。

⑥ 执守三身四智,亦是不是。上文言无住者,人之本性。今若守住,非本性矣,故云"匪真精"也。

⑦ 妙旨,三身、四智之旨也。《笔削记》一:"终实圆理,故曰妙旨。"师,谓六祖也。

⑧ 亡,无通。马祖道一禅师云:"道不用修,但莫污染。何为污染?但有生死心、造作、趣向,皆是污染。"悟自性之身智,亡假名之染污。

    僧智常,信州贵溪人①。髫年出家②,志求见性。一日参礼③,师问曰:"汝从何来? 欲求何事?"

    曰:"学人近往洪州④白峰山,礼大通和尚⑤。蒙示见性成佛之义,未决狐疑⑥。远来投礼⑦,伏望和尚慈悲指示。"

    师曰:"彼有何言句? 汝试举看⑧。"

    曰:"智常到彼,凡经三月,未蒙示诲。为法切故,一夕独入丈室⑨。请问:'如何是某甲⑩本心、本性?'大通乃曰:'汝见虚空否?'对曰:'见。'彼曰:'汝见虚空有相貌否?'对曰:'虚空无形,有何相貌?'彼曰:'汝之本性⑪,犹如虚空,了无一物可见,是名正见。无一物可知,是名真知。无有青黄长短,但见本源清净,觉体圆明,即名见性成佛,亦名如来知见。'学人虽闻此说,犹未决了,乞和尚开示。"

【笺注】

①　信州,唐置。元为路,明改广信府,今江西上饶县其旧治也。贵溪,县名,唐置。故城在今江西贵溪县西,今属江西豫章道。

②　髫,音迢。髫年,小儿垂发辫时也。又为年幼者之称。

③　凡集禅门人坐禅、说法、诵经谓之参。故诘旦升堂,云早参。日暮念诵,云晚参。非时说法,为小参。凡垂语之尾,多用参语,参言外妙旨之意也。参礼者,因参礼师也。

④　学人,学道人也。《菩萨璎珞经》:佛子庄严二种法身,是人名学行人。洪州,见前注。

⑤　《佛祖统纪》四十一:"神龙二年。北宗神秀国师示寂于东都天宫寺,谥大通禅师。"按《传灯》、《会元》、《通载》等神秀传,无住白峰山事。且大通为神秀谥号,不应其徒即称大通和尚,盖别有一大通也。按语:各本《坛经》中,多直称神秀,或称秀大师,无称谥号者,且此时神秀尚在世,此大通显然非指神秀。

⑥　《汉书》四《文帝纪》:"朕狐疑。"注:师古曰:"狐之为兽,其性多疑。每渡冰河,且听且渡。故称多疑者而曰狐疑。"

⑦　投礼、五体投地而行礼也。

⑧　看,语助词。姑一试之也。

⑨　丈室,又云方丈,禅林主持之正寝也。相传维摩诘居士之石室,方一丈。丈室之名,即本于此。《传灯录·禅门规式》:"(长老)既为化主,即处于方丈,同净名之室。"《往生论注》上:"如维摩方丈,苞容有余。何必国界无赁,乃称广大?"《法苑珠林·感通篇》:"(吠舍离国)宫城周五里。宫城北六里有寺塔,是说《维摩经》处。""寺东北四里许,有塔,是维摩故宅基,尚多灵神。其舍叠砖,传云积石,即是说法、现疾处也。于大唐显庆年中,敕使卫长史王玄策因向印度,过净名宅。以笏量基,止有十笏,故号方丈。"《头陀寺碑文》:"宋大明五年,始立方丈,茅茨以庇经像。"《文选》《注》:"高诱曰:'堵长一丈,高一丈,面环一堵为方丈。'""铣曰:'宋孝武皇帝时也。言立方丈之室,覆以茅茨之草,以置经象也。'"

⑩《史记》："某子甲何为不来乎？"按：言某甲者，某以代姓，甲以代名。指人指己，于文字上皆可用之。

⑪ 禅家心与性名别实同、说性即说心、故独言本性。按语：禅宗不同派别，对心与性的解释时有不同，即使在《坛经》中也是如此，具体参见"大圆镜智性清净"一节太虚大师评语。

师曰："彼师所说，犹存见知，故令汝未了。吾今示汝一偈：

不见一法存无见①，	大似浮云遮日面②。
不知一法守空知③，	还如太虚生闪电④。
此之知见瞥然兴⑤，	错认何曾解方便⑥。
汝当一念自知非⑦，	自己灵光常显现⑧。"

常闻偈已，心意豁然⑨。乃述偈曰：

"无端起知见，	著相求菩提⑩。
情存一念悟⑪，	宁越昔时迷⑫？
自性觉源体⑬，	随照枉迁流⑭。
不入祖师室⑮，	茫然趣两头⑯。"

【笺注】

① 不见一法，承上文了无一物可见而言。然不可有"无见"二字存于胸中。存无见者，随（堕?）在无见，故能障蔽自己。

② 浮云，喻胸中所存之无见二字也。李白诗："总为浮云能蔽日。"

按语：心中虽然对于诸法不起分别之见，但仍有"不起分别"之念，此念即成所观之境，遂与观智成为对立，能、所宛然，此亦见性之障碍。大乘见性，必得能所双亡，方可契入。

③ 不知一法，承上文无一物可知而言。然不可执守空知。守空知

者,如木石而取守空寂,即为空知所障。

④ 还如太虚生闪电。闪电喻执守之空知也。若不守空知,则太虚不生闪电矣。太虚,天空也。李群玉诗:"心似闲云在太虚。"闪电,谓电光一瞥,喻疾速也。

按语:不见一法、不知一法,皆属禅门入手之方法,因其近于无念、空观之故,禅师多以之定学人乱心。心念澄净后,或有人错认此为本来心性,遂成禅病,此即六祖之所呵之由。定心之澄净,由定力而生。定力若退,则澄净清明之境即失,犹如晴空万里,忽然会起乌云、闪电。闪电、浮云,似都指妄念而言。

⑤ 徐曰:"瞥然,暂见也。"

⑥ 错认,以无知、无见为是,而失见性之捷径。《法华文句》三:"方者,秘也。便者,妙也。"按:方便共有三种解释,余二种略。

⑦ 自知非者,自知见之与知,俱不是也。

⑧ 灵光者,人人固有之佛性,灵灵照照而放光明者。《五灯会元》三:"(百丈禅师)上堂:'灵光独耀,迥脱根尘。体露真常,不拘文字。心性无染,本自圆成。但离妄缘,即如如佛。'"

⑨《维摩经·弟子品》:"即时豁然,还得本心。"

⑩ 存无见、守空知、皆著相也。菩提见前注。

⑪ 情,私意也。才存悟迹,何如未悟? 故不可自以为悟也。

⑫ 言私意存一念之悟,与昔时之迷初无少异。

按语:求悟之心与离迷之念,皆属有所求、有所得之心,不悟本来,故曰二者无异。

⑬ 圭峰禅师云:"源者,是一切众生本觉真性。亦名佛性,亦名心地。"

⑭ 随照,随见知照也。枉,劳而无功。迁流者,念念迁谢,如水之流注。

按语:此句正同《楞严经》卷六偈所言:"觉海性澄圆,圆澄觉元妙。元明照生所,所立照性亡。"本来清净、本不生灭、本不变异,具足种种微妙功德的自性清净心,因为被分为能观、所观二分,而丧失了其清净觉照之性,从此流入生死轮回,而不自觉知,枉受生死之苦。

⑮ 祖师见前注。《论语》:"子曰:'由也升堂矣,未入于室也。'"

⑯ 茫然,即杳茫意,无主张貌。两头者,存无见、守空知也。

按语:两头,即两边、边见之意,生死、断常、有无、生灭、一异等,都可归于两头之见。与两头之见、偏见相对的,是中道之见,不落有无、生灭、断常、一异之见。

智常一日问师曰:"佛说三乘法①,又言最上乘②。弟子未解,愿为教授③。"

师曰:"汝观自本心,莫著外法相。法无四乘,人心自有等差。见闻转诵是小乘④,悟法解义是中乘⑤,依法修行是大乘⑥。万法尽通,万法俱备,一切不染,离诸法相⑦,一无所得,名最上乘⑧。乘是行义⑨,不在口争⑩。汝须自修,莫问吾也。一切时中,自性自如⑪。"

常礼谢执侍,终师之世。

【笺注】

① 三乘指声闻乘为羊车,缘觉乘为鹿车,菩萨乘为牛车言也。详见《法华经·譬喻品》。

② 最上乘指大白牛车,譬得佛乘者。《金刚般若经》:"如来为发大乘者说,为发最上乘者说。"《疏论纂要》三:"最上者,一佛乘也。"《略疏》云:"最上乘者,圆顿教是也。"

③ 教授,教法、授道也。《楞伽经》一:"现方便而教授。"《辅行》四之三:"宣传圣言,名之为教;训诲于我,名之为授。"

④ 仅据目之所见、耳之所闻:而诵读经典者,是知其然而不知其所

以然也。

按语：六祖所说三乘，实据闻法、解悟、修证的次第来说，小乘不一定就指通常所说的小乘，中乘也非佛经中所说的辟支佛乘、缘觉乘也。

⑤ 仅能悟佛法，解经典中之意义，虽知其所以然，尚未能躬行实践者。

⑥ 既悟六度万行之理，能依法实践者。

⑦ 法性一而相各异，其各异之相，自外可见者，名法相。《维摩经·佛国品》："善解法相，知众生根。"《大乘义章》二："一切世谛，有为无为，通名法相。"

⑧《入道要门论》上："'大乘、最上乘，其义云何？'答：'大乘者，是菩萨乘。最上乘者，是佛乘。'又问：'云何修而得此乘？'答：'修菩萨乘者，即是大乘。证菩萨乘，更不起观，至无修处，湛然常寂，不增不减，名最上乘。即是佛乘也。'"

⑨《笔削记》一："乘者就喻彰名，运载为义。如世舟车，可以运重致远。乘以运载为义，故云行义，能行即是乘。但口说而不行，便非乘也。

⑩《史记》五十五《留侯世家》："此难以口舌争也。"《读书录》："学者开口皆能言道理……然当自体诸心、果能实好此道理否？又当体之身，果能实行此好道理否？若徒能言之于口，而体诸身、心者，皆不能然，是所谓自欺也。"

⑪《悟性论》夜坐偈云："若识心性非形像，湛然不动自如如。"

僧志道，广州南海①人也。请益曰："学人自出家，览《涅槃经》②十载有余，未明大意，愿和尚垂诲。"

师曰："汝何处未明？"

曰："'诸行无常，是生灭法。生灭灭已，寂灭为乐③'，于此疑惑。"

师曰："汝作么④生疑？"

曰："一切众生皆有二身，谓色身、法身⑤也。色身无常，有生有灭⑥。法身有常，无知无觉。《经》云⑦：'生灭灭已，寂灭为乐'者，不审⑧何身寂灭？何身受乐？若色身者，色身灭时，四大⑨分散，全然是苦⑩，苦不可言乐。若法身寂灭，即同草木瓦石，谁当受乐？又法性⑪是生灭之体，五蕴⑫是生灭之用，一体五用。生灭是常，生则从体起用，灭则摄用归体。若听更生⑬，即有情之类，不断不灭。若不听更生，则永归寂灭，同于无情之物。如是，则一切诸法被涅槃之所禁伏，尚不得生，何乐之有？"

【笺注】

① 南海，县名。隋以番禺改置，明清时与番禺县并为省治，民国徙治佛山镇，属广东粤海道。

②《大般涅槃经》译本有二种：一种北凉昙无谶译，凡四十卷，名北本《涅槃经》。一种刘宋慧严等再治，凡三十六卷，名南本《涅槃经》。此《涅槃经》系指北本《涅槃经》而言。

③ "诸行无常"四句偈，过去离怖畏如来偈也。《涅槃经》十三：过去之世，佛日未出，我于尔时作婆罗门……周遍求索大乘经典，乃至不闻方等文字。我于尔时，住于雪山……释提桓因心大惊怪，自变其身作罗刹像，形甚怖畏。下至雪山，去其不远，而便立住……宣过去佛所说半偈："诸行无常，是生灭法。"……是苦行者，闻是半偈，心生欢喜……即从座起……四方顾视而说是言：向所闻偈，谁之所说？……我于尔时，更无所见，唯见罗刹……即便前至是罗刹所，作如是言：善哉！大士。汝于何处得是过去离怖畏者所说半偈？即答我言：我不食来，已经多日。处处求索，了不可得。……我即问言：汝所食者，为是何物？罗刹答言：食人暖肉。我复语言：汝但具足说是半偈，当以此身奉施供养。罗刹答

151

言：谁当信汝，为八字故，弃所爱身？我即答言：十方诸佛亦能证我为八字故，舍于身命。罗刹答言：谛听！谛听！当为汝说："生灭灭已，寂灭为乐。"

④ 作么生，犹言因何。禅家疑问之词也。

⑤ 色身，地水火风四大也。按：身者，外四大所成之身也。又为三种身之一。从四大、五尘等色法而成之身，谓之色身。法身，佛之真身也。《金刚纂要》二："法身毕竟非色身，非诸相。"按：法身，即一切法平等实性也。

⑥《智度论》二十三："一切有为法无常者，新新生灭故，属因缘故，不增积故。复次：生时无来处，灭亦无去处，是故名无常。"

⑦ 见《涅槃经》十三《圣行品》。

⑧ 不审，犹云未知。

⑨《对法论》一："云何四大种？谓地界、水界、火界、风界。何等地界？谓坚硬性。何等水界？谓流湿性。何等火界？谓温热性。何等风界？谓轻等动性。"

⑩《大智度论》十五："受此四大、五众身，应有种种苦分，无有受身而不苦者。"

⑪《起信法藏疏》："法性者，明此真体普遍之义……通与一切法为性，即显真如遍于染净，通情非情，深广之义。故《智论》曰：'在众生数中，名为佛性。在非众生数中，名为法性。'"

⑫ 五蕴：色、受、想、行、识也。有相为色，领纳名受，取像曰想，迁流为行，分别为识。蕴者，积聚为义。谓积聚生死过患。

⑬ 更生，复生也。《山海经》："无綮之国，其人无男女，穴居食土，死即埋之，其心不朽。死一百二十岁，乃复更生。"

按语："无綮国"条或不出自《山海经》，《太平御览》言出自《括地图》，《太平广记》言出自《酉阳杂俎》。

师曰："汝是释子①，何习外道②断、常邪见③，而议最上乘法？据汝所说，即色身外别有法身，离生灭求于寂灭。又推涅槃常乐，言有身受用。斯乃执吝生死④，耽著世乐⑤。汝今当知，佛为一切迷人认五蕴和合为自体相，分别一切法为外尘相，好生恶死，念念迁流，不知梦幻虚假，枉受轮回。以常乐涅槃，翻为苦相，终日驰求。佛愍此故，乃示涅槃真乐，刹那⑥无有生相⑦，刹那无有灭相⑧。更无生灭可灭⑨，是则寂灭现前⑩。当现前时，亦无现前之量，乃谓常乐。此乐无有受者，亦无不受者，岂有一体五用之名？何况更言涅槃禁伏诸法，令永不生？斯乃谤佛、毁法！

【笺注】

①《弥沙塞律》："杂类出家，皆舍本姓，称释子沙门。"《维摩经慧远疏》："从佛释师教化出生，故名释子。"释子，释迦佛之弟子也。

②《唯识俗诠》第一：外道者，心游道外，不顺真理，外于佛道，故名外道。

③《大智度论》七："见有二种：一者、常，二者、断。常见者，见五众常，心忍乐。断见者，见五众灭，心忍乐。一切众生，多堕此二见中。菩萨身断此二，亦能除一切众生二见，令处中道。"

④ 吝者，爱惜而不肯舍也。

⑤ 耽，过乐也。《玉篇》："乐也。"《法华·譬喻品》："深著世乐，无有慧心。"

⑥ 刹那，谓极短时也。《三藏法数》："一念中有九十刹那，一刹那中有九百生灭。"或云："壮士一弹指间，有六十刹那。"

⑦ 生相，生起之相也。

⑧ 灭相，灭去之相也。

⑨ 无生灭，如空里无花。

⑩《笔削记》十七："分明显了，更无暗昧，故曰现前。"《黄檗传心法要》下："声闻人见无明生，无明灭。缘觉人但见无明灭，不见无明生，念念证寂灭。诸佛见众生终日生而无生，终日灭而无灭。无生无灭，即大乘果。"

听吾偈曰：

无上大涅槃①，	圆明常寂照②。
凡愚谓之死，	外道执为断③。
诸求二乘人④，	目以为无作⑤。
尽属情所计⑥，	六十二见本⑦。
妄立虚假名⑧，	何为真实义⑨？
惟有过量人⑩，	通达无取舍⑪。
以知五蕴法⑫，	及以蕴中我⑬。
外现众色象，	一一音声相，
平等如梦幻⑭，	不起凡圣见⑮，
不作涅槃解⑯。	二边三际断⑰，
常应诸根用⑱，	而不起用想⑲。
分别一切法⑳，	不起分别想㉑。
劫火烧海底㉒，	风鼓山相击㉓，
真常寂灭乐㉔，	涅槃相如是。
吾今强言说㉕，	令汝舍邪见㉖。
汝勿随言解㉗，	许汝知少分㉘。"

志道闻偈大悟，踊跃作礼而退。

【笺注】

① 无上见前注。《楞伽经》："妄想不生，不起不灭，我说涅槃。""涅

槃者,如真实义见。离先妄想心、心数法,逮得如来自觉圣智,我说是涅
槃。"《笔削记》三:"法身、解脱、般若,备此三点,以成大般涅槃。"《入道要
门》下:"'如何得大涅槃?'师曰:'不造生死业。'对曰:'如何是生死业?'
师曰:'求大涅槃是生死业,舍垢取净是生死业,有得有证是生死业,不脱
对治门是生死业。'"

② 一物不欠,故云圆。妙净明心,故云明。无始无终,故云常。无
有散乱,故云寂。灵鉴不昧,故云照。

③ 断,断灭也。

④ 二乘,声闻乘人、缘觉乘人。

⑤《大智度论》九十三:"邪见者,所谓'无作'见。虽六十二种皆是
邪见,'无作'最重。所以者何?'无作'言不应作功德、求涅槃。若言'天
作'、若言'世界始来',虽是邪见而不遮作福德。以'无作'大恶,故(初发
心菩萨)不生(邪见之家)。"

⑥ 计,分别计度也。

⑦ 以上所云之死、断、无作,即为见之本。《大般若经·佛母品》开
十四难而为六十二:先计色蕴有常等之四句:一、色为常。二、色为无
常。三、色为常无常。四、色为非常非无常。他之受等四蕴亦然。合为
二十句。此计过去之五蕴者也。又,计色有边无边等四句。一、计色
为有边。谓空之十方上下边际有穷极也。二、计色为无边。与上相反。
三、计色为有边无边。四、计色为非有边非无边。他之四蕴亦然。合为
二十句。此于现在五蕴之所执也。

又,计色有如去不如去等四句。一、计色为如去。谓人来而生于此
间,去而至于后世,亦如是也。二、计色为不如去。谓过去无所从来,未
来亦无所去也。三、计色为如去如不去。谓身神和合而为人,死后神去
而身不去也。四、计色为非如去非不如去。见有第三句过,而计此句
也。计他之四蕴亦然。合为二十句。此于未来五蕴之所见也。三世合
而有六十句。于此加身与神之一、异二见,而为六十二见。此六十二见,
为断常、有无之边见也。

⑧ 六十二见立种种见之名目,皆是假名目。

⑨ 言凡夫、外道、二乘所执所云,皆非真实义也。

⑩ 过量人,非常人所能量度之人也。

⑪ 通达涅槃真理。不取涅槃,不舍涅槃。

⑫《百法钞》一:问:五蕴法者,其体如何? 答:一切诸法,不过百法。合百法为五蕴也。法者,法体也,谓我身、法体也。以常、一、主宰所依五蕴体,为法也。

⑬ 即五蕴中常一主宰。

按语:此处所说蕴中我,应贯通上下理解,不可如字面,作常、一、主宰者来理解。应知其为“尽属情所计”,“妄立虚假名”,应以“平等如梦幻”观之。

⑭ 知五蕴与我及色像、音声,皆平等而如梦幻。

⑮ 黄檗云:“若观佛作清净、光明、解脱之相,观众生作垢浊、暗昧、生死之相,作此解者,历恒河沙劫,终不能得阿耨菩提。”又云:“心若平等,不分高下,即与众生、诸佛、世界山河、有相无相,遍十方界一切平等,无彼我相。此本源清净心,常自圆满,光明遍照也。”(《金刚经注解》四)

⑯ 唐译《楞伽经》:“不知生死涅槃差别之相,一切皆是妄分别有,无所有故。”又云:“非于生死外有涅槃,非于涅槃外有生死。”

⑰ 二边,有、无也。《贤首法数》一:“二边,有边、无边。三际:过去、未来、现在也。又,外、内与中间也。”《清凉观师心要笺》(《答顺宗心要法门》):“一念不生,前后际断,照体独立,物我皆如。”《顿悟入道要门论》下:“又问:‘佛法在于三际否?’师曰:‘见在无相,不在其外。应用无穷,不在于内。中间无住处,三际不可得。’”

⑱ 在眼为见,在耳为闻,在鼻为嗅,在口为谈,在手为捉,在足为步。

⑲ 不起用想者,知识尽捐,心同太虚。有叩斯响,如谷应声,随类感通也。

⑳ 因物付物也。

㉑ “于第一义而不动”,安有分别想?

㉒《仁王般若经·护国品第五》"无常偈":"劫烧终讫,乾坤洞然。须弥、巨海,都为灰飏。天龙福尽,于中雕丧。二仪尚殒,国有何常?"

㉓ 风鼓,灾风鼓动也。山相击,须弥崩倒也。《因本经》云:"大三灾时,有大黑风,吹使海水两披。取日宫殿,置须弥山半,安日道中。缘此,世间有二日出,河渠流竭。其后久久,大风复取第三日出,大恒河竭。四日出,阿耨池竭。五日出,大海干枯。六日出,天下烟起。至七日出,天下洞然(燃),直至梵天。火灾之后,布大黑云。周遍降雨,滴如车轮,无数千岁。其水渐长,至光音天。此水复减,有大风起,鼓动波涛,起沫积聚,自然坚固,变成天宫,七宝校饰,由此有梵天宫。其转减,依前聚沫,次第成就他化天宫,直至成四天下,依前建立。水灾之后,其次久久,大僧伽风至果实天,其风四布,吹诸天宫,使诸天宫相拍,碎若粉尘,直至天下诸大山王相拍亦然。"

㉔ 如来所得之法,真实、常住,故云真常。《楞严经》四:"独妙真常。"《起信捷要》上:"究竟乐者,亦有二义:一者、无上菩提觉法乐。二者、无上涅槃寂灭乐。"《涅槃经》:"生灭灭已,寂灭为乐。"

㉕ 强,上声,勉强也。六祖言:吾今勉强说此涅槃相。

㉖ 舍邪见,舍其旧日不契佛道之见。

㉗ 六祖谓志道:当离去语言文字,不可随吾偈而解说(理解)也。

㉘ 少分,对全分言。《华严经·贤首品》:"我今随力说少分,犹如大海一滴水。"离言说相,方有少分相应。

行思禅师,生吉州安城刘氏①。闻曹溪法席盛化,径来参礼,遂问曰:"当何所务,即不落阶级?"

师曰:"汝曾作什么来?"

曰:"圣谛亦不为②。"

师曰:"落何阶级③?"

曰:"圣谛尚不为,何阶级之有④!"

师深器之，令思首众。

一日，师谓曰："汝当分化一方，无令断绝⑤。"

思既得法，遂回吉州青原山⑥，弘法绍化。谥弘济禅师⑦。

【笺注】

①《大清一统志》二百四十九："吉州，唐武德五年置。明曰吉安府，清因之，属江西省。安城，唐之安福县也，属吉州。"弘济禅师，名行思，姓刘氏，安福人。幼出家，参曹溪六祖。归，住青原净居寺。

②《胜鬘宝窟》卷下（之本）："（圣谛者）苦、集、灭、道，审实不虚，故名为谛。又能生不颠倒实解，故名为谛。圣谓诸佛，就圣辨谛，故云圣谛。又此谛能生无漏圣解，目之为圣，故云圣谛。"《碧严录》一：圆悟云："真俗不二，即是圣谛第一义。"

③ 阶级，阶之层次也。《虚堂集》一，评云："实际理地，宁有阶差？"

④《心经》："无苦、集、灭、道。"

⑤ 勿使佛祖相传之道断绝。

⑥《大清一统志》二百四十九："青原山，在庐陵县东南十五里，山上有净居寺。"

⑦《传灯录》五："师既付法石头，唐开元二十八年庚辰十二月十三日，升堂告众，跏趺而逝。僖宗谥弘济禅师，归真之塔。"

怀让禅师，金州杜氏子也①。初谒嵩山安国师②，安发之曹溪参叩③。让至，礼拜。

师曰："甚处来？"

曰："嵩山。"

师曰："什么物？恁么来④？"

曰："说似一物即不中⑤。"

师曰："还可修证否⑥？"

曰："修证即不无，污染即不得⑦。"

师曰："只此不污染，诸佛之所护念⑧。汝既如是，吾亦如是。西天⑨般若多罗⑩谶⑪汝足下出一马驹，踏杀天下人⑫。应在汝心，不须速说⑬。"

让豁然契会，遂执侍左右一十五载，日臻玄奥⑭。后往南岳⑮，大阐禅宗（敕谥大慧禅师）⑯。

【笺注】

①《五灯会元》："南岳怀禅师者。姓杜氏，金州人也。于唐仪凤二年四月八日降诞。……年十岁时，唯乐佛书。时有三藏玄静过舍，告父母曰：'此子若出家，必获上乘，广度众生。'至垂拱三年，方十五岁，辞亲往荆州玉泉寺，依弘景律师出家。"又云："（坦然）劝师谒嵩山安和尚，安启发之，乃直诣曹溪参六祖。"金州，属陕西。于后汉为西城郡，于魏为魏兴郡，西魏置为金州，明改为兴安州，清升为兴安府，民国废。今安康县，其旧治也。

②《传灯录》四"弘忍大师旁出""嵩岳慧安国师，荆州枝江人也"。"隋开皇二年壬寅生，唐景龙三年己酉灭，时称老安国师"。详见后。《唐高僧传》二十：法常演《毗尼》《涅槃》，通禅法，齐主崇为国师。此为（国师称号）之始也。嵩山，即中岳也，在登封县北一十里。

③发，发遣也。参叩，参学叩问而请益也。

④毕懒庵《教外别传录》曰：什么物？怎么来？六祖乃谓虚灵之本心，却无别指。

⑤《教外别传录》曰：谓此虚灵之本心，无物可比。中，去声，著也。

⑥修证，修行证理也。《像法决疑经》曰：一切众生本是佛，今亦修证还成佛。

按语：修证，有所修、有所证之意。"一切众生"一句，非出《像法决疑经》。

⑦《教外别传录》曰：谓此虚灵之本心，不可污染。杂念起时，便削除之。若不削除，则污染矣。《广雅》曰："则，即也。"故即字或通用作则。

按语：《教外别传录》所云"若不削除，则污染矣"，与让禅师所言恰好相反，实未解让师之意。

⑧《阿弥陀经》曰："善男子、善女人，皆为一切诸佛之所护念。"按：大祐《略解》云："护谓覆护，不使魔娆。念谓忆念，不令退失也。"

⑨ 西竺在唐西方，故云西天。

⑩ 见后二十七祖注。

⑪ 谶，预言也。

⑫ 马驹，指马祖而言。江西道一禅师，姓马氏，时号马祖。受法于怀让禅师，"同参者九人，惟马祖密受心印"。《传灯录》六："六祖能和尚谓让曰：'向后佛法从汝边去，马驹踏杀天下人。'厥后江西法嗣，布于天下"。踏杀天下人者，言其纵横不可当之意。

⑬ 原注：一本无西天以下二十七字。

⑭ 成公绥赋："精性命之至机，研道德之玄奥。"

⑮ 山之大者曰岳。南岳，衡山也。

⑯《会元》三："天宝三年八月十一日，圆寂于衡岳。谥大慧禅师，最胜轮之塔。"

永嘉玄觉禅师，温州戴氏子①。少习经论②，精天台止观法门③。因看《维摩经》④，发明心地⑤。偶师弟子玄策相访⑥，与其剧谈⑦，出言暗合诸祖。

策云："仁者得法师谁？"

曰："我听方等经论⑧，各有师承。后于《维摩经》悟佛心宗⑨，未有证明者。"

策云："威音王已前即得⑩，威音王已后，无师自悟，尽是天然外道。"

曰："愿仁者为我证据。"

策云："我言轻⑪。曹溪有六祖大师，四方云集⑫，并是受法者。若去，则与偕行。"

觉遂同策来参。绕师三匝⑬，振锡而立⑭。

师曰："夫沙门⑮者，具三千威仪，八万细行⑯。大德⑰自何方而来？生大我慢。"

觉曰："生死事大，无常迅速⑱。"

师曰："何不体取无生，了无速乎⑲？"

曰："体即无生⑳，了本无速㉑。"

师曰："如是！如是㉒！"

玄觉方具威仪礼拜㉓。

须臾告辞，师曰："返太速乎！"

曰："本自非动，岂有速耶㉔！"

师曰："谁知非动㉕？"

曰："仁者自生分别㉖。"

师曰："汝甚得无生之意。"

曰："无生岂有意耶？"

师曰："无意谁当分别㉗？"

曰："分别亦非意㉘。"

师曰："善哉！少留一宿。"

时谓一宿觉㉙。后著《证道歌》㉚盛行于世，谥曰无相大师㉛，时称为真觉㉜焉。

【笺注】

①《会元》二：“(师)讳玄觉，本郡戴氏子。早岁出家，遍探三藏，精天台止观圆妙法门。于四威仪中，常冥禅观。后因左溪朗禅师激励，与东阳策禅师同诣曹溪。”又见《传灯录》五、《高僧传》八、《正脉》一、《类聚》十二。温州，唐置。隋时为永嘉，明清二代名温州府。今浙江永嘉县，其旧治也。

② 经论，三藏中之经藏、论藏也。经者，如来之金口说法，《法华经》、《涅槃经》等。论为菩萨之祖述，《唯识论》、《俱舍论》等。《三论检幽钞》一：“欲示师资不同故。师说名经，资言称论。以师所说可则可常，能显至道故，称为经。资之所作，便论佛语，更无异制，故称为论。”

③《稽古略》二：“智者大师。讳智顗，字德安……住天台山……大师谓《法华》为一乘妙典……遂出《玄义》，曰释名、辨体、明宗、论用、判教相、之五重量也。后世宗之曰天台教。”《小止观》上：“若夫泥洹之法，入乃多途。论其急要，不出止观二法。所以然者，止乃伏结之初门，观是断惑之正要。止则爱养心识之善资，观则策发神解之妙术。止是禅定之胜因，观是智慧之由藉。若人成就定慧二法，斯乃自利利人，法皆具足。”宋陈瓘《止观坐禅法要记》：“本自不动，何止之有？本自不蔽，何观之有？众生迷荡，去本日远。动静俱失，不昏即散。此二病本，出生众苦。令彼离苦，而获安隐，当用止观，以为其药。病瘳药废，医亦不立。则止观者，乃假名字。即假即空，言语道断。以大悲故，无说而说，此《摩诃止观》之所为作也。”《顿悟入道要门论》下：“(讲止观慧座主问)曰：‘一心三观义又如何？’师曰：‘过去心已过去，未来心未至，现在心无住。于其中间，更用何心起观？’曰：‘禅师不解止观。’师曰：‘座主解否？’曰：‘解。’师曰：‘如智者大师说止破止，说观破观，住止没生死，住观心神乱。为当将心止心？为复起心观观？若有心观，是常见法。若无心观，是断见法。亦有亦无，成二见法。请座主子细说看。’曰：‘若如是问，俱说不得也。’师曰：‘何曾止观！’”

④《维摩经》，即《维摩诘所说经》，姚秦三藏法师鸠摩罗什译。《折

衷疏》云:《维摩诘所说经》者,乃弹偏斥小、叹大褒圆之经也。盖如来出世本怀,唯为一大事因缘故出现于世——所谓欲令众生开、示、悟、入佛之知见。其奈小机未堪此闻,闻则生谤、堕苦。故不得已而为实施权,先以《华严》拟宜。既二乘在座,如聋如哑,不见不闻。是以不动寂场,游化鹿苑,转四谛法轮,说三藏教。而二乘"初闻佛法,遇便信受",保证偏真。故至方等会中,假宝积献盖、维摩示疾,排斥小行,褒叹圆宗,令二乘耻小慕大,发菩提心。此一经之大意也。

⑤ 心为万法之本,能生一切诸法,故云心地。又修行者依于心而近行,故云心地。又三业中,心业最胜,故云心地。《心地观经》八:"三界之中,以心为主。能观心者,究竟解脱。不能观者,究竟沉沦。众生之心,犹如大地。五谷五果,从大地生。如是心法,生世出世、善恶五趣、有学无学、独觉菩萨及于如来。以是因缘,三界唯心,心名为地。"

⑥《传灯录》五:"婺州玄策禅师者,婺州金华人也。出家游方……师曹溪六祖……后却归金华,大开法席。"

⑦ 剧谈,畅谈也。

⑧ 方者,理之方正。等者,平等也。方等二字,本十二部内"方广"之别称,乃大乘法藏之总名也。近代诸师分大乘显教经藏为五部,于华严、般若、法华、涅槃四部外,立方等部。凡对小名大及泛明诸佛菩萨因果、事理、行位、智断者,皆此部收,非同流俗伪传谓八年所说也。方等部内以《大宝积经》、《大方等大集经》为最广之部。《大宝积经》一百二十卷,妙义不可胜述。此外《般舟三昧》等经,为修定之要门。《占察善恶业报经》为因果之行相。《三千佛名经》等,广赞诸佛及药师、弥勒、文殊等菩萨功德。《楞伽经》、《密严经》、《深密经》,开陈唯识。《维摩经》、《金光明经》、《思益经》,发明心性。投身饲虎以下诸经,多说地上菩萨之事。《大乘同性经》、《诸法无行经》以后数种经,专明大乘无相之义。《缘起圣道》等经,明十二因缘之义。《法身经》以后,多陈如来功德及诸杂行。昔龙树菩萨以诸佛妙法,般若为母,而《般若经》文,凡数百卷,因约般若中道要义,制《无畏论》。又述《中论》、《十二门论》以为先导。提婆本之,复

制《百论》。古师谓《中论》为方等之要归,众经之心体。以上诸论,方等论也。

⑨佛心宗,禅宗之别名。直觉悟佛心,为禅之体故也。佛心何物?心之自体是也。故云直指人心,见性成佛。人心之性,即佛性也。发现佛性,谓之成佛。《宗镜录》三:"达磨大师云:'明佛心宗,寸无差悟(误)。行解相应,名之曰祖。'"《中峰录》五下:"禅何物?乃吾心之名也。心何物?即我禅之体也。……惟禅与心,异名同体。"

⑩《法华经·常不轻品》:"乃往古昔,过无量无边不可思议阿僧祇劫,有佛名威音王如来,劫名离衰,国名大成。"《楞严经》五:"我等先于威音王佛,闻法出家。"《法华通义》六:"此乃空劫初成之佛,已前无佛。故宗门称向上,曰威音那畔。"《方语钞》:"禅录言威音王者,谓极远也,又指本分也。"《祖庭事苑》五:"威音王佛已前,盖明实际理地。威音已后,即佛事门中。此借喻以显道,庶知不从人得。后人谓音王实有此缘,盖由看阅乘教之不审。"即得,犹云即得其宗。又,即得,犹云即可也。言古佛未出前,即可。古佛已出后,若无师证,便是天然外道也。

⑪言轻者,谓其言不能尊重于人也。玄策自谦人微言轻。按语:言轻,意谓自己所作印证,得不到别人的认可、信任和重视。

⑫云集者,法众如云之聚也。《过秦论》:"天下云集而响应。"

⑬《贤者五戒经》云:"三匝者,表敬三尊","亦念灭三毒"。绕,旋绕也。《要览》中:"旋绕,此方称行道……归敬之至也。"三匝,三周也。

⑭锡杖,梵语隙弃罗,译曰声杖、智杖,简称为锡,僧侣修验者等所携之杖也。上部以锡为之,中部木为之,下部牙或角为之。头如塔婆形,有一大环,于其环周附小环数枚。僧侣行时,环发响声以警恶兽、毒蛇者。《锡杖经》:"佛告比丘:'汝等应受持锡杖。所以者何?过去、未来、现在诸佛皆执故。名为智杖,又名德杖,彰显智、行、功德本故。圣人之表式,贤士之明记。趣道法之正幢。'迦叶白佛:'何名锡杖?'佛言:'锡者,轻也。倚依是杖,得除烦恼,出三界故。锡者,明也,得智慧明。锡,惺也,惺悟苦空、三界结使。锡者,言疏,谓持者与五欲疏,断故。'"《五百

问》:"持锡有多事,能警恶虫、毒兽故。"振锡而立者,锡杖不着地,举起使离地而立也。按:言僧人之持锡,曰振锡、曰飞锡、曰卓锡、曰驻锡,皆言其用锡杖,当使立也。

⑮ 沙门为沙门那之略,又云桑门,梵语舍罗摩拏之讹,译云勤息。出家修佛道者之通名。此出家者,勤修诸善法,止息诸恶法也。《四十二章经》:"佛言:'辞亲出家,识心达本,解无为法,名曰沙门。'"《阿含经》:"舍离恩爱,出家修道。摄御诸根,不染外欲。慈心一切,无所伤害。逢苦不戚,遇乐不欣,能忍如地,故号沙门。"

⑯ 《楞严经》:"三千威仪,八万微细,性业遮业。"对于具足戒之二百五十,该称其他之细行而云三千威仪。三千者,但显数之多,如《三千威仪经》。法数者,强凿成三千之数量也。三千之威仪者,小乘比丘之事。大乘之菩萨,有八万之威仪。按:八万者,八万四千之略,是亦仅示数之多。然法数者作说:谓三千威仪配身、口七支,成二万一千。此约贪、嗔、痴、等分,而成八万四千。见《翻译名义集》四。

⑰ 《增辉记》:"行满德高曰大德。"

⑱ 生死呼吸间,不遑具威仪,请师直示。

⑲ 师言:何不体取无生无死之真理,以了此无常迅速之生死乎?《俱舍光记》一:"夫生必死,言生可以摄死,故言众生。死不必生,如入涅槃。故不言众死。"据此则知,言无生者,可以包括无死在内。故不言无生无死,而但言无生。

⑳ 体认自性,则自性本无生无死。

㉑ 一了百了,其生死已无迟速之可言。

㉒ 玄觉禅师本为求六祖为其证据而来,"如是如是",即为其印可也。

㉓ 生死事大,岂可盲拜师尊? 今为印可,所以拜之,示以非慢。

㉔ 本,本来也。有动即有迟速,本自非动,岂有迟速之可言。

㉕ 还诘之,逼入一层。

㉖ 言六祖不可自生分别心。《唯识述记》七末:"言分别者,有漏三

界心、心所法,以妄分别为自体故。"《慈恩寺传》七:"菩萨以分别为烦恼,而分别之惑,坚类金刚。惟此经(《金刚经》)所诠无分别慧,乃能断除。"黄檗曰:"心若不生,自然成大智者。决定不分别佛与众生,一切尽不分别,始得入我曹溪门下。"

㉗ 分别有二种:一为心、心所之分别,此吾人所不可有者。一为《维摩经》"善能分别诸法相,于第一义而不动",此吾人所不可无者。六祖谓:果无意,谁能分别,因此"分别"二字含有二种之意。闻玄觉如何答法,即可以证其学问之高下也。

按语:从杂染清净之性来看,分别有两种:一种是与我、法二执相应的分别,唯识称之为虚妄分别。一种是恒常与二空所显真如相应的清净智慧所具有的分别诸法性相的功能,属后得智,也称为妙观察智。六祖此问,意在判别玄觉禅师是否已得无分别之智。《维摩经》所述正是根本无分别智与后得智并行时的境界。

㉘ 分别者,即"善能分别诸法相,于第一义而不动"也。第一义不动,即非意也。孔子四绝中第一种之毋意,同此。

按语:永嘉答语意谓:已离凡夫之不离能所、不离彼我之染污分别,故同于《维摩经》所说之"善能分别诸法相"。"于第一义而不动",虽了了认识世间万法,而不起物我、彼此之虚妄分别。与《论语》"毋意"所指,显然不同。

㉙《宋高僧传》:"既决所疑,能留一宿,故曰一宿觉。"

㉚《传灯录》:"永嘉大师著《证道歌》一首及《禅宗悟修圆旨》","庆州刺史魏靖缉而序之,成十篇,目为《永嘉集》,并盛行于世"。

㉛《传灯录》五:"师先天二年十月十七日,安坐示灭。十一月十三日,塔于西山之阳。敕谥无相大师,塔曰净光。"

㉜《传灯录》五:"学者辐凑,号真觉禅师。"

禅者智隍①,初参五祖,自谓已得正受②,庵居③长坐,积二十年。

师弟子玄策游方至河朔④，闻隍之名，造庵问云："汝在此作什么⑤？"

隍曰："入定⑥。"

策云："汝云入定，为有心入耶？无心入耶？若无心入者，一切无情草木瓦石，应合得定。若有心入者，一切有情含识之流⑦，亦应得定。"

隍曰："我正入定时，不见有有、无之心。"

策云："不见有有、无之心，即是常定⑧，何有出入？若有出、入（定），即非大定⑨。"

隍无对。良久，问曰："师嗣谁耶？"

策云："我师曹溪六祖。"

隍云："六祖以何为禅定？"

策云："我师所说：'妙湛圆寂⑩，体用如如⑪。五阴本空⑫，六尘非有⑬。不出不入，不定不乱⑭。禅性无住，离住禅寂⑮。禅性无生，离生禅想⑯。心如虚空⑰，亦无虚空之量⑱。'"

隍闻是说，径来谒师。

师问云："仁者何来？"

隍具述前缘⑲。

师云："诚如所言。汝但心如虚空，不著空见。应用无碍，动静无心。凡圣情忘⑳，能所俱泯㉑。性相如如㉒，无不定时也㉓。"

隍于是大悟，二十年所得心㉔，都无影响㉕。其夜河北㉖士庶闻空中有声云："隍禅师今日得道。"

　　隍后礼辞，复归河北，开化四众^㉗。

【笺注】

　　①《会元》三："河北智隍禅师者，始参五祖，虽尝咨决，而循乎渐行。乃往河北结庵长坐，积二十余载，不见惰容。后遇策禅师激励，遂往参六祖。"

　　② 正受即禅定也。《探玄记》三："纳法在心，名为正受。"《观经玄义分》："言正受者，想心都息，缘虑并亡，三昧相应，名为正受。"同，《序分义》："因前思想渐渐微细，觉想俱亡，唯有定心与前境合，名为正受。"

　　③ 奉佛之小舍曰庵。

　　④ 黄河之北岸曰河朔。

　　⑤ 什么，犹言何事也。

　　⑥ 入于禅定也。定心于一处，止息身口意之三业，谓之禅定。《观无量寿经》曰："出定入定，恒闻妙法。"

　　⑦ 有情，动物之总名。《唯识述记》一（本）："梵言萨埵，此言有情，有情识故。""又，情者，爱也，能有爱生故。"含识：含有心识者，即有情。《行事钞资持记》上四："心依色中，名为含识，总收六道有情之众。"

　　⑧ 常定谓寻常之禅定也。既是寻常之禅定，有何出定、入定之可言。

　　按语：此处所说常定，指恒常在定，无有出定之时，即智通所咏"繁兴永处那伽定"之意。通途禅定，须作意方能入定。出定，也须预先作意。大乘认为此种禅定，有出有入，不离生灭，不是殊胜的禅法。大乘别立法性、实相禅，如《维摩经·弟子品》所说"不于三界现身意"、"不起灭定而现威仪"、"心不住内，亦不住外"之禅定。马祖说："一切众生，从无量劫来，不出法性三昧，长在法性三昧中。着衣吃饭，言谈祗对，六根运用，一切施为，尽是法性。"此种禅定，方是禅宗所倡之三昧。禅宗认为有出有入、有入定者与众生之别的禅定，不属究竟之禅。大乘之禅定，应"凡圣情忘，能所俱泯，性相如如，无不定时也"。这也就是六祖所说"不论禅定"的本意。

⑨ 大定、大智、大悲，为佛之三德。佛心证明，谓之大定。以大定能断一切之妄惑，是为断德。《庄子》："大定持之。"

⑩《首楞严经》三："妙湛总持不动尊。"《长水疏》云："妙湛，法身也。法身无相，湛然常寂，无作无为，遍一切处，不生灭故。"

⑪《黄檗传心法要》："如如之体，内如木石，不动不摇。外如虚空，不塞不碍。无能所，无方所，无相貌，无得失。"《大乘义章》三："言如如者，是前正智所契之理。诸法体同，故名为如。就一如中，体备法界恒沙佛法。随法辨如，如义非一。彼此皆如，故曰如如。"

⑫ 五阴者，色、受、想、行、识也。阴，积集之义，新译作五蕴。色蕴者，总该五根五境等有形之物质也。受蕴者，对境而受事物也。想蕴者，对境而想像事物也。行蕴者，对于他境而有嗔贪等之动作也。识蕴者，对境而有了别事物，知、识之心也。《阿含经》曰："色如聚沫，受如浮泡，想如野马，行如芭蕉，识为幻法。"

⑬ 六尘，色、声、香、味、触、法也。《起信论》："三界虚伪，唯心所现，离心则无六尘境界。"

⑭ 此心本来未出，故无所谓入。本来未乱，故无所谓定。

⑮ 禅性本无止住，不可有住于禅寂之想。禅寂，译曰静虑，寂静而思虑之义也。《俱舍论》二十八："依何义故，立静虑名？由此寂静、能审虑故。"《维摩经·方便品》："一心禅寂，摄诸乱意。"《无量义经》："其心禅寂，常住三昧。"

⑯ 禅性本无生灭，不可有生于禅想之心。禅，四禅天也。想，非想非非想处，为天界最高之处也。生禅想者，有生四禅天及非想非非想天之心也。此心不离，有生即有灭矣。《禅源诸诠集都序》一："达磨未到，古来诸家所解，皆是前四禅八定。诸高僧修之，皆得功用。南岳、天台，令依三谛之理，修三止三观。教义虽最圆妙，然其趣入门户、次第，亦只是前之诸禅行相。唯达磨所传者，顿同佛体，迥异诸门，故宗习者难得其旨。得即成圣，疾证菩提。失即成邪，速入涂炭。"圭峰之言如此，学者不

可有生于禅想之心，其理可以明矣。

　　按语：大乘禅观，皆依法性、实相而立，以无生观、空观为指导。因此当契入诸法无生之理时，诸禅、三昧也必定遵从无生、性空之理，不当起能入、所入之想，此即所谓"禅性无生、离生禅想"之意。至于生四禅天、非想非非想处，这是小乘早已解决的问题，不烦策禅师再来申述。至于宗密之语，其意有二：一则说明达磨禅法殊胜——得即成圣，疾证菩提。二则，如果误认，后果也非常严重，恶道三途即是狂禅的归宿。至于此外的理解，大概非圭峰本意。

　　宗密认为达磨禅传入后，中国禅学即发生了剧变，从此分为四禅八定之禅定之禅与顿悟成佛之禅宗之禅两途。认为达磨禅之前，中国所习之禅皆属四禅八定之禅，当时佛教各宗之中，天台宗所传之三止三观，从理上来说虽然最为圆妙，但入手之处、修习途径仍然不出此前之定学范围。也就是说，宗密认为天台宗理上虽然圆顿，但在行上不免仍有沿袭，有落入次第禅之嫌疑。而达磨所传，无论见地、行持都是顿教，一悟即至佛地，不落渐次，和当时各家的修行途径迥然不同，可以说是革命性的变化，也是最合诸佛顿教之本意的。当然，达磨禅由于与此前所传的各宗禅法都不相同，其思想主旨也是最难把握的，一旦误解，其流弊也最为严重。从中国佛教的历史来看，宗密对于达磨禅法的评价可以说是中肯的、透彻的。道宣在《续高僧传·习禅篇》中，也有类似的看法。

　　⑰《释摩诃衍论》三"论虚空有十义"："一者，无障碍义。诸色法中无障碍故。二者，周遍义。无所不至故。三者，平等义、无简择故。四者，广大义。无分际故。五者，无相义。绝色相故。六者，清净义。无尘累故。七者，不动义。无成坏故。八者，有空义。灭有量故。九者，空空义。离空著故。十者，无得义。能不执取故。"唐释慧海曰："心无形相，即是微妙色身。无相即是实相，法身性相体空，即是虚空无边身。"《传心法要》："祖师云：'佛说一切法，为除一切心。我无一切心，何用一切法？'本源清净佛上，更不著一物。譬如虚空，虽以无量珍宝庄严，终不能住。佛性同虚空，虽以无量功德、智慧庄严，终不能住。"《读书录》："心中无一

物,其大浩然无涯。"又曰:"广大虚明气象,无欲则见之。"又曰:"私欲尽而心体无量。"

⑱ 心离一切之所缘、能缘,住于无心,故心如虚空。若心起妄想,测度我之心量,大如虚空之量。则心有所著,已非《楞伽经》之所谓离攀缘所缘无心之心量矣。故心如虚空,心中亦无虚空之量。

⑲ 述前缘,述玄策之言。

⑳ 《传心法要》上:"问:'从上来皆云即心是佛,未审即那个心是佛?'师云:'你有几个心?'云:'为复即凡心是佛? 即圣心是佛?'师云:'尔何处有凡、圣心耶?'云:'即今三乘中说有凡、圣,和尚何得言无?'师云:'三乘中分明向尔道:凡、圣心是妄,尔今不解,反执为有。将空作实,岂不是妄! 妄故迷心。汝但除却凡情圣境,心外更无别佛。祖师西来,直指一切人全体是佛。汝今不识,执凡执圣,向外驰骋,还自迷心。所以向汝道:即心是佛。'"

㉑ 二法为对待之时,自动之法谓之能,不动之法谓之所。如能缘所缘、能见所见等。《金刚经新注》一:"般若妙理,亡能所,绝对待。"

㉒ 《顿悟入道要门》上:"问:'如如者云何?'答:'如如是不动义。心真如故,名如如也。是知过去诸佛行此行,亦得成道。现在佛行此行,亦得成道。未来佛行此行,亦得成道。三世所修、证道无异,故名如如也。'"

㉓ 无不定时,方是大定。原注:一本无此三十五字,止云:"师悯其远来,遂垂开决。"

㉔ 所得心,有所得之心。违背无相之真理,心中有所执著也。有所分别,谓之有所得,与无分别智相反者。《涅槃经》十七:"无所得者,则名为慧","有所得者,名为无明"。又云:"有所得者,名生死轮。一切凡夫,轮回生死,故有所见。菩萨永断一切生死,是故菩萨名无所得。"《仁王良贲疏》中、二:"有所得者,取相之心也。无所得心者,无分别智也。"

㉕ 《书》:"惠迪吉,从逆凶,惟影响。"影之于形,响之于声,相随而来者。无影响,言无所有也。

㉖ 河北即河朔。

㉗ 按：出家二众，在家二众，合为四众也。或曰：四方归至之众也。已见前注。

一僧问师云："黄梅意旨，甚么人得?"师云："会佛法人得。"僧云："和尚还得否?"师云："我不会佛法①。"

【笺注】

①《禅宗颂古联珠通集》卷七："圆悟勤云：'斩钉截铁，大巧若拙。一句单提，不会佛法。尽他叶落花开，不问春寒秋热。别别，万古寒潭空界月。'"

师一日欲濯所授之衣①，而无美泉。因至寺后五里许，见山林郁茂②，瑞气盘旋③。师振锡卓地④，泉应手而出。积以为池，乃跪膝浣衣⑤石上。忽有一僧来，礼拜云："方辩，是西蜀⑥人。昨于南天竺国见达磨⑦大师，嘱方辩速往唐土：'吾传大迦叶正法眼藏⑧及僧伽梨⑨，见传六代于韶州曹溪，汝去瞻礼。'方辩远来，愿见我师传来衣钵。"

师乃出示。次问："上人攻何事业?"

曰："善塑⑩。"

师正色⑪曰："汝试塑看。"

辩罔措⑫。

过数日，塑就真相，可高七寸，曲尽其妙。

师笑曰："汝只解塑性，不解佛性。"师舒手摩方辩顶⑬，曰："永为人天福田⑭。"

师仍以衣酬之⑮，辩取衣分为三：一披塑像，一自留，一用棕⑯裹瘗⑰地中。誓曰："后得此衣，乃吾出世，住持⑱于此，重建殿宇⑲。"

【笺注】

① 五祖所授之法衣也。按：自师一日至浣衣石上，《传灯录》、《五灯会元》、《高僧传》等，不载其文。《指月录》四则具载之。其方辩捏塑事，出《传灯录》五、《五灯会元》一、《高僧传》八、《类聚》十等。《正宗记》六、《统纪》三十及古本不载。

②《六书正伪》云："郁茂，草丰盛貌。"

③ 瑞气，祥瑞之气。盘旋，犹言缭绕。

④《大明一统志》八十："南雄府。有霹雳泉，在大庾岭下云封寺东。其泉涌出石穴，甘洌可爱。相传昔大鉴禅师，得法归南，卓锡于此。又名卓锡泉。"

⑤ 浣音缓、亦作瀚。涤也，濯衣垢也。

⑥ 四川省之西（部）曰西蜀。

⑦ 达磨事，详后二十八祖注中。

⑧《人天眼目》卷五之"宗门杂录"："王荆公问佛慧泉禅师云：'禅家所谓世尊拈华，出在何典？'泉云：'《藏经》亦不载。'公云：'余顷在翰苑，偶见《大梵天王问佛决疑经》三卷，因阅之，经文所载甚详：梵王至灵山，以金色波罗花献佛，舍身为床座，请佛为众生说法。世尊登座，拈花示众。人天百万，悉皆罔措。独有金色头陀破颜微笑。世尊云：吾有正法眼藏、涅槃妙心、实相无相，分付摩诃迦叶。'"

⑨ 僧伽梨，为比丘三衣之一，割截之，更重合之而成。其义译有种种之名：为三衣中之最大，故称曰大衣。以条数最多，故称曰杂碎衣。入王宫、聚落，乞食、说法必服之，故称曰"入王宫聚落时衣"。余详《第一品》"付汝衣法"注。

⑩ 善塑,工于塑佛像也。

⑪《韵瑞》百五十二:(唐颜真卿)立朝正色,刚而有礼。

⑫《论语·为政篇》:"与直措诸枉",注:措,舍置也。罔,无也。罔措,言手足无所措也。

⑬《梵网经·心地品》:"法身手摩其顶。"《楞严经》五:"摩阿难顶。"《疏》曰:"顶是诸根之总,手为解结之要。摩而警动,将有解期。拊而安慰,令知深旨。"

⑭《大毗婆娑论》:"梵云'末奴沙','以能用意思惟、观察所作事',故名人。"又曰:"诸趣最胜,故名天也。人天,人趣、天趣也。福田注见前。"

⑮《五灯会元》一作"酬以衣物"。据此,以衣物酬谢其塑像之劳,此衣非五祖所传之衣也。

⑯ 棕音宗。棕为常绿乔木,干似圆柱,高二丈许。叶作掌状分裂,有长柄,丛生干端。花小,色淡黄,有苞包之。其材可为床柱及小器具。叶之根部包干之毛,褐色,可制绳、帚、雨具、箱箪之属。

⑰ 裹音果,包也。瘗音意,埋也。

⑱ 僧寺中之主曰住持,谓居住寺中,总持事务也。亦称主僧。按:《潜确类书》云:"住者,安心觉海,永息攀缘。持者,住持万行,无漏无失。"又谓:"住世而维持佛法也。木佛画像,为住持之佛宝。黄卷赤轴之经文,为住持之法宝。剃法染衣之人,为住持之僧宝。"

⑲ 原注:宋嘉祐八年,有僧惟先,修殿掘地,得衣如新。像在高泉寺,祈祷辄应。按:此原注,世间流行本,有误以为本文而作大字者。今更正之。

有僧举卧轮禅师①偈曰:

　　"卧轮有伎俩②，　　能断百思想③。
　　对境心不起④，　　菩提日日长⑤。"

师闻之,曰:"此偈未明心地。若依而行之,是加系缚⑥。因示一偈曰:

　　惠能没伎俩⑦,　　　不断百思想⑧。
　　对境心数起⑨,　　　菩提作么长⑩?"

【笺注】

①《五灯》一、《传灯录》五皆云卧轮者,非名,即住处也。或曰:"卧轮系禅师之名,惟无考耳。"

按语:卧轮禅师,似为六祖之前的禅师,所修虽与六祖不同,若据《宗镜录》卷八所引资料看,实际上也是以大乘无生观为指导的观心法门。

卧轮禅师云:"详其心性,湛若虚空。本来不生,是亦不灭,何须收捺?但觉心起,即须向内,反照心原,无有根本,即无生处。无生处故,心即寂静,无相无为。"

不过卧轮禅师所用的方法,与南宗禅不同,还是属于观心、看净(静)一类的方法。从上面的引文看,卧轮禅师似乎是反对约束六根,令心念不起这种方法的。不过,在敦煌文献中,发现了多个"卧轮有伎俩,能断百思想"的文件(S5657,S6631等)。可见六祖对卧轮禅师的批评也不算误伤。确实在宗门看来,菩提是无为法,无生灭的,是无须日夜长的,又如何日夜长呢?

② 伎俩,犹云伎能也。陆游诗:"夭狐伎俩本无多。"

③ 思,谓令心造作为性。想,谓于境取像为性。断思想,如槁木死灰也。

④ 心之游履、攀缘之所,为境。如色为眼识游履之所,谓之色境。乃至法为意识游履之所,谓之法境也。不起者,调伏心念,令不起也。

⑤ 长,音掌,上声。

⑥ 烦恼缠绵于身心而不自由,故曰系缚。

　　按语：因未见自性，已为烦恼所束缚。今又控制心念，使念头不起，是又增加了一重束缚，而不明白现前一念本来性空之理。如果再误认此为本来心性，则其害无穷。

　　⑦　没伎俩，无作妙用也。按语：了其性空，故不需要控制心念的本事。

　　⑧　本来无思想，故不用断也。

　　⑨《顿悟入道要门论》上："经云：'从无住本，立一切法。'又云：'喻如明鉴，鉴中虽无像，而能现万像。何以故？为鉴明故，能现万像。学人为心无染故，妄念不生，人我心灭，毕竟清净。以清净故，能生无量知见。'"

　　⑩　作么，为作么生之略。禅录之语，疑问之词，如言如何也？按：此句言，菩提有何增减？

　　莲池大师曰："有诵六祖偈云：'惠能没伎俩，不断百思想。对境心数起，菩提作么长'，扬扬自谓得旨，便拟纵心任身，一切无碍。坐中一居士斥之曰：'大师此偈，药卧轮能断思想之病也。尔未有是病，妄服是药，是药反成病。'善哉！言乎。今更为一喻：曹溪之不断百思想，明镜之不断万像也（无染）。今人之不断百思想，素缣之不断五采也（有染，不离染）。曹溪之对境心数起，空谷之遇呼而声起也。今人之对境心数起，枯木之遇火而烟起也。不揣己而自附于先圣者，试闲处一思之。"

顿渐第八

【笺注】

　　别本作"南顿北渐第七"。顿者,使人顿时解悟。渐者,使人依次修行。南宗之顿、北宗之渐,约人分见,则论其二。依法入理,则归于一。皆是善巧方便之所致。见《禅源诸诠都序》下。

　　时祖师居曹溪宝林,神秀大师在荆南玉泉寺①。于时两宗盛化,人皆称"南能北秀②",故有南北二宗顿渐之分,而学者莫知宗趣。

　　师谓众曰:"法本一宗,人有南北。法即一种,见有迟疾。何名顿渐? 法无顿渐,人有利钝,故名顿渐。"

　　然秀之徒众,往往讥南宗祖师:"不识一字,有何所长?"

　　秀曰:"他得无师之智③,深悟上乘,吾不如也。且吾师五祖,亲传衣法,岂徒然④哉! 吾恨不能远去亲近,虚受国恩⑤。汝等诸人,毋滞于此,可往曹溪参决⑥。"

　　一日,命门人志诚⑦曰:"汝聪明多智⑧,可为吾到曹溪听法。若有所闻,尽心记取⑨,还为吾说。"

　　志诚禀命至曹溪,随众参请,不言来处。

　　时祖师告众曰:"今有盗法之人,潜在此会。"

　　志诚即出礼拜,具陈其事。

师曰："汝从玉泉来，应是细作⑩！"

对曰："不是。"

师曰："何得不是？"

对曰："未说即是，说了不是。"

师曰："汝师若为⑪示众？"

对曰："常指诲大众：'住心⑫观净，长坐不卧。'"

师曰："住心观静⑬，是病非禅⑭。长坐拘身，于理何益？

听吾偈曰：

　　　　生来坐不卧，　　　死去卧不坐。

　　　　一具臭骨头，　　　何为立功课⑮。"

【笺注】

①《宋高僧传》："秀既事忍，忍默识之，深加器重。谓人曰：'吾度人多矣，至于悬解圆照，无先汝者。'忍于上元中卒，秀乃往江陵当阳山居焉。"玉泉寺，古本作荆南当阳山玉泉寺。《传灯》作荆州当阳山度门寺。荆南，《一统志》六十二曰："天文翼、轸分野，宋淳熙初改曰荆南府。"

②《全唐文》九百十七："皎然《能秀二祖赞》：'二公之心，如月如日。四方无云，当空而出。三乘同轨，万法斯一。南北分宗，亦言之失。'"《佛祖统纪》三十："师化韶阳，秀化洛下，南能北秀，自此而分。"《传灯》五："天宝四年，方定两宗（南能顿宗，北秀渐宗）。乃著《显宗记》，盛行于世。"

③ 无师智，无师独悟之佛智也。无师智，出《法华·譬喻品》。《法华要解》曰："无师即不由他悟者。"《法华句解》曰："不因开示，自能解了，名无师智。"《大日经疏》一："如是自证之境，说者无言，观者无见。不同手中庵摩勒果，可转授他人也。若可以言语授人者，释迦菩萨蒙定光佛授决之时，即应成佛，何故具修方便，要待无师自觉，方名佛耶？"

④ 徒,但也,空也。

⑤《宋高僧传》八"神秀传":"秀乃往江陵当阳山居焉","则天太后闻之,召赴都,肩舆上殿,亲加跪礼,内道场丰其供施。时时问道,敕于昔住山置度门寺,以旌其德。时王公以下京邑士庶,竞至礼谒。"《僧史略》:"唐神秀自则天召入,历四朝,号国师。"

⑥ 参决,谓参见受决也。

⑦《传灯录》五:"吉州志诚禅师者,吉州太和人也。少于荆南当阳山玉泉寺奉事神秀禅师。"

⑧《书》:"天聪明视我民聪明。"智,深明事理也。凡多计虑、谋略、技巧者,皆谓之智。

⑨ 记取,犹记也。曹伯启诗:"记取平生作盛谈。"

⑩《左传》杜注:"谍者曰游侦,谓之细作,又谓之间谍。见庄公二十八年及宣公八年《传》注。"

⑪ 若为犹言如何。

⑫《顿悟入门论》上:"问:'心住何处即住?'答:'住无住处即住。'问:'云何是无住处?'答:'不住一切处,即是住无住处。''云何是不住一切处?'答:'不住一切处者,不住善恶、有无、内外、中间;不住空,亦不住不空;不住定,亦不住不定;即是不住一切处。只个不住一切处,即是住处也。得如是者,即名无住心也。无住心者,是佛心。'"

⑬ 本自不动,何静之有? 本自不蔽,何观之有?

⑭ 当时秀大师门下,皆偏于住心、观静之病,故六祖以药除其病,非除其法。今人本无此病,若误服其药,或以药能除病故,执而不舍,由是因药而反成病矣。今录圭峰禅师之言于下之偈后,以药药病。

⑮ 此言人当明心见性,一悟即至佛地。何必在臭皮囊上,强立功课,而使之常坐不卧乎? 圭峰大师《禅源诠》二:"息妄者,息我、法之妄。修心者,修唯识之心。故同唯识之教。既与佛同,如何毁他渐门——息妄、看静、时时拂拭、凝心、住心、专注一境及跏趺调身、调息等也。此等种种方便,悉是佛所劝赞。"《净名》云:"不必坐,不必不坐。坐与不坐,任

逐机宜。凝心、运心,各量习性。当高宗大帝乃至玄宗朝时,圆顿本宗,未行北地,唯神秀禅师大扬渐教,为二京法主、三帝门师。全称达磨之宗,又不显即佛之旨。曹溪、荷泽恐圆宗灭绝,遂呵毁住心、伏心等事。但是除病,非除法也。况此之方便,本是五祖大师教授,各皆印可,为一方师。达磨以壁观教人安心——外止诸缘,内心无喘,心如墙壁,可以入道——岂不正是坐禅之法。又庐山远公与佛陀耶舍二梵僧所译《达磨禅经》两卷,具明坐禅门户、渐次、方便,与天台及偲、秀门下意趣无殊,故四祖数十年中,胁不至席。即知了与不了之宗,各由见解深浅,不以调与不调之行而定法义偏圆。但自随病对治,不须赞此毁彼。"

志诚再拜曰:"弟子在秀大师处,学道九年,不得契悟①。今闻和尚一说,便契本心。弟子生死事大,和尚大慈,更为教示②。"

师云:"吾闻汝师教示学人戒定慧法,未审汝师说戒定慧,行相如何?与吾说看。"

诚曰:"秀大师说:'诸恶莫作,名为戒。诸善奉行,名为慧。自净其意,名为定③。'彼说如此,未审和尚以何法诲人?"

师曰:"吾若言有法与人,即为诳汝④。但且随方解缚⑤,假名三昧⑥。如汝师所说戒定慧,实不可思议。吾所见戒定慧又别。"

志诚曰:"戒定慧只合一种,如何更别?"

师曰:"汝师戒定慧接大乘人,吾戒定慧接最上乘人。悟解不同,见有迟疾。汝听吾说,与彼同否?吾所说法,不离自性。离体说法⑦,名为相说⑧,自性常迷。须知一切万法,皆从自性起用⑨,是真戒定慧法。听吾偈曰:

　　心地无非自性戒⑩，　　　心地无痴自性慧⑪。

　　心地无乱自性定⑫，　　　不增不减自金刚⑬，

　　身去身来本三昧⑭。"

　　诚闻偈，悔谢。乃呈一偈曰：

　　"五蕴幻身⑮，　　　　　幻何究竟⑯？

　　回趣真如，　　　　　　法还不净⑰。"

　　师然之。

【笺注】

　　① 契悟，与本心契合而开悟也。

　　② 教示，教诲指示也。韩愈诗："有儿虽甚怜，教示不免简。"元稹诗："父兄相教示、求利莫求名。"

　　③ "诸恶莫作，众善奉行，自净其意，是诸佛教。"此一四句偈，总括一切佛教。佛教之广海，此一偈摄尽。大小乘八万之法藏，自此一偈流出。《增一阿含·序品第一》："迦叶问言：'何等偈中出生三十七品及诸法？'时尊者阿难，便说此偈：'诸恶莫作，诸善奉行，自净其意，是诸佛教。所以然者，诸恶莫作，是诸法本，便出生一切善法。以生善法，心意清净。'"《增一阿含经》四十四："于此贤劫有佛，名为迦叶（寿二万岁）"，"二十年中，无有瑕秽。恒以一偈，以为禁戒：'一切恶莫作，当奉行其善。自净其志意，是则诸佛教'"。

　　④《金刚经》："如来于然灯佛所，于法实无所得。"《传心法要》下："《净名》云：'除去所有'，《法华》云：'二十年中常令除粪'，只是除去心中作见解处。又云：'蠲除戏论之粪'，所以如来藏本自空寂，并不停留一法。"又，"问：'祖传法，付与何人？'师云：'无法与人。'云：'云何是二祖请师安心？'师云：'你若道有，二祖即合觅得心。觅心不可得故，所以道：与你安心竟。若有所得，全归生灭。'"

　　⑤《禅源诸诠》上："宿生何作，薰得此心？ 自未解脱，欲解他缚。"

按：随方解缚，随方便而解被缚人之缚也。故禅宗无定说法，要在当机解缚。

⑥《智度论》二十八："一切禅定，亦名定，亦名三昧。"

⑦ 体，指自性而言。

⑧ 相说，著相之说也。

⑨ 万法唯心，离自性外，无戒定慧，故云起用。

按语：《坛经》所说自性，即《楞伽经》所说如来藏藏识，为一切染净诸法生起、作用之根本，所以说万法皆由自性起用。

⑩《心地观经》八："三界之中，以心为主"，"众生之心，犹如大地。五谷五果，从大地生。如是心法，生世出世、善恶五趣、有学无学、独觉菩萨及于如来。以是因缘，三界唯心，心名为地。才有系念，则违心地，所以为非"。《起信论》："以知法性无染，离五欲过故，随顺修行尸罗波罗蜜。"

⑪《起信论》："以知法性体明，离无明故，随顺修行般若波罗蜜。"

⑫《起信论》："以知法性常定，体无乱故，随顺修行禅波罗蜜。"

⑬ 自性本无增减，故成佛亦无增，居凡亦无减。其体精坚明净，百炼不消，故以金刚为喻。

⑭ 一切行住坐卧，来去自由，无不本于三昧。三昧者，禅定也。唐释慧海曰："妄念不生为禅，坐见本性为定。"

按语：此处所说三昧，相当于马祖所说法性三昧，也就是六祖所说的"何期自性本不动摇"之自性三昧，《肇论》"旋岚偃岳而常静，江河竞注而不流，野马飘鼓而不动"诸语，表达的也是这个意思。

⑮ 此身即五蕴所幻化而成也。五蕴，又作五阴。《毗婆尸佛经》："五蕴幻身。"《太平记》："五蕴假成形，四大今归空。"《圆觉经》："我今此身，四大和合：所谓发毛、爪齿、皮肉、筋骨、髓脑垢色，皆归于地；唾涕、脓血、津液、涎沫、痰泪、精气、大、小便利，皆归于水；暖气归火；动转归风。四大各离，今者妄身，当在何处？即知此身，毕竟无体。和合为相，实同幻化。"

⑯《圆觉经》："善男子,彼之众生,幻身灭故,幻心亦灭。幻心灭故,幻尘亦灭。幻尘灭故,幻灭亦灭。幻灭灭故,非幻不灭。譬如磨镜,垢尽明现。"《顿悟入道要门论》下:"问:'如何是幻?'师曰:'幻无定相,如旋火轮,如乾闼婆城,如机关木人,如阳焰,如空华,俱无实法。'又问:'何名大幻师?'师曰:'心名大幻师,身为大幻城,名相为大幻衣食,河沙世界,无有幻外事。凡夫不识幻,处处迷幻业。声闻怕幻境,昧心而入寂。菩萨识幻法,达幻体,不拘一切名相。佛是大幻师,转大幻法轮,成大幻涅槃,转幻生灭,得不生不灭。转河沙秽土,成清净法界。'"

⑰ 真如中清净圆明,本无一法可得。若回趣真如自性,则自性中本来无非、无痴无乱,斯即自性之戒定慧。若离自性而别求戒定慧法,则此法为不净矣。故金刚经曰:"法尚应舍。"大慧普觉禅师《答曾侍郎》:"既曰虚幻,则作时亦幻,受时亦幻,知觉时亦幻,迷倒时亦幻,过去、现在、未来皆悉是幻。今日知非,则以幻药复治幻病,病瘥药除,依前只是旧时人。若别有人有法,则是邪魔外道见解也。"

复语诚曰:"汝师戒定慧,劝小根智人①。吾戒定慧,劝大根智人②。若悟自性,亦不立菩提涅槃,亦不立解脱知见③。无一法可得④,方能建立万法⑤。若解此意,亦名佛身,亦名菩提涅槃,亦名解脱知见。见性之人,立亦得,不立亦得⑥。去来自由⑦,无滞无碍⑧。应用随作,应语随答,普见化身,不离自性⑨,即得自在神通,游戏三昧⑩,是名见性。"

志诚再启师曰:"如何是不立义?"

师曰:"自性无非⑪。无痴⑫。无乱⑬。念念般若观照,常离法相⑭。自由自在,纵横尽得,有何可立⑮?自性自悟⑯,顿悟顿修⑰,亦无渐次,所以不立一切法。诸法寂灭⑱,有何次第?"

志诚礼拜,愿为执侍,朝夕不懈。

【笺注】

① 小根,可受小乘教之根性也。《唯识述记》一(本):"令小根等,渐登圣位。"

② 大根,大乘之机根也。《法华玄义》一:"令大根从不融向于融。"

③《戒本疏行宗记》一上:"五分法身者,戒、定、慧,从因受名。解脱、解脱知见,从果彰号。由慧断惑,惑无之处名解脱。出缠破障,反照观心,名解脱知见。"

④《传心法要》下:"问:'和尚见今说法,何得言无僧、亦无法?'师云:'汝若见有法可说,即是以音声求我。若见有我,即是处所。法亦无法,法即是心。所以祖师云:"付此心法时,法法何曾法?无法无本心,始解心心法。"实无一法可得,名坐道场。道场者,只是不起诸见,悟法本空,唤作空如来藏。'本来无一物,何处有尘埃?"

⑤《传心法要》上:"从前所有一切解处,尽须并却令空,更无分别,即是空如来藏。如来藏者,更无纤尘可有。即是'破有法王,出现世间'。亦云'我于然灯佛所,无少法可得'。此语只为空尔情量知解,但销镕表里情尽,都无依执,是无事人。三乘教网,只是应机之药。随宜所说,临时施设,各各不同。但能了知,即不被惑。第一,不得于一机、一教边,守文作解。何以如此?'实无有定法,如来可说'。"

⑥ 立,建立法门之事也。此言见性之人,立菩提涅槃亦可,不立亦可。立解脱知见亦可,不立亦可。立一切万法亦可,不立亦可也。

⑦ 去来兼生死而言。

⑧《坐禅仪》注:"自在者,所往优游,而无碍滞。"《庄子·大宗师》:"古之真人,不知说生,不知恶死。其出不䜣,其入不距。翛然而往,翛然而来而已矣。不忘其所始,不求其所终。受而喜之,忘而复之。是之谓不以心捐道,不以人助天,是之谓真人。"《传灯录》:"襄州居士庞蕴,字道

玄,有女灵照。居士将入灭,令灵照出视日午否? 照曰:'日中矣,而有蚀也。居士出看,照登父坐,合掌而逝。'居士笑曰:'我女锋捷矣。'于是更延七日。州牧于公问疾,居士谓曰:'但愿空诸所有,慎勿实诸所无。好住世间,皆如影、响。'枕公膝而化。"

⑨ 当用即作,当语即答。虽所作所答,随处不同,因人而异,即是普见一切化身。而所作所答者,皆不离自性。

⑩《璎珞经》:"天然之慧,彻照无碍,故名神通。"《圆觉经》释:"游戏三昧者,菩萨得是三昧,于一切三昧中,出、入、迟、速,皆得自在。譬如众兽游戏之时,若见师子,悉皆怖惧。师子戏时,自在无所畏难。"《大智度论》七:"(菩萨)欲广度众生故,行种种百千三昧。问曰:'但当出生此三昧,何以故,复游戏其中?'答曰:'菩萨心生诸三昧,欣乐,出入自在,名之为戏,非结、爱戏也。戏名自在,如师子在鹿中,自在无畏,故名为戏。是诸菩萨于诸三昧,有自在力,能出能入,亦复如是。余人于三昧中,能自在入,不能自在住、自在出。有自在住,不能自在入、自在出。有自在出,不能自在住、自在入。有自在入、自在住,不能自在出。有自在住、自在出,不能自在入。是诸菩萨能三种自在,故言"游戏出生百千三昧"。'"又五十:"'游戏诸神通'者,先得诸神通,今得自在游戏,能至无量无边世界。菩萨住七地中时,欲取涅槃。尔时有种种因缘及十方诸佛拥护,还生心欲度众生,好庄严、神通,随意自在,乃至无量无边世界中无所挂碍。见诸佛国,亦不取佛国相。"

⑪ 无一念之非。

⑫ 无一念之痴。

⑬ 无一念之乱。

⑭ 般若性空故。

⑮ 本无一法可建立。

⑯ 更不涉渐次阶级而一超直入也。

⑰《禅源诸诠》下:"顿悟顿修者,此说上上智,根、性、乐、欲俱胜,一闻千悟,得大总持。一念不生,前后际断。此人三业,唯独自明了,余人

所不见。"

⑱《法华·方便品》："诸法从本来，常自寂灭相。"

　　僧志彻，江西人①。本姓张，名行昌，少任侠②。自南北分化③，二宗主虽亡彼我，而徒侣竞起爱憎④。时北宗门人自立秀师为第六祖，而忌祖师传衣为天下闻，乃嘱行昌来刺师。

　　师心通⑤，预知⑥其事，即置金十两于座间。时夜暮，行昌入祖室，将欲加害，师舒颈就之。行昌挥刃者三，悉无所损。师曰："正剑不邪，邪剑不正。只负汝金，不负汝命。"

　　行昌惊仆⑦，久而方苏⑧，求哀悔过，即愿出家。

　　师遂与金，言："汝且去，恐徒众翻害于汝。汝可他日易形而来，吾当摄受⑨。"

　　行昌禀旨宵遁。

【笺注】

　　①《一统志》四十九："江西，古扬州地也。"《皇明纪要》四："明曰南昌府，唐曰洪州。"

　　②《史记·季布传》如淳注："相与信为任，同是非为侠。所谓权行州里，力折公侯也。"

　　③《祖庭事苑》五："慧能居于双峰曹侯溪，神秀栖于江陵当阳山，同传五祖之法，盛行天下。并德行相高，于是道兴南北。能为南宗，秀为北宗，以居处称之也。"

　　④唐圭峰禅师曰："其有性浮浅者，才闻一意，即谓已足，仍恃小慧，便为人师。未穷本末，多成偏执。故顿、渐门下，相见如仇仇；南、北宗中，相敌如楚汉。洗足之诲，摸象之喻，验于此矣。"

⑤ 心通，他心通也。六通中第三，名知他心通。《法界次第》中，《六神通门》："三、知他心通。修他心智者，若于深禅定中，发他心智，即能知六道众生心及（心）数法，种种所缘念事，是为他心通。"《般若经》三："他心通。能如实知十方沙界他有情类心、心所法。谓遍知他贪、嗔、痴等心；离贪、嗔、痴等心；乃至聚心、散心，小心、大心，寂静、不寂静心，解脱、不解脱心，皆如实知。试以他心通之故事证之。"

《西阳杂俎》曰："相传云：一公初谒华严，严命坐。顷曰：'尔看吾心在何所？'一公曰：'师驰白马过寺门矣。'又问之，一公曰：'危乎！师何为处乎刹末也？'华严曰：'聪明果不虚，试复观我。'一公良久，泚颡、面洞赤，作礼曰：'师得无入普贤地乎？'

集贤校理郑符云、柳中庸善易，尝诣普寂公。公曰：'筮吾心所在也。'柳曰：'和尚心在前檐第七题。'复问之，在某处。寂曰：'万物无逃于数也。吾将逃矣，尝试测之。'柳久之，瞿然曰：'至矣！寂然不动，吾无得而知矣。'又《诜禅师本传》云：日照三藏诣诜，诜不迎接。直责之曰：'僧何为入俗嚣湫处？诜微膑，亦不答。又云：'夫立不可过人头，岂容标身乌外？'诜曰：'吾前心于市，后心刹末，三藏果聪明者。且复（观）我。'日照乃弹指数十，（赞）曰：'是境空寂，诸佛从自出也。'"

又按：《大藏》振字函第四卷云："西京光宅寺慧忠国师，肃宗待以师礼。有西天大耳三藏到京，云得他心慧眼，敕令与师试验。师问曰：'汝得他心通耶？'对曰：'不敢。'师曰：'汝道老僧即今在什么处？'曰：'和尚是一国之师，何得却去西川看竞渡？'师再问：'汝道老僧，即今在什么处？'曰：'和尚是一国之师，何得却在天津桥看弄猢狲？'师第三问，语亦同前。三藏良久，罔知去处，师叱曰：'这野狐精！他心通在什么处？'"

⑥ 预知，预先得知也。

⑦ 仆，僵也，偃也。

⑧ 苏，与稣同。死而更生也。

⑨ 摄受，又云摄取，以慈悲心摄取众生也。《胜鬘经》："愿佛常摄受。"唐《华严经》二十八："普能摄受一切众生。"

后投僧出家，具戒①精进②。一日，忆师之言，远来礼觐③。

师曰："吾久念汝，汝来何晚？"

曰："昨④蒙和尚舍罪，今虽出家苦行，终难报德，其惟传法度生乎⑤？弟子常览《涅槃经》，未晓常、无常义⑥，乞和尚慈悲，略为解说。"

师曰："无常者，即佛性也。有常者，即一切善、恶诸法分别心也。"

曰："和尚所说，大违《经》文。"

师曰："吾传佛心印⑦，安敢违于佛经？"

曰："《经》说佛性是常，和尚却言无常。善恶之法乃至菩提心，皆是无常，和尚却言是常。此即相违。令学人转加疑惑。"

师曰："《涅槃经》，吾昔听尼无尽藏⑧读诵一遍，便为讲说，无一字一义不合经文。乃至为汝，终无二说。"

曰："学人识量浅昧，愿和尚委曲开示。"

师曰："汝知否？佛性若常，更说什么善恶诸法，乃至穷劫，无有一人发菩提心者。故吾说无常，正是佛说真常之道也⑨。

又，一切诸法若无常者，即物物皆有自性，容受生死，而真常性有不遍之处。故吾说常者，正是佛说真无常义⑩。佛比为⑪凡夫、外道执于邪常，诸二乘人于常计无常，共成八倒⑫。故于《涅槃》了义教⑬中，破彼偏见⑭，而显说真常、真乐、真我、真净⑮。汝今依言背义，以断灭无常及确定死常⑯,而错解佛之圆妙最后微言⑰。纵览千遍,有何所益?"

行昌忽然大悟,说偈曰:

"因守无常心,　　佛说有常性⑱。

不知方便者⑲,　　犹春池拾砾⑳。

我今不施功㉑,　　佛性而现前㉒。

非师相授与㉓,　　我亦无所得㉔。"

师曰:"汝今彻也㉕,宜名志彻。"彻礼谢而退。

【笺注】

① 具戒者,比丘受二百五十戒也。即具足戒之略名。

② 精进,勤也。勇猛修善法、断恶法也。慈恩《上生经赞》:"精谓精纯,无恶杂故。进谓升进,不懈退故。"《华严大疏》曰:"精进者,练心于法,名之为精。精心务达,目之为进。"精进,为小乘七十五法中大善地法之一,又为大乘百法中善之一。

③ 按:《礼记》:"诸侯北面见天子,曰觐。"后人沿用之,以为下见上之称也。

④ 昨,犹昔也。追溯已往,皆曰昨。

⑤ 度生,济度众生也。

⑥《大般涅槃经》十三:"善男子,我观诸行,悉皆无常。云何知耶?以因缘故。若有诸法从缘生者,则知无常。是诸外道,无有一法不从缘生。善男子,佛性无生无灭,无去无来。非过去、非未来、非现在。非因所作,非无因作。非作,非作者。非相,非无相。非有名,非无名。非名非色,非长非短,非阴、界、入之所摄持,是故名常。

善男子,佛性即是如来,如来即是法,法即是常。善男子,常者即是如来,如来即是僧,僧即是常。以是义故,从因生法,不名为常。是诸外道无有一法不从因生。善男子,是诸外道,觅佛性、如来及法,是故外道

189

所可言说,悉是妄语,无有真谛。诸凡夫人,先见瓶、衣、车乘、舍宅、城郭、河水、山林、男女、象马、牛羊,后见相似,便言是常。当知其实非是常也。

善男子,一切有为,皆是无常。虚空无为,是故为常。佛性无为,是故为常。虚空者,即是佛性。佛性者,即是如来。如来者,即是无为。无为者,即是常。常者,即是法。法者,即是僧。僧即无为,无为者即是常。

善男子,有为之法,凡有二种:色法、非色法。非色法者,心、心数法。色法者,地水火风。善男子,心名无常。何以故?性是攀缘,相应分别故。善男子,眼识性异,乃至意识性异,是故无常。善男子,色界异,乃至法境界异,是故无常。善男子,眼识相应异,乃至意识相应异,是故无常。善男子,心若常者,眼识应独缘一切法。善男子,若眼识异,乃至意识异,则知无常。以法相似,念念生灭。凡夫见已,计之为常。善男子,诸因缘相,可破坏故,亦名无常。所谓因眼、因色、因明、因思惟,生于眼识。耳识生时,所因各异,非眼识因缘,乃至意识异,亦如是。

复次,善男子,坏诸行因缘异故,心名无常。所谓修无常心异,修苦、空、无我心异。心若常者,应常修无常,尚不得观苦、空、无我,况复得常、乐、我、净。以是义故,外道法中,不能摄取常、乐、我、净。善男子,当知心法,必定无常。

复次,善男子,心性异故,名为无常。所谓声闻心性异、缘觉心性异、诸佛心性异。一切外道心有三种:一者出家心,二者在家心,三者在家远离心。乐相应心异,苦相应心异,不苦不乐相应心异。贪欲相应心异,嗔恚相应心异,愚痴相应心异。一切外道相应心异——所谓愚痴相应心异,疑惑相应心异,邪见相应心异。进止威仪,其心亦异。

善男子,心若常者,亦复不能分别诸色——所谓青、黄、赤、白、紫色。善男子,心若常者,诸忆念法,不应忘失。善男子,心若常者,凡所读诵,不应增长。复次,善男子,心若常者,不应说言:已作、今作、当作。若有已作、今作、当作,当知是心,必定无常。善男子,心若常者,则无怨亲、非怨非亲。心若常者,则不应言我物、他物,若死、若生。心若常者,虽有所作,不应增长。善男子,以是义故,当知心性,各各别异。有别义故,当知无常。

善男子,我今于此非色法中,演说无常,其义已显。复当为汝,说色无常。是色无常,本无有生,生已灭故。内身处胎,歌罗逻时,本无有生,生已变故。外诸芽茎,本亦无生,生已变故。是故当知一切色法,悉皆无常。善男子,所有内色,随时而变。歌罗逻时异,安浮陀时异,伽那时异,闭手时异,诸疱时异,初生时异,婴孩时异,童子时异,乃至老时,各各变异。……外味亦尔,芽、茎、枝、叶、花、果味异。歌罗逻时力异,乃至老时力异。歌罗逻时状貌异,乃至老时状貌亦异。歌罗逻时果报异,乃至老死时果报亦异。歌罗逻时名字异,乃至老时名字亦异。所谓内色坏已还合,故知无常……次第渐生,故知无常。次第生歌罗逻时,乃至老时;次第生芽,乃至果子,故知无常。诸色可灭,故知无常。歌罗逻灭时异,乃至老灭时异;牙(芽)灭时异,乃至果灭时异,故知无常。凡夫无智,见相似生,计以为常。以是义故,名曰无常。"

⑦《传心法要》上:"迦叶已来,以心印心,心心不异。印著空,即印不成文。印著物,即印不成法。故以心印心,心心不异。"

⑧ 无尽藏,即刘志略之姑也。事见前文。

⑨ 佛性若常,则众生早已成佛,更不必说三藏十二部经以化度之。然何以历久而无有一人发菩提心者?盖就恶人一方面而论,可说佛性无常。放下屠刀,立地成佛,可说佛性有常。佛以人执著佛性为无常,故说有常。六祖以志彻执著佛性为有常,故说无常。故六祖谓:"吾说无常,正是佛说真常之道也。"

按语:《涅槃经》所说佛性有多重含义。一重指诸佛所证清净、平等、常住之理,也可称为法性,天台宗称之为正因佛性,此佛性无过去、现在、未来的差别,非三世所摄,是为佛性常义,在经中也称为虚空佛性。一重指契悟清净、平等、常住佛性的智慧、德行等,如经中称四谛、十二因缘、大慈大悲等是佛性,谓能助显正因佛性,所以称为了因佛性。此重可有三世的差别,也可作常无常的分别。一重指能促使众生厌苦欣乐、趣向无上菩提的一切内外因素,如五蕴、六十二见、五逆十恶等,皆有促成无上菩提的可能,也可称为佛性,天台宗称此种为缘因佛性。"夫佛性者,不名一法,不名十法,不名百法,不名千法,不名万法,未得阿耨多罗三藐三菩提时,一切善、不善、无记,尽名佛性"。此段文字可以说是《涅槃经》中对佛性最为宽泛的表述。缘因佛性,正是从助成将来成佛的角度说的,可以称为未来佛性,可以说有三世的差别,可以说断、说常。

本文中六祖所说佛性无常,正是从缘因佛性和了因佛性的角度来说的。众生不明佛理,爱著五欲,依《涅槃经》说,无现在佛性,但将来必有成佛的可能性,所以说有未来佛性。贯通三世来看,则众生的佛性确实表现为无常。也正是因为众生所现佛性的无常,才有善法恶法、正见邪见、轮回解脱、六道三乘、佛与众生等的无量差别,也才有正信、发心、修行、成道的可能性。不然,上帝永在天堂,犹大永处沉沦。

《涅槃经》中虽讲正因佛性为常,非过去、现在、未来,但又强调"若有人言:一切众生定有佛性,常、乐、我、净,不作不生。烦恼因缘,故不可见。当知是人谤佛、法、僧"! 佛自述经中所说佛性,角度多有不同,或"因中说果",或"果中说因",不可依文成执。认为不论执佛性为常,还是无常,皆有重大过失。六祖关于佛性是常、诸法无常的两个推论,表明的正是这一点。

⑩ 自性不生不灭,故自性不受生死。苟一切诸法若为无常,即物物之自性,皆各受生死矣。物物之自性既容受生死,则真常性之不生不死者,将有不遍之处。故六祖谓一切善恶诸法皆有常,即自性不生不死之故。佛以人执著一切善恶诸法、分别心为有常,故说无常。六祖以志彻执著一切善恶诸法、分别心为无常,故说有常。然自性往往为一切有为法所汩没,亦可谓之无常。故曰吾说常者,正是佛说真无常义也。

按语:一切有为法,从行相上来看,是有生灭的,是无常的。但若从诸法的缘生性及缘生法的甚深之源来看,相的无常性所昭示的,正是行的如幻性与法性的真常性。对大乘佛法、对禅门来说,诸法的无常性所表现的,正是诸法的真常性。所以《中论》说"若法众缘生,即是寂灭性",

此寂灭性，即是正因佛性，也就是六祖此处所说的"真常性"。脱离诸法的无为性而讨论诸法的有为性，在大乘佛教看来，正属断见之列。六祖"吾所说法，不离自性，离体说法，名为相说，自性常迷"之语，强调的也正是这一点。

⑪《经传释词》十："比，皆也。"《说文》曰："皆，俱词也。从比从白。"徐锴曰：比，皆也。

⑫凡夫、二乘各有四倒，故成八倒。于生死之无常、无乐、无我、无净，执为常、乐、我、净，此凡夫四倒也。于涅槃之常、乐、我、净，执为无常、无乐、无我、无净，此二乘四倒也。凡夫谓之有为之四倒，二乘谓之无为之四倒。断有为四倒为二乘，断有为无为之八倒为菩萨。见《大乘义章》五（末）。《贤首法数》四引《涅槃》云："凡夫四倒：苦计为乐，无常计常，无我计我，不净计净。二乘四倒：乐计为苦，常计无常，我计无我，净计不净。是云凡、小八倒。"

⑬按：《涅槃经》者，宗佛性故，为满字、大乘了义教，属圆妙、醍醐、胜修之判，如《四教集解》上所配。往披圭峰《圆觉略疏》上之一曰："了义者，决择究竟、显了之说，非覆相、密意、含隐之谭。"

⑭偏见，偏执一边之见也。

⑮《涅槃经》："不迁名常，安稳名乐，自在名我，无我名净。常乐我净，大乘大般涅槃所具之四德也。一、常德。涅槃之体恒不变而无生灭，是名为常。又随缘化用而常不绝，名之为常。二、乐德。涅槃之体寂灭而永安，名之为乐。又运用自在，所为适心，名之为乐。三、我德。我解有二种：一者就体，自实名我。二者就用，自在名我。四、净德。涅槃之体，解脱一切之垢染，名之为净。又随缘而处，未尝有污，名之为净。"见《大乘义章》十八。《法华玄义》四："破二十五有烦恼名净，破二十五有业名我，不受二十五有报名乐，无二十五有生死名常。常、乐、我、净，名为佛性显。"

⑯六祖谓志彻：汝以有断灭者为无常，及确定而死板者为常。岂知常可言无常、无常可言常、且自性本非常非无常乎？

按语：断灭无常，是说志彻将"先无后有，有而还无"之现象理解为事物消失后归于虚无，认为此是无常之本义。这种关于无常的理解，被佛教视为邪见中之断见。而确定死常，指有生终必有死，乃一永恒之自然规律。此虽可以称为常，实属常识而已，甚为粗陋。六祖之言，显然在责备志彻不解《涅槃经》中深妙之常、无常义。

⑰《四教仪集解》下："三谛圆融，不可思议，名为圆妙。"《佛遗教经》："是我最后之所教诲。"云栖补注云：最后者，犹曰著述家所谓绝笔也。微言，谓深妙之意旨也。《汉书·艺文志》："仲尼没而微言绝，七十子丧而大义乖。"世尊说法四十九年，《涅槃经》最后，故云"最后微言"。

⑱ 凡夫、二乘若执守以为无常，而佛欲破其执，则说以为有常。凡夫、二乘若执守以为有常，而佛欲破其执，则又说以为无常。凡夫、二乘若执守善根有二：一者常，二者无常。而佛欲破其执，则又说以为非常、非无常。共分三层。此偈仅举一层者，省文也。

⑲ 佛说常、无常，皆为破凡夫、二乘之执。犹之医病之药，皆权说也，此之谓方便。

⑳ 砾，《说文》："小石也。"《涅槃经》："我计无我，是颠倒法，"乃至广破二乘无常、无我之见，如春池中执石为宝。

㉑ 忽得见性，本不假功用。永嘉禅师《证道歌》："觉即了，不施功。"宏德禅师注云："觉悟了，彻底人，获无功用智，与有为功行不同也。"

㉒ 自性天真佛，竟尔现露。《永嘉证道歌》："执指为月枉施功，根境法中虚捏怪。不见一法即如来，方得名为观自在。"

㉓ 此非师之相授予也。按语：所以称作无为法。

㉔ 亦非我自己有所得也。或云："非由师教示吾，焉得通彻。"如此解法，文义浅陋，非两无所得之旨。唐释慧海云："般若体，毕竟清净，无有一物可得。"《传心法要》上："如来所说，皆为化人。如将黄叶为金，止小儿啼，决定不实。若有实得，非我宗门下客。且与尔本体有甚交涉？故《经》云：实无少法可得，名为阿耨菩提。"

㉕ 彻，通也。

有一童子,名神会,襄阳①高氏子,年十三,自玉泉来参礼②。师曰:"知识远来艰辛,还将得本来否③? 若有本,则合识主④。试说看。"

会曰:"以无住为本,见即是主。"

师曰:"这沙弥争合取次语⑤!"

会乃问曰:"和尚坐禅,还见、不见?"

师以柱杖打三下,云:"吾打汝,痛、不痛?"

对曰:"亦痛,亦不痛。"

师曰:"吾亦见,亦不见。"

神会问:"如何是亦见、亦不见?"

师云:"吾之所见,常见自心过愆⑥,不见他人是非、好恶⑦,是以亦见、亦不见。汝言亦痛、亦不痛如何? 汝若不痛,同其木石。若痛,则同凡夫,即起恚恨。汝向前见、不见,是二边。痛、不痛,是生灭⑧。汝自性且不见,敢尔弄人!"

神会礼拜、悔谢。

师又曰:"汝若心迷不见,问善知识觅路⑨。汝若心悟,即自见性,依法修行。汝自迷,不见自心,却来问吾见与不见。吾见自知,岂代汝迷! 汝若自见,亦不代吾迷。何不自知、自见? 乃问吾见与不见!"

神会再礼百余拜,求谢过愆。服勤给侍,不离左右。

【笺注】

① 襄阳县,汉置,今属湖北襄阳道。

②《高僧传》三集、八:"释神会,姓高,襄阳人也。年方幼学……闻

岭表曹侯溪慧能禅师盛扬法道……乃学善财南方参问,裂裳裹足,以千里为跬步之间耳。及见,能问会曰:'从何所来?'答曰:'无所从来。'能曰:'汝不归去?'答曰:'一无所归。'能曰:'汝太茫茫!'答曰:'身缘在路。'能曰:'由身未到。'答曰:'今已得到,且无滞留。'居曹溪数载。后遍寻名迹,开元八年,敕配住南阳龙兴寺,续于洛阳大行禅法……肃宗皇帝诏入内供养,敕将作大匠并功齐力,为造禅宇于荷泽寺中……上元元年,嘱别门人,避座,望空顶礼,归方丈,其夜示灭。受生九十三岁矣,即建午月十三日也。迁塔于洛阳宝应寺,敕谥大师曰'真宗',塔号'般若'焉。"

③ 永嘉禅师《证道歌》:"但得本,不愁末。"宏德禅师注云:"根本既明,枝叶自茂。本者,即本有灵觉之性也。"

④ 主,主人公,即自性也。

⑤ 沙弥,出家男子受十戒者。《寒山诗》:"平侧不解压,凡言取次出。"或曰:取次者,草率之义。又漫浪貌,容易语也。

⑥ 只常常看自己有不是处,便是进步。《法语汇》:"世人大病,只自己不肯认差,所以多郁多怒。若能自反自修,则客气自消。"聂双江云:"圣人过多,贤人过少,愚人无过。盖过必学而后见也。不学者,冥行妄作以为常,不复知过。"

⑦ 责己者,可以成己之德。责人者,适以长己之恶。《读书录》:"日省己过之不暇,何暇责人之过!"

⑧ 按语:若执己有所见,属常见;若执无所见,即属断见。断、常二见属佛教所说"边见"(离于中道之偏见),故说"二边"。痛与不痛,属于生理感受之一种,处于时刻变化之中,故言"生灭"。六祖之言,意在责备神会不见自性而妄牵他人,不知用功之处。

⑨ 向善知识问见自性之路,而使心悟。

一日,师告众曰:"吾有一物,无头无尾,无名无字,无背无面,诸人还识否?"

神会出曰："是诸佛之本源，神会之佛性①。"

师曰："向汝道'无名无字'，汝便唤作'本源佛性'，汝向去有把茆盖头②，也只成个知解宗徒③。"

祖师灭后，会入京洛④，大弘曹溪顿教。著《显宗记》⑤，盛行于世。是为荷泽禅师⑥。

师见诸宗难问，咸起恶心，多集座下。愍⑦而谓曰："学道之人，一切善念、恶念，应当尽除⑧。无名可名⑨，名于自性。无二之性，是名实性⑩。于实性上建立一切教门，言下便须自见。"诸人闻说，总皆作礼，请事为师。

【笺注】

① 此物本是离名绝相，无解无说，清净本觉。不与妄合，不生亦不灭，无来也无去。住禅定而不寂，在烦恼而不乱。虽在尘劳，亦不污染。宝体精光，一无所坏。此本非物，此本无名。非物则强指为物，无名则强名其名。无名之名，名曰本源佛性。

② 从偏位向于正位者曰向去，从正位向于偏位者曰却来。有把茆盖头者，言取茆作草庵，盖在头上，以蔽风雨也。《竹窗随笔》云："予单丁行脚时，忍饥渴，冲寒暑，备历诸苦，今幸得把茆盖头。"

③ 上所答，全是呵斥，禅宗往往以呵斥之辞为印可者，即此类也。法眼大师云："古人授记人，终不错。如今方知解为宗，即荷泽是也。"黄檗云："我此禅宗，从上相承已来，不曾教人求知求解。""古人心利，才闻一言，便乃绝学，所以唤作'绝学无为闲道人'。今时人只欲得多知多解，广求文义，唤作修行。不知多知多解，翻成壅塞。唯知多与儿酥乳吃，消与不消都总不知。三乘学道人，皆是此样，尽名食不消者。所谓知解不消，皆为毒药。尽向生灭中取，真如之中，都无此事，故云'我王库内无如是刀'。从前所有一切解处，尽须并却令空，更无分别，即是空如来藏。

如来藏者，更无纤尘可有，即是'破有法王，出现世间'，亦云'我于然灯佛所无少法可得'。此语只为空你情量知解，但销镕表里情尽，都无依执，是无事人。三乘教网，只是应机之药，随宜所说。临时施设，各各不同。但能了知，即不被惑。第一不得于一机一教边，守文作解。何以如此？'实无有定法，如来可说'。我此宗门不论此事，但知息心即休，更不用思前虑后"。

按语：从《坛经》各本来看，六祖对神会禅师既有赞赏和肯定，也有批评。肯定之处，最根本的是，可"为一方师"（宗密等弟子遂据此立神会为七祖）。对神会的批评，一则为，立"见即是主"，出语草率（造次语）。一则为，不见自性而于祖师妄生猜测。此二条见于传世《坛经》各本及多种《灯录》中。一则为，妄立"本源"、"佛性"。六祖对后者有严厉之批评，呵斥神会"为知解宗徒"（其意似说：于禅解悟为多，并未透彻），此条见于德异本及宗宝本中。《法眼文益禅师语录》曾引"知解宗徒"一段并加评唱："师云：'古人受记（预言）人终不错，如今立知解为宗，即荷泽是也。'"法眼禅师的评价不仅涉及六祖的评论，同时也牵涉到六祖入灭后神会关于禅宗的根本见地。

在近代发现的敦煌本《神会和尚禅话录》中，神会认为"灵知之心"、"知见"即佛性，神会的弟子宗密将之概括为"知之一字，众妙之门"，作为神会的根本见地。由于知之功能，本通凡圣，亦通染净，对于见性透彻者来说，视"知"为众妙之门，本来也不错。但对于未见本性者，则存在误认、误导的重大隐患。南泉禅师"道不属知，不属不知。知是妄觉，不知是无记"；《维摩经》"不可以智知，不可以识识"；《楞严经》"知见立知，即无明本"；皆在摒斥将日常的见闻觉知及清净意识视作真知、佛性的错误。黄龙死心禅师更是直斥"知之一字，众祸之门"，对神会见地的流弊加以痛责。死心禅师的看法也得到了云峰文悦、圆悟克勤、大慧宗杲、紫柏、憨山等人的赞同。当然，他们对神会的批评，主要着眼于见地的流弊，并非对于神会禅法的全面否定，这一点是需要注意的。

④ 即洛阳。周平王始都于此，东汉继之，故曰京洛。

⑤《稽古略》三："（荷泽禅师）于天宝四载入京，著《显宗记》，以订两宗。南能顿宗，北秀渐宗也。"《全唐文》九百十六："神会《显宗记》云：'无念为宗，无作为本。真空为体，妙有为用。夫真如无念，非想念而能知。实相无生，岂色心而能见？无念念者，即念真如。无生生者，即生实相。无住而住，常住涅槃。无行而行，即超彼岸。如如不动，动用无穷。念念无求，求本无念。菩提无得，净五眼而了三身。般若无知，运六通而弘四智。是知即定无定，即慧无慧，即行无行。性等虚空，体同法界。六度自兹圆满，道品于是无亏。是知我、法体空，有无双泯。心本无作，道常无念。无念无思，无求无得。不彼不此，不去不来。体悟三明，心通八戒，功成十力，富有七珍。入不二门，获一乘理。妙中之妙，即妙法身。天中之天，乃金刚慧。湛然常寂，应用无方。用而常空，空而常用。用而不有，即是真空。空而不无，便成妙有。妙有即摩诃般若，真空即清净涅槃。般若是涅槃之因，涅槃是般若之果。般若无见，能见涅槃。涅槃无生，能生般若。涅槃般若，名异体同。随义立名，故云"法无定相"。涅槃能生般若，即名真佛法身。般若能建涅槃，故号如来知见。知即知心空寂，见即见性无生。知见分明，不一不异，故能动寂常妙，理事皆如。如即处处能通，达即理事无碍。六根不染，即定慧之功。六识不生，即如如之力。心如境谢，境灭心空。心境双亡，体用不异。真如性净，慧鉴无穷。如水分千月，能见闻觉知。见闻觉知，而常空寂。空即无相，寂即无生。不被善恶所拘，不被静乱所摄。不厌生死，不乐涅槃。无不能无，有不能有。行住坐卧，心不动摇。一切时中，获无所得。

三世诸佛，教旨如斯。即菩萨慈悲，递相传授。自世尊灭后，西天二十八祖，共传无住之心，同说如来知见。至于达磨，届此为初，递代相承，于今不绝。所传秘教，要籍得人。如王髻珠，终不妄与。福德、智慧，二种庄严，行解相应，方能建立。衣为法信，法是衣宗。唯指衣法相传，更无别法。内传心印，印契本心。外传袈裟，将表宗旨。非衣不传于法，非法不受于衣。衣是法信之衣，法是无生之法。无生即无虚妄，乃是空寂之心。知空寂而了法身，了法身而真解脱。'"

⑥ 荷泽即地名以为寺号。《稽古略》三："荷泽，山东东昌路，曹州也。"神会大师与六祖问答之语，见于《传灯录》者甚详。附录于后，以备参考。

《传灯录》卷二十八："师于大藏经内，有六处有疑，问于六祖。第一，问戒定慧。曰：'戒定慧如何所用？戒何物？定从何处修？慧因何处起？所见不通流。'六祖答曰：'定则定其心，将戒戒其行，性中常慧照，自见自知深。'第二问：'本无今有有何物？本有今无无何物？诵经不见有、无义，真似骑驴更觅驴。'答曰：'前念恶业本无，后念善生今有。念念常行善行，后代人天不久。汝今正听吾言，吾即本无今有。'第三问：'将生灭却灭，将灭灭却生。不了生灭义，所见似聋盲。'答曰：'将生灭却灭，令人不执性。将灭灭却生，令人心离境。未若离二边，自除生灭病。'第四问：'先顿而后渐，先渐而后顿。不悟顿渐人，心里常迷闷。'答曰：'听法顿中渐，悟法渐中顿。修行顿中渐，证果顿中顿。顿渐是常因，悟中不迷闷。'第五问：'先定后慧，先慧后定。定慧后初，何生为正？'答曰：'常生清净心，定中而有慧。于境上无心，慧中而有定。定慧等无先，双修自心正。'第六问：'先佛而后法？先法而后佛？佛法本根源，起从何处出？'答曰：'说即先佛而后法，听即先法而后佛。若论佛法本根源，一切众生心里出。'"

⑦ 愍，忧也。怜，恤也。《左传》："吾代二子愍矣。"

⑧《高子遗书》一："人想到死去一物无有，万念自然撇脱。然不如悟到性上一物无有，万念自无系累也。"

⑨《老子》："道可道，非常道。名可名，非常名。"《笔削记》七："须知虽立真如之名，名即无名。无名之名，故曰假名。"

⑩ 实性，又名实相。《证道歌注》："实相，即一切众生本有灵觉之心也。此心自无量劫来至于今日，本自清净，本自圆满，本自具足，本自灵妙。廓若太虚，明如皎月，与他三世诸佛，同体无异。"

护法第九

【笺注】

别本作《宣诏品第九》。护法，拥护佛之正法也。

神龙①元年上元日②，则天、中宗诏③云："朕请安、秀二师④宫中供养，万机之暇⑤，每究一乘⑥。二师推让云：'南方有能禅师，密授忍大师衣法，传佛心印，可请彼问⑦'。今遣内侍薛简⑧驰诏迎请，愿师慈念，速赴上京⑨。"师上表辞疾，愿终林麓⑩。

【笺注】

① 神龙，中宗年号（705—707）。

②《白六帖》："正月十五日为上元。"

③《通鉴汇编》五："则天顺圣皇后，僭位二十一年。太后（即则天皇后）废中宗为卢陵王，立豫王旦为帝，政事决于太后。中宗皇帝，名显，高宗太子。即位后，为母后武氏废为卢陵王，居房州十四年。张柬之等迎复位，五年而崩。"

④ 安，嵩岳慧安国师。秀，北宗神秀大师。《景德传灯录》四："嵩岳慧安国师，荆州枝江人也。……唐贞观中，至黄梅谒忍祖，遂得心要……武后征至辇下，待以师礼，与神秀禅师同加钦重。后尝问师甲子，对曰：'不记。'后曰：'何不记邪？'师曰：'生死之身，其若循环。环无起尽，焉用

记为？况此心流注，中间无间。见沤起灭者，乃妄想耳。从初识至动相，灭时亦只如此，何年月而可记乎？'后闻，稽颡信受。寻以神龙二年，中宗赐紫袈裟，度弟子二七人。仍延入禁中，供养三年。又赐摩衲一副。师辞嵩岳。"

⑤《书》："一日二日万几。"言王者当戒、惧万事之几微也。后谓天子治理万事曰万几。亦作万机。

⑥ 成佛唯一之教，谓之一乘。《法华文句》四上："圆顿之教，名一佛乘。"《胜鬘经》："一乘者，即第一义乘。"

按语：此处所说一乘，当指达磨所传"南天竺一乘宗"，即禅宗也。

⑦《旧唐书·神秀传》："神秀尝奏则天，请追惠能赴都。惠能固辞，神秀又自作书重邀之。惠能谓使者曰：'吾形貌短陋，北土见之，恐不敬吾法。又先师以吾南中有缘，亦不可违也。'竟不度岭而死。"

⑧ 内侍，官名。隋置内侍省，领内侍、内常侍等官，皆以宦者为之。唐因其制，后人因沿称宦者为内侍。

⑨ 上京，京师之通称。边让赋："尽肃恭乎上京。"孟浩然诗："观光来上京。"

⑩ 山足曰麓。《礼记·王制篇》："林麓川泽，以时入而不禁。"

薛简曰："京城禅德①皆云：'欲得会道②，必须坐禅习定③。若不因禅定而得解脱者，未之有也。'未审师所说法如何？"

师曰："道由心悟，岂在坐也④？经云：'若言如来若坐若卧，是行邪道⑤'。何故？无所从来，亦无所去，无生无灭，是如来清净禅⑥。诸法空寂⑦，是如来清净坐⑧。究竟无证⑨，岂况坐耶！"

【笺注】

① 韩愈诗："东风花树下，送尔出京城。"禅德，参禅之师（僧）之有德

行者。

② 会道，体会大道也。

③ 此指四禅八定而言。

④《传灯录》："南岳让禅师见马祖坐禅次，师欲接之，故将片砖于祖庵前石上，磨之复磨。祖曰：'作什么？'师曰：'磨砖作镜。'祖曰：'磨砖岂得成镜？'师曰：'磨砖既不成镜，坐禅岂得成佛？'祖曰：'如何即是？'师曰：'如牛驾车，车若不行，打牛即是？打车即是？'祖无对。师又问：'汝学坐禅？为学坐佛？若学坐禅，禅非坐卧。若学坐佛，佛非定相。于无住法，不应取舍。汝若坐佛，即是杀佛。若执坐相，非达其理。'"

⑤《金刚经》："若有人言如来若来、若去、若坐、若卧，是人不解我所说义。何以故？如来者，无所从来，亦无所去，故名如来。"

⑥ 如来清净禅，省曰如来禅。为《楞伽经》所说四种禅之一。如来所得之禅定，即首楞严定也。依此禅定，穷竟法身、般若、解脱三德秘藏之大涅槃，而起无作之妙用。《楞伽经》二："云何如来禅？谓入如来地，得自觉圣智相三种乐住，成办众生不思议事，是名如来禅。"《楞伽经注解》二："如来禅者，即首楞严。"《禅源都序》上一："若顿悟自性本来清净，元无烦恼，无漏智性本来具足，此心即佛，毕竟无异。依此而修者，是最上乘禅。亦名如来清净禅，亦名一行三昧，亦名真如三昧。此是一切三昧根本，若能念念修习，自然渐得百千三昧。达磨门下展转相传者，是此禅也。"《证道歌》："顿觉了，如来禅，六度万行体中圆。"《元亨释书·道璇传》："璇曰：'我有心法，曰如来禅。昔三藏菩提达磨自天竺来，付此法于慧可。'"按：以上皆以如来禅为至极之法，即达磨所传之宗旨也。然唐之仰山，又立祖师禅名目，以祖师禅为达磨所传之心印，以如来禅为未了之名。此说与本经宗旨不合，故略之。

按语：太虚大师将中国禅宗分为悟心成佛禅、超佛祖师禅、越祖分灯禅等数个阶段。达磨至六祖为悟心成佛禅之阶段，行思、怀让至黄檗等为超佛祖师禅，沩仰、临济等五宗为越祖分灯禅。将禅宗分为以上数期，意在概括各个时期的特点，本无高下之分，"本来各期之禅，原是血脉贯通而不能割裂的,不过就某某一特点,假立名称以为区别之符号而已。"

　　⑦《法华·信解品》:"一切诸法,皆悉空寂。"唐释慧海曰:"心无起灭,对境寂然,一切时中,毕竟空寂,即是常不离佛。"

　　⑧《法华经·法师品》:"如来座者,一切法是空。"《法华大成》六:"法空即佛自证平等妙法。实相真空,离一切相,即一切法也。教坐如来座者,非是小乘人空座,不达法空。今既作佛,应坐法空之座,说一切诸佛权、实之法,使悟无二无三,证一切诸佛实智之道。令入一相、一味,所谓唯有一乘,余二非真。常寂灭相,终归于空也。法空安心,于诸法中得最自在,名之为座。坐此座者,终日说法,不见有法可说也。"

　　⑨《顿悟入道要门论》上:"问:'修道者以何为证?'答:'毕竟证为证。'问:'云何是毕竟证?'答:'无证无无证,是名毕竟证。'问:'云何是无证? 云何是无无证?'答:'于外不染色、声等,于内不起妄念心,得如是者,即名为证。得证之时,不得作证想,即名无证也。得此无证之时,亦不得作无证想,是名无证,即名无无证也。'"

　　简曰:"弟子回京,主上必问。愿师慈悲,指示心要①。传奏两宫及京城学道者。譬如一灯,然百千灯。冥者皆明,明明无尽②。"

　　师云:"道无明暗,明暗是代谢之义③。明明无尽,亦是有尽,相待立名。故《净名经》云:'法无有比,无相待故④。'"

　　简曰:"明喻智慧,暗喻烦恼。修道之人,倘⑤不以智慧照破烦恼,无始生死⑥,凭何出离?"

　　师曰:"烦恼即是菩提,无二无别。若以智慧照破烦恼者,此是二乘见解,羊、鹿等机。上智大根,悉不如是⑦。"

简曰："如何是大乘见解？"

师曰："明与无明，凡夫见二。智者了达，其性无二⑧。无二之性，即是实性⑨。实性者，处凡愚而不减，在贤圣而不增⑩。住烦恼而不乱，居禅定而不寂。不断不常，不来不去⑪。不在中间及其内外⑫。不生不灭⑬，性相如如⑭，常住不迁⑮，名之曰道。"

简曰："师说不生不灭，何异外道⑯？"

师曰："外道所说不生不灭者，将灭止生，以生显灭。灭犹不灭，生说不生⑰。我说不生不灭者，本自无生，今亦不灭，所以不同外道。汝若欲知心要，但一切善恶，都莫思量⑱，自然得入清净心体，湛然常寂，妙用恒沙。"

简蒙指教，豁然大悟。

【笺注】

① 心者，心髓。要者，精要。为法门至极之名。又，心性上精要之法义也。

②《维摩经·菩萨品》："维摩诘言：'诸姊！有法门名无尽灯，汝等当学。无尽灯者，譬如一灯然百千灯，冥者皆明，明明不尽。"

③《文子》："若春秋之代谢。"言春往而夏来，夏往而秋来。往者已谢而来者相代也。孟浩然诗："人事有代谢，"言人事之前者去而后者来也。

④ 二句见《维摩经·弟子品》中。

⑤ 倘，逆料之辞也。

⑥ 按：如来藏无前际故，无明亦无有始。无明无始故，生死亦无始。

⑦ 六祖对韦使君等言，则谓'当用大智慧打破五蕴烦恼尘劳'，如此

修行,定成佛道(见第二品)。今薛简已知此义,故六祖破其执而更进一层,乃为此说。皆随机说法,本无一定,非矛盾也。

⑧ 其字指明与无明言。

⑨ 实性,真如之异名也。《仁王经》中:"诸法实性,清净平等,非有非无。"

⑩《起信论》:"一切法,真如平等,不增减故。"法藏疏(《义记》)云:"随流加染而不增,反流除染而不减。又,反流加净不增,随流阙净不减。良以染净之所不亏,始终之所不易故"。

⑪《起信论·法藏序》(《义记》开篇部分):"无去无来,三际莫之能易。"

⑫《维摩经·弟子品第三》:"彼罪性不在内,不在外,不在中间。"

⑬《起信论·义记》中(本):"所谓心性,不生不灭。"

⑭《智度论》三十一:"性言其体,相言可识。"如如,见前注。

⑮ 法无生灭变迁曰常住。《楞严经》:"皆由不知常住真心,性净明体。"

⑯《俱舍玄义》:"学乖谛理,随自妄情,不返内觉,称为外道。"

⑰ 依旧生死轮回。

按语:大乘佛教认为,"诸法不自生,亦不从他生,不共不无因,是故说无生",认为世间认为实有生死的观念是错误的,当人们执著实有生死的观念时,即不得解脱生死的轮回,虽然住寿千年万劫,终不免重入生死。惟有以智慧了达生死的真相,方能真正超越生死。这种智慧用佛教的方式来表达,即是生即无生,也就是"涅槃与世间,无有少分别。世间与涅槃,无有少分别"。用禅宗的语言来表达,即是本来清净解脱(于生死苦难)。

⑱《笔削记》六:"'一切善恶,都莫思量',言下自绝念想"。唐释宗密云:"六祖大师云:'佛说一切法,为度一切心。我无一切心,何须一切法?'今时人但将此语轻于听学,都不自观实无心否?若无心者,八风不能动也。设习气未尽,嗔念任运起时,无打骂仇他心。贪念任运起时,无

营求令得心。见他荣盛时,无嫉妒求胜心。一切时中,于自已无忧饥冻心,无恐人轻贱心,乃至种种此等,亦得名为'无一切心'也。"

礼辞归阙①,表奏师语。其年九月三日,有诏奖谕师,曰:"师辞老疾,为朕修道②,国之福田③。师若净名,托疾毗耶④,阐扬大乘,传诸佛心⑤,谈不二法⑥。薛简传师指授如来知见,朕积善余庆⑦,宿种善根,值师出世,顿悟上乘。感荷师恩⑧,顶戴无已⑨,并奉磨衲袈裟⑩及水晶钵⑪。"

敕韶州刺史⑫修饰寺宇⑬,赐师旧居为国恩寺焉⑭。

【笺注】

① 阙,《说文》:"门观也。"归阙,归于帝所也。

②《禅源诠》卷下之二:"(无一切心)此名修道。若得对违、顺等境,都无贪嗔、爱恶,此名得道。"

③《维摩经·菩萨品第四》注:"什曰:'若行财施,但名施主,不名福田。若行法施,亦名施主,又名福田。'"福从法施中出,譬之如田,故云福田。详见前注。

④《维摩经·弟子品三》:"尔时长者维摩诘,自念:'寝疾于床,世尊大慈,宁不垂愍?'佛知其意,即告舍利弗:'汝行诣维摩诘问疾。'"注:"什曰:'维摩诘,秦言净名。'"《维摩经注》:"肇曰:'毗耶离,国土名也,秦言广严。其土平广严事,因以为名也。'"

⑤ 此言传布历代祖师之佛心宗也。佛心宗者,即直指人心见性成佛之谓也。

⑥《维摩经·入不二法门品》:"文殊师利问维摩诘:'我等各自说已,仁者当说何等是菩萨入不二法门?'时维摩诘默然无言。文殊师利叹曰:'善哉!善哉!乃至无有文字、语言。是真入不二法门。'"唐释慧海曰:"《经》云:'若取法相,即著我、人。若取非法相,即著我、人。是故不

207

应取法，不应取非法'，即是取真法也。若了此理，即真解脱，即会不二法门。"

⑦《周易·坤卦·文言》："积善之家，必有余庆。积不善之家，必有余殃。"

⑧《笔削记》四："三宝于我大有恩德，为感荷故，而归命之。"心有所思而动曰感，以肩担物曰荷。

⑨顶，头顶。戴，著物于首也。无已，不止也。

⑩磨衲，袈裟之名，产于高丽国。《东坡全集·磨衲赞并序》："长老佛印大师了元，游京师，天子闻其名，以高丽所贡磨衲赐之。"《鸡林志》：高丽国衣磨衲者，为传法师。衲甚精好。

⑪水晶，色如白冰，性坚而脆，吾国所产颇多。结晶常作斜方六面体，无色透明，光泽如玻璃，而硬度较高。以制眼镜、印章及透光镜等物。《岭南丛述》："魏庄渠校视学粤中，恶佛氏，必诋之，毁祠庙甚多，而曹溪之钵竟被捶碎。至崇祯间，有彭孝廉某病，梦至官府处，神被服如王者。闻胥吏传呼魏校一案，须臾一人峨冠盛服入，神问：'何以毁曹溪钵？'答言：'吾为孔子之徒，官督学，校在广东毁淫祠几千百所，岂但一钵？'神云：'闻钵破，中有魏字，如此神异，焉可以为异端毁之？'答云：'魏是予姓，数已前定。虽欲不毁，其可得耶？'神语塞，校揖而出。夫庄渠手诚辣矣，然千年异物，一朝碎之，能无孙家虺瓦吊之讥乎？"

按语：禅学资益理学之深，实为一般理学先生之所难以想象；理学家排佛之过甚，亦大出人情世理之外。魏校，号庄渠，为明代之大儒，《明儒学案》卷六有传，《明史》并载魏校"提学广东时，过曹溪，焚大鉴之衣，椎碎其钵，曰'无使惑后人'"。则魏校不仅碎六祖之钵，亦且焚传法之衣矣。魏校之言之行，实与大陆文化革命之举，深有血脉贯通之处矣。

丁氏之注评魏校之举，仅曰魏校碎六祖之钵，终不免后世之讥，如孙兴公之损坏裴子野三代所传蔡邕邕竹笛而已。然六祖之钵岂止一古董而已？其于佛教信仰之意义，于禅宗文化之意义，自不待明言。细详其意，丁氏之痛惜六祖钵盂被毁之情，实不减于诸人，仅因其主会通三教之说，故于理学家之排佛、毁佛，仅能持竭力调和、忍气吞声之态度，乃至在和会三教之时，也不无迎合理学之说，而失佛教真意之处。此正丁氏会通之说之困惑无解之处。会通三教，当明各家之所长，各家之所重，各家之所失及诸家之流变，而不失根本之立场。如此方为圆融无碍之立场，此正是缘起法则必然之要求也。不然，会通之说既不为彼所认可，则会通适致自困、自欺而已。

⑫ 天子班布臣民之诏书曰敕。

⑬ 修饰、增损之也。

⑭《宋高僧传》："（六祖）舍新兴旧宅为国恩寺焉。神龙三年……赐改额法泉。……太平兴国三年……重建塔，改为南华寺"。《五灯会元》："（中宗神龙元年）十二月十九日，敕改古宝林为中兴寺。三年十一月十八日，又敕韶州刺史，重加崇饰，赐额为法泉寺。祖新州旧居为国恩寺。"《岭南丛述》："六祖故居在新兴县。国恩禅寺，即卢能故居也。"《广东新语》二、新兴卢村："乃六祖生身之所。至今屋址，不生草木。近其居者，毛发稀秃。"

付嘱第十

【笺注】

　　付嘱者，授以法，嘱其传持也。《金刚经》："如来善付嘱诸菩萨。"

　　师一日唤门人法海、志诚、法达、神会、智常、智通、志彻、志道、法珍、法如等曰：

　　"汝等不同余人^①，吾灭度^②后，各为一方师^③。吾今教汝说法，不失本宗^④。先须举三科法门，动用三十六对，出没即离两边。说一切法，莫离自性。忽有人问汝法，出语尽双，皆取对法。来去相因，究竟二法尽除，更无去处。

　　三科法门者，阴、界、入也。阴是五阴：色、受、想、行、识是也。入是十二入，外六尘：色、声、香、味、触、法。内六门：眼、耳、鼻、舌、身、意是也。界是十八界：六尘、六门、六识是也。自性能含万法，名含藏识。若起思量，即是转识。生六识，出六门，见六尘。如是一十八界，皆从自性起用。自性若邪，起十八邪。自性若正，起十八正。若恶用即众生用，善用即佛用。用由何等？由自性有。

　　对法外境，无情五对：天与地对，日与月对，明与暗对，阴与阳对，水与火对，此是五对也。法相语言十二对：语与法对，有与无对，有色与无色对，有相与无相对，有漏与无漏对⑤,色与空对,动与静对,清与浊对,凡与圣对,僧与俗对,老与少对,大与小对,此是十二对也。自性起用,十九对:长与短对,邪与正对,痴与慧对,愚与智对,乱与定对,慈与毒对⑥,戒与非对⑦,直与曲对,实与虚对,险与平对,烦恼与菩提对,常与无常对,悲与害对⑧,喜与嗔对,舍与悭对,进与退对,生与灭对,法身与色身对,化身与报身对,此是十九对也。"

师言:"此三十六对法,若解用,即道贯一切经法。出入即离两边⑨,自性动用,共人言语,外于相离相,内于空离空。若全著相,即长邪见。若全执空,即长无明。执空之人有谤经,直言不用文字。既云不用文字,人亦不合语言。只此语言,便是文字之相。"

又云:"直道不立文字,即此不立两字,亦是文字⑩。见人所说,便即谤他,言著文字。汝等须知,自迷犹可,又谤佛经。不要谤经,罪障无数。若著相于外,而作法求真;或广立道场,说有、无之过患。如是之人,累劫不得见性。但听依法修行,又莫百物不思,而于道性窒碍。若听说不修,令人反生邪念。但依法修行,无住相法施。汝等若悟,依此说,依此用,依此行,依此作,即不失本宗。若有人问汝义,问有,将无对;问无,将有对;问凡,以圣对;问圣,以凡对。二道相因,生中道义⑪。如一问一对,余问一依此作,即不失理也。设有人问:何名为暗?答云:明是因,暗是缘。明没即暗,以明显暗,以暗显明。来去相因,成中道义。余问悉皆如此。汝等于后传法,依此转相教授,勿失宗旨⑫。"

【笺注】

① 常随侍使之众,故云不同余人。又其入道比余人为胜,故云不同余人。

② 灭度,兼命终、证果二者而言。《涅槃经》二十九:"灭生死故,名为灭度。"《行愿品钞》四:"言涅槃者,具云般涅槃那,古译为入灭息。息即是灭,故但云入灭。或云:灭度,即灭障度苦也。"

按语:依澄观大师的说法,灭度即指般涅槃。按印度佛教的传统说法,小乘第三阿那含果及阿罗汉果临终,方可言涅槃,至于般涅槃,一般仅指佛之灭度而言。中国佛教后来将之泛化,但严格来说,也仅有圣者之离世,方称得上灭度。

③ 此师字指禅师(导师)而言,六祖谓各门人,他日各为分化一方之禅师也。唐释慧海曰:"夫禅师者,撮其枢要,直了心源。出没卷舒,纵横应物。咸均事理,顿见如来。拔生死深根,获现前三昧。若不安禅静虑,到这里总须茫然。随机授法,三学虽殊。得意忘言,一乘何异!故经云:'十方佛土中,唯有一乘法。无二亦无三,除佛方便说。但以假名字,引导于众生。'"

④ 出家之人,各有宗派。指其所从之宗派言,各谓之本宗。此之本宗,指禅宗也。按语:此宗当指宗要而言,即达磨所传、六祖所说禅法之精要,当非指拘于一家之宗派而言。

⑤ 漏为烦恼之异名。贪嗔等之烦恼,日夜自眼耳等六根门漏泄流注而不止,故名漏。又漏者,漏落之义。烦恼能使人漏落于三恶道,故名漏。因之而有烦恼之法曰有漏,离烦恼之法曰无漏。

⑥ 慈,慈心也。毒,很心也。按语:很,古义有险恶、狠毒之义,后作狠。

⑦ 非,不是也,恶也。

⑧ 悲,悲悯也。害,伤害也。

⑨ 《入道要门》上:"问:'云何是中道?'答:'无中间,亦无二边,即中道也。''云何是二边?'答:'为有彼心,有此心,即是二边。''云何名彼心、

此心?'答:'外缚色、声,名为彼心。内起妄念,名为此心。若于外不染色,即名无彼心;内不生妄念,即名无此心。此非二边也。心既无二边,中亦何有哉! 得如是者,即名中道。'"

⑩ 裴休《原人论序》:"文字性空。"又曰:"无离文字而说解脱,必曰舍文字然后见法,非见法者也。"

⑪《大智度论》四十三:"常是一边,断灭是一边,离是二边,行中道,是为般若波罗蜜。又,复常无常、苦乐、空实、我无我等,亦如是。色法是一边,无色法是一边。可见法不可见法、有对无对、有为无为、有漏无漏、世间出世间等诸二法,亦如是。复次;无明是一边,无明尽是一边。乃至老死是一边,老死尽是一边。诸法有是一边,诸法无是一边。离此二边行中道,是为般若波罗蜜。菩萨是一边,六波罗蜜是一边。佛是一边,菩提是一边。离是二边行中道,是为般若波罗蜜。略说内六情是一边,外六尘是一边,离是二边行中道,是名般若波罗蜜。此般若波罗蜜是一边,此非般若波罗蜜是一边,离是二边行中道,是名般若波罗蜜。"

⑫ 后人以此教授之法为说者,颇多。今以慧海所撰《顿悟入道要门论》中语,证之如下:"问:'云何是见佛真身?'答:'不见有、无,即是见佛真身。'问:'云何不见有、无,即是见佛真身?'答:'有因无立,无因有显。本不立有,无亦不存。既不存无,有从何得? 有之与无,相因始有。既相因而有,悉是生灭也。但离此二见,即是见佛真身。'"又问:"'何者是无为法?'答:'有为是。'问:'今问无为法,因何答有为是?'答:'有因无立,无因有显。本不立有,无从何生? 若论真无为者,即不取有为,亦不取无为,是真无为法也。'"又问:"'何者是中道义?'答:'边义是。'问:'今问中道,因何答边义是?'答:'边因中立,中因边生。本若无边,中从何生? 今言中者,因边始有,故知中之与边,相因而立。'"按:举此三则,其他可以推知矣。

师于太极元年壬子延和七月①,命门人往新州国恩寺建塔,仍令促工②,次年夏末落成③。七月一日,集徒众曰:

"吾至八月，欲离世间。汝等有疑，早须相问，为汝破疑，令汝迷尽。吾若去后，无人教汝。"

法海等闻，悉皆涕泣。惟有神会，神情不动，亦无涕泣④。

师云："神会小师⑤，却得善不善等，毁誉不动⑥，哀乐不生⑦，余者不得。数年山中，竟修何道！汝今悲泣，为忧阿谁⑧？若忧吾不知去处，吾自知去处。吾若不知去处，终不预报于汝⑨。汝等悲泣，盖为不知吾去处。若知吾去处，即不合⑩悲泣，法性本无生灭去来⑪。汝等尽坐，吾与汝说一偈，名曰《真假动静偈》，汝等诵取此偈，与吾意同。依此修行，不失宗旨。"

众僧作礼，请师作偈。

【笺注】

① 原注曰：是年五月改延和，八月玄宗即位，方改元先天，次年遂改开元。他本作先天者非。

丁注：太极，唐睿宗年号。元年，岁壬子，兹岁正月改元太极。又，五月改元延和。七月睿宗传位于太子隆基，八月玄宗改元先天也。盖一岁三改元，故云尔也。

② 促工，促迫工人使勤作而早完工也。

③ 杜预《左传集解》："宫室始成而祭之，为落。"《诗经·斯干序》笺："宣王筑宫庙群寝，既成而衅之，歌《斯干》之章以落之。"刘克庄诗："故国难归去，新巢甫落成。"今建筑完竣，通谓之落成。

④ 庄子妻死，箕踞，鼓盆而歌。谓人且偃然寝于巨室，而我噭噭然随而哭之，自以为不通乎命，即此意也。

⑤ 受具足戒未满十夏者，曰小师。又弟子之称。又沙门谦下之称。

《寄归传》三:"西方行法:受近圆已去,名铎曷罗(译为小师),满十夏名悉他薜攞(译为住位),得离依止而住。"

⑥《庄子》:"且举世誉之而不加劝,举世非之而不加沮。"

⑦《庄子》:"适来,夫子时也;适去,夫子顺也。安时而处顺,哀乐不能入也。"

按语:在面对生死时,佛道两家皆有平和自然的心态,但其所以平和的指导思想则不同。道家因其道生万物之见地,视生死皆为自然之表现,故通达自然之道者,即能不知悦生,不知恶死而能安时处顺。若不见道者,则不免有精神灰灭,物质常存之断灭邪见。佛教小乘圣者,则能通过正观生命的无常苦空无我,而得以超越对生命、自我、欲爱的执著,而入清净、安乐、解脱之涅槃。大乘圣者则依般若空观,视生死如幻化,认为生死即涅槃、烦恼即菩提,故能不厌生死,不乐涅槃,视生死轮回之六道为圆满智慧与悲愿、救度众生之道场,此生的结束不过是菩萨救度众生的无尽时空中之一个阶段的结束,下一个阶段正在展开。六祖所说"我自知去处"、灵祐禅师"沩山下做一头水牯水"等言行,表达的都是这个意思。

⑧ 阿谁,犹言何人也。古诗:"家中有阿谁。"《三国志》:"向者之论,阿谁为失?"《困学纪闻》十九:"俗语皆有所本,'阿谁'出《(三国志)蜀·庞统传》。"

⑨ 言若吾不知去处,终不预告汝以至八月间欲离世间。

⑩ 不合,犹云不应该。

⑪《六祖金刚经口诀》:"圣贤生不因念,应迹而生。欲生即生,不待彼命。故既生之后,圆寂之性,依旧湛然,无体相,无挂碍。其照万法,如青天白日,无毫发隐滞。故能建立一切善法,遍于沙界,不见其少。摄受一切众生归于寂灭,不以为多。驱之不能来,逐之不能去。虽托四大为形,五行为养,皆我所假,未当妄认。我缘苟尽,我迹当灭,委而去之。(真)如来去耳,于我何与哉!"

偈曰①：

"一切无有真②，　　　不以见于真③。

　若见于真者④，　　　是见尽非真⑤。

　若能自有真⑥，　　　离假即心真⑦。

　自心不离假，　　　无真何处真⑧？

　有情即解动⑨，　　　无情即不动⑩。

　若修不动行⑪，　　　同无情不动⑫。

　若觅真不动⑬，　　　动上有不动⑭。

　不动是不动⑮，　　　无情无佛种⑯。

　能善分别相⑰，　　　第一义不动⑱。

　但作如此见⑲，　　　即是真如用⑳。

　报诸学道人㉑，　　　努力须用意。

　莫于大乘门㉒，　　　却执生死智㉓。

　若言下相应㉔，　　　即共论佛义。

　若实不相应㉕，　　　合掌令欢喜㉖。

　此宗本无诤㉗，　　　诤即失道意㉘。

　执逆诤法门㉙，　　　自性入生死㉚。"

【笺注】

① 按：此偈惟古本载之，《传灯录》、《五灯会元》、《正宗记》等均不载也。

按语：此偈见于敦煌、敦博、惠昕及宗宝本，而传世之禅宗文献，如丁氏所言，则未见著录。

② 一切万法无真正故。

③ 言不可作为真看。按语：即并非眼见为实之意。

④ 若作真实观之。

⑤ 则此见无一非假矣。按语：即《金刚经》所言"凡所有相，皆是虚妄"之意。因众生所见，不离世间真实、自我真实、能见真实之成见之故，为此见所染，即不能了达我空、法空之真实意，故于眼耳鼻舌身意所感知之一切（此即世间认识之全部），即皆不能如实观察，因此也不能对真如、涅槃等出世间法，有真实之了解。

⑥ 若于自心了得真正。

⑦ 离假相，当处即是真。按语：六根、六尘、六识皆妄，或曰八识性妄，此皆就法相而言，故说"尽非真"。若能顿见真如本性，则六尘、八识皆是自性，此就法性上说。众生所见之相，属自心虚妄分别，若能离此假相，即得见心真如性，即自性清净心，即"心真"。

⑧ 自心若不离假相，万法何处有真？以上说真假。

⑨ 自此点破坐禅。

⑩ 木石一切非情物。《血脉论》："此心不离四大。色身中若离此心，即无能运动。此身无知，如草木瓦砾，身是无情，因何运动？"

⑪ 不动行，长坐不卧之禅定也。即禅门所称之"不倒禅"。

⑫ 同于木石。

⑬ 如寻自心真不动。按语：即寻求常住寂灭之真不动。

⑭ 即动摇上有不动摇。林子《坛经讯释》："悟性之人，虽在于虚极静笃矣。然而动上亦有不动，而轮刀上阵，亦得见之者，不可不知也。然则何以谓之动上不动？《坛经》曰：性本不动故也。"

按语：《坛经》所说不动，皆就法性、自性上说，而不是从相对于动之静而言。其意近于《肇论》"旋岚偃岳而常静，江河竞注而不流，野马飘鼓而不动"之语，即"本来自性寂静、涅槃"之意。而不在意于身体的常坐不卧，心神的虚极、守静，相反，见性之人能于日常之事务中，做到善应诸事，而内心能够如如不动，因其见自性寂静故。六祖此处显然也暗示了契入自性、如如不动的方法。

⑮ 误会不动以为即是坐禅。

⑯《入道要门》下："讲华严座主问：'禅师信无情是佛否？'师曰：'不信。若无情是佛者，活人应不如死人。死驴、死狗，亦应胜于活人。经云：佛身者，即法身也。从戒定慧生，从三明、六通生，从一切善法生。若说无情是佛者，大德如今便死，应作佛去！'"按：据此即知无情者非佛，故无情即无佛种也。以上说动静。

⑰即言能于事事物物，措施裕如也。因物付物而不动其心，即是善分别相。余注见第四品"能善分别诸法相"句下。

⑱注见前"于第一义而不动"句下。《高子遗书》："当得大忿懥、大恐惧、大忧患、大好乐而不动，乃真把柄也。"又云："须知动心最可耻。心至贵也，物至贱也，奈何贵为贱役？"

按语：此不动心，非指不动心念，乃指虽有见闻，而不起我法、彼此、虚实、高下的分别，不起烦恼执着。

⑲如此见，指不可如无情之不动，宜如善能分别诸法相，于第一义而不动。

⑳此见即是真如之用。按：以上真假动静之旨已明。故以下之偈文皆指不净而言。

按语：真如之用，即与真如相应，远离我、法二执之意。

㉑自此下言不可因净而入生死。

㉒大乘门，顿教也。

㉓已入大乘门，即离生死智。故不可于大乘门中，仍执生死之见。生死智者，落于生死之见识也。

按语：此句似贯通上下诸句来说，总申应离于一切与大乘不相应的观念和见地，如世间真实、所见真实、能见真实、自心真实、常坐不动即禅、自宗所见殊胜等等。此上诸见，皆不离我执、法执，不断生死根本，故不得出离生死，故称为生死智。

㉔言与人谈论，若彼此契合者，即可同论佛义也。

㉕若彼不契合。

㉖则亦合掌表敬，使彼生欢喜心而不诤论。

㉗ 顿教宗门本是无诤三昧。《金刚般若经》:"我得无诤三昧,人中最为第一。"《口诀》云:"何名无诤三昧? 谓阿罗汉心无生灭、去来,唯有本觉常照,故名无诤三昧。"

按语:般若正观,以无分别为根本,此即无诤之精神实质。宗门无意于法相分别、进修次第的分辨,唯论见性,深合无分别之意,故六祖说"宗门本无诤"。当然也含有当时宗门各家,虽见有浅深,证有迟疾,而无根本差别之意。

㉘《智度论》十一:"须菩提于弟子中,得无诤三昧最第一。无诤三昧相,常观众生,不令心恼,多行怜悯。"《金刚经略疏》中:"无诤三昧者,以其解空,则彼我俱忘,能不恼众生,亦令众生不起烦恼故也。"《涅槃经》云:"须菩提者,住虚空地。……若有众生嫌我立者,我当终日端坐不起。(若有众生)嫌我坐者,我当终日立不移处。"一念不生,诸法无诤。六祖偈曰:"诤是胜负心,与道相违背,便生四相心,何由得三昧?"

㉙ 谓固执违逆诤论之法门。按语:指一味争论法门的高下胜劣。

㉚ 有诤则嗔,嗔则退失无生忍。失却无生忍,自性便入生死轮回,不能超三界矣。《华严经》:"有诤说生死,无诤即涅槃。"

按语:诤则有是非、彼此、高下之分,属我法二执,由此出生一切烦恼,尚不得见道,更何论退失无生忍。自性入生死,是言本来清净之自性,而为诤论所染,故不得出离生死。

时徒众闻说偈已,普皆作礼。并体师意,各各摄心①,依法修行,更不敢诤,乃知大师不久住世。

法海上座再拜问曰:"和尚入灭之后,衣法当付何人?"

师曰:"吾于大梵寺说法以至于今,抄录流行②,目曰《法宝坛经》,汝等守护,递相传授,度诸群生。但依此说,是名正法。今为汝等说法,不付其衣。盖为汝等信根淳熟,决定无疑,堪任大事。然据先祖达磨大师《付授偈》意,衣不合传③。偈曰：

'吾本来兹土④，　　传法救迷情⑤。

一华开五叶⑥，　　结果自然成⑦。'"

师复曰："诸善知识，汝等各各净心，听吾说法：若欲成就种智⑧，须达一相三昧，一行三昧⑨。若于一切处而不住相，于彼相中不生憎爱，亦无取舍，不念利益、成坏等事，安闲恬静，虚融澹泊，此名一相三昧。

若于一切处，行住坐卧，纯一直心，不动道场⑩，真成净土⑪，此名一行三昧。

若人具二三昧，如地有种，含藏长养，成熟其实。一相、一行⑫，亦复如是。我今说法，犹如时雨⑬，普润大地。汝等佛性，譬诸种子，遇兹霑洽⑭，悉皆发生。承吾旨者，决获菩提。依吾行者，定证妙果。听吾偈曰：

'心地含诸种⑮，　　普雨悉皆萌⑯。

顿悟华情已⑰，　　菩提果自成⑱。'"

师说偈已，曰："其法无二，其心亦然⑲。其道清净，亦无诸相。汝等慎勿观静及空其心。此心本净，无可取舍。各自努力，随缘好去⑳。"尔时徒众作礼而退。

【笺注】

①摄心者，摄散乱之心于一也。《佛遗教经》："常当摄念在心"，"若摄心者，心则在定"。

②钞录，略取也。流行，流通也。按语：钞录，即记录也。从现存《坛经》各本来看，当时记录六祖之语者，显非法海一人，故有诸家所记不同，古本《坛经》文繁之说。

③《刘梦得文集》三十、《佛衣铭》："吾既为僧琳撰曹溪第二碑,且思所以辨六祖置衣不传之旨,作《佛衣铭》曰:

佛言不行,佛衣乃争。忽近贵远,古今常情。尼父之生,土无一里。梦奠之后,履存千祀。惟昔有梁,如象之狂,达磨救世,来为医王。以言不痊,因物乃迁。如执符节,行乎复关。民不知官,望车而畏。俗不知佛,得衣为贵。坏色之衣,道不在兹。由之信道,所以为宝。六祖未彰,其出也微,既还狼荒,憬俗蚩蚩,不有信器,众生曷归? 是开便门,非止传衣。初必有终,传岂无已? 物必归尽,衣乎久恃? 先终知终,用乃不穷。我道无朽,衣于何有? 其用已陈,孰非刍狗。"

④ 吾,达磨自谓也。

⑤ 传法,传如来之正法眼藏。

⑥ 一华,达磨指自己言。五叶指二祖至六祖五代而言也。或曰:五叶谓六祖后禅家分为临济、曹洞、沩仰、云门、法眼、五宗之识语。此说非是。观上文衣不合传之说,则与五叶之说相符也。若云五叶指五宗言,则遗却二祖下之五代矣。

⑦ 付衣虽止于五叶。而五叶后,禅宗大兴,故云结果自然成。《五灯会元》十:"问:'一华开五叶,结果自然成。如何是一华?'师曰:'日出有明。'曰:'如何是结果自然成?'师曰:'天地皎然。'"

⑧ 种智,佛之一切种智也。佛智知一切种种之法,名一切种智。《大智度论》二十七:"一切种智是佛事。声闻、辟支佛但有总一切智,无有一切种智。"《大智度论》八十四:"一切种智是诸佛智也。"

⑨ 按语:一相三昧、一行三昧为大乘百八三昧,无量三昧中之二。或有言二者实为一种者。《文殊说般若经》、《大宝积经》卷一一六,皆述由观佛相好为方便,由相好念佛转入无相念,由无相而入法界一相,以系缘法界、法界一相为心要,而入一行三昧。《华手经》亦如上说,而称所入三昧为一相三昧。在《大智度论》所述百八三昧中,一处仅提及一行三昧,一处则一相三昧与一行三昧并见,则二者或有微细差别。《大乘起信论裂网疏》认为,唐译(实叉难陀)之一相三昧,即梁译(真谛)中一行三

昧,梁译约能证名一行,唐译约所证名一相。引文如下:

依此三昧,证法界相。知一切如来法身与一切众生身,平等无二,皆是一相,是故说名一相三昧。若修习此三昧,能生无量三昧,以真如是一切三昧根本处故。法界相,即真如体,无相不相之实相也。心、佛、众生,三无差别,故名一相三昧。梁本名一行三昧,约所证名一相,约能证名一行,当知一行即一相也。《文殊般若》所示一行三昧,正与此同,亦即大佛顶首楞严王三昧,亦即法华实相三昧。此是三昧中王,故能生无量三昧也。(《大乘起信论裂网疏》卷六)

⑩《辅行》二:"今以供佛之处,名为道场。"又,学道之处曰道场。《注维摩经》四:"肇曰:'闲宴修道之处,谓之道场也。'"按:不动道场者,言不必在道场中有所举动,已得真成净土也。

按语:不动道场,即"当下即是"、"触处皆真"之意。

⑪《顿悟入道要门》下:"问:'愿生净土,未审实有净土否?'师曰:'经云:欲得净土,当净其心。随其心净,即佛土净。若心清净,所在之处,皆为净土。譬如生国王家,决定绍王业,发心向佛道,是生净佛国。其心若不净,在所生处,皆是秽土。净秽在心,不在国土。'"

⑫ 一相,指一相三昧而言。一行,指一行三昧而言。

⑬《孟子》:"有如时雨化之者。"注:时雨,及时之雨也。

⑭ 音沾,濡也,渍也。洽,沾也。

⑮《潭州寻和尚》注曰:"一念包容十刹。"案:下三句亦皆寻和尚原注。

⑯ "祖师说法,众生发萌。"

⑰ "声色无边,般若无边。"

⑱ "信受、奉行。"

⑲《海水一滴》:不见生灭、迷悟、华果二法差别,则触目无障碍之大道。何二其法、二其心哉!

⑳ 外界之事物来,自体与之感触,谓之缘。应其缘而自体动作,谓之随缘。《最胜王经》五:"随缘所在觉群迷。"按:随缘好去者,六祖谓门

弟子可各各随缘而去也。按语：犹禅师临别之"珍重"。

　　大师七月八日，忽谓门人曰："吾欲归新州①，汝等速理舟楫②。"大众哀留甚坚，师曰："诸佛出现，犹示涅槃。有来必去，理亦常然。吾此形骸，归必有所。"

　　众曰："师从此去，早晚可回③？"

　　师曰："叶落归根④，来时无口⑤。"

　　又问曰："正法眼藏，传付何人？"

　　师曰："有道者得，无心者通。"

　　又问："后莫有难否？"

　　师曰："吾灭后五六年，当有一人来取吾首。听吾记曰：'头上养亲，口里须餐⑥。遇满之难，杨柳为官⑦。'"

　　又云："吾去七十年，有二菩萨从东方来，一出家，一在家⑧，同时兴化，建立吾宗。缔缉伽蓝⑨，昌隆法嗣⑩。"

【笺注】

　　① 新州，南朝梁置，明废。今广东新兴县。

　　② 楫，短棹也。亦名桡，俗谓之桨。《易》："舟楫之利，以济不通。"

　　③ 门弟子慰藉六祖，言师虽往归新州，然未必即行迁化，早晚可仍回到此地也。

　　④《荀子》："水深则回，叶落粪本。"《老子》："夫物芸芸，各归其根。"此句，六祖言吾之归新州，犹叶落之归其根也。

　　按语：六祖此言或别有深意，非仅重返故土之意。

　　⑤ 此句六祖言，吾初来时，本无口无语言。此即无法可说之意也。《传心法要》下："真佛无口，不解说法。"《六祖金刚经注》曰："本心元净，诸法元空，更有何法可说？二乘之人执著人法是有，即有所说。菩萨了

悟人法皆空，即无所说。是故《经》云：'若有人言如来有所说法，即为谤佛。'"按：此即无口之意也。《禅宗颂古聊珠通集》七："法云秀云：'非但来时无口，去时亦无鼻孔。'本觉又曰：'五蕴山头一段空，来时无口去无踪。要明落叶归根旨，末后方能达此宗。'"《吴志》薛综曰：'无口为天，有口为吴。'据此又可谓六祖生时从天来也。录此备一别解。

⑥ 头上养亲者，言金大悲欲取大师首，顶戴供养，如慈亲也。口里须餐者，言净满受金大悲之钱，来劫大师之首，为口腹所累也。

⑦《传法正宗记》六："尊者入塔时，徒属思其言'将有人取吾首'者，遂以铁鍱固护其项。开元十年八月三日，其夕之半，俄闻塔间有若拽铁索之声。主塔者惊起，遽见一人，状类孝子（此当日见一人着缞经，而混言孝子者，盖顺乎祖师隐语之意耳），自塔驰出。寻视之，其铁鍱护处，已有痕迹。遂以贼事闻其州邑。官严捕之，他日于邑之石角村果得其贼。吏鞫问，贼自称姓张名净满，本汝州梁县人。适于洪州开元寺，受新罗国僧金大悲者雇，令取祖之首，归其国以事。吏欲以法坐之，刺史以其情不恶，乃问尊者弟子令瑶禅师。令瑶复以佛法论，欲吏原之。刺史善瑶之意，亦从而恕之。当其时州刺史曰柳无忝，县令曰杨侃，贼曰张净满。验其谶语，无少差谬。"

⑧ 一出家指马祖道一禅师而言，一在家指庞蕴居士而言。或曰：一出家指黄檗禅师，一在家指裴休。

⑨ 缔，构造。缉，补葺。伽蓝，佛寺之别称。《五分律》："伽蓝自瓶沙王施迦兰陀竹园为始也。园者，生植之所。佛弟子居之，取生植道本、圣果之义也。伽蓝，具云僧伽蓝，其义为众比丘之园。"

⑩ 法嗣，嗣法之人也。

问曰："未知从上佛祖应现已来，传授几代？愿垂开示①。"

师云："古佛应世，已无数量，不可计也②。今以七佛为始,过去庄严劫③,毗婆尸佛④、尸弃佛⑤、毗舍浮佛⑥。今贤劫拘留孙佛⑦、拘那含牟尼佛⑧、迦叶佛⑨、释迦文佛⑩,是为七佛。

【笺注】

① 按:自"问曰至垂示"之文,《传灯录》、《五灯会元》、《正宗记》等中不载,而古本具载之。但文字间有异同,佛祖名数间有差殊耳。

② 按:七佛以前,古佛应世之数,无量无边,非可以譬喻算之,实不可思议。久远劫来,诸佛出兴,有二万亿威音王佛,二万亿日月灯明佛,二千亿云自在灯王佛,过去久远大通智胜佛等佛,实不可枚举,详见诸经。

按语:过去世有无量无数的佛出现于世,未来世有无量无数的佛出现于世,这是大小乘共同的看法,小乘经典中,具载于《阿含》等小乘经及《大毗婆沙论》等论典中。迦叶佛、拘留孙佛等佛名并见于《长阿含经》、《杂阿含经》、《增一阿含》诸经中。

③《佛祖统纪》三十:"过去庄严劫。此劫有成、住、坏、空各二十小劫。"

④ 过去庄严劫第九百九十八尊也。《长阿含经》卷一云:人寿八万岁时,此佛出世。种刹利,姓拘利若。父槃头,母槃头婆提,居槃头婆提城。坐彼婆罗树下,说法三会,度人三十四万八千。神足(弟子)二:一名骞荼,二名提舍。侍者无忧,子方膺。偈曰:"身从无相中受生,犹如幻出诸形象。幻人心识本来无,罪福皆空无所住。"见《指月录》一,下同。《景德传灯录》一。

过去之七佛各举得法之偈,称为七佛所说偈。此七佛所说偈,未知出何典,是《宝林传》之著者慧炬所捏造也。《释门正统》曾痛斥之,其语载在《正统》第四卷中。

⑤ 过去庄严劫第九百九十九尊也。《长阿含经》卷一云:人寿七万

225

岁时,此佛出世。种刹利,姓拘利若。父明相,母光曜,居光相城。坐分陀利树下,说法三会,度人二十五万。神足(弟子)二:一名阿毗浮,二名三婆婆。侍者忍行,子(名)无量。偈曰:"起诸善法本是幻,造诸恶业亦是幻。身如聚沫心如风,幻出无根无实性。"

⑥　过去庄严劫第一千尊也。《长阿含经》云:人寿六万岁时,此佛出世。种刹利,姓拘利若。父善灯,母称戒,居无喻城。坐娑罗树下,说法二会,度人一十三万。神足二:一名扶游,二名郁多摩。侍者寂灭,子妙觉。偈曰:"假借四大以为身,心本无生因境有。前境若无心亦无,罪福如幻起亦灭。"

⑦　现在贤劫有一千佛,此其第一尊也。《佛祖统纪》三十:"现在贤劫,以多贤人,故名贤劫。"《长阿含经》云:人寿四万岁时,此佛出世。种婆罗门,姓迦叶。父祀得,母善枝,居安和城。坐尸利沙树下,说法一会,度人四万。神足二:一萨尼,二毗楼。侍者善觉,子上胜。偈曰:"见身无实是佛身,了心如幻是佛幻。了得身心本性空,斯人与佛何殊别。"

⑧　贤劫第二尊也。《长阿含经》云:人寿三万岁时,此佛出世。种婆罗门,姓迦叶。父大德,母善胜,居清净城。坐乌暂婆罗门(优昙婆罗)树下,说法一会,度人三万。神足二:一舒槃那,二郁多楼。侍者安和,子导师。偈曰:"佛不见身知是佛,若实有知别无佛。智者能知罪性空,坦然不怖于生死。"

⑨　贤劫第三尊也。《长阿含经》云:人寿二万岁时,此佛出世。种婆罗门,姓迦叶。父梵德,母财主,居波罗奈城。坐尼拘律树下,说法一会,度人二万。神足二:一提舍、二婆罗婆。侍者善友,子集军。偈曰:"一切众生性清净,从本无生无可灭。即此身心是幻生,幻化之中无罪福。"

⑩　贤劫第四尊也。姓刹利,父净饭王,母摩耶。人寿百岁时,此佛出世。当此土周昭王二十六年甲寅四月初八日,自母摩耶右胁诞生。涅槃于此土周穆王五十三年壬申岁,寿七十九,说法四十九年。侍者阿难,后承命结集经典,为第二祖。子罗睺罗,皆大阿罗汉。偈曰:"法本法无法,无法法亦法。今付无法时,法法何曾法?"

是为七佛。释迦文佛首传第一摩诃迦叶尊者①，

第二阿难尊者②，第三商那和修尊者③，第四优波毱多尊者④，

第五提多迦尊者⑤，第六弥遮迦尊者⑥，第七婆须蜜多尊者⑦，

第八佛驮难提尊者⑧，第九伏驮蜜多尊者⑨，第十胁尊者⑩，

十一富那夜奢尊者⑪，十二马鸣大士⑫，十三迦毗摩罗尊者⑬，

十四龙树大士⑭，十五迦那提婆尊者⑮，十六罗睺罗多尊者⑯，

十七僧伽难提尊者⑰，十八伽耶舍多尊者⑱，十九鸠摩罗多尊者⑲，

二十阇耶多尊者⑳，二十一婆修盘头尊者㉑，二十二摩拏罗尊者㉒，

二十三鹤勒那尊者㉓，二十四师子尊者㉔，二十五婆舍斯多尊者㉕，

二十六不如蜜多尊者㉖，二十七般若多罗尊者㉗，

二十八菩提达磨尊者㉘（此土是为初祖），

二十九慧可大师㉙，三十僧璨大师㉚，三十一道信大师㉛，

三十二弘忍大师㉜，惠能是为三十三祖㉝。

从上诸祖，各有禀承。汝等向后，递代流传，毋令乖误㉞。"

【笺注】

①《传灯录》一："第一祖摩诃迦叶。"《法华文句》一："摩诃迦叶，此翻大龟氏。其先代学道，灵龟负仙图而应，从德名族，故言龟氏。真谛三藏翻光波。古仙人身光炎踊，能映余光使不现，故言光波。亦云饮光，迦叶身光亦能映物"故。智德具备，堪为人尊，故云尊者。阿罗汉之尊称也。《资持记》下三："尊者，谓腊高德重，为人所尊。"《行事钞》下云："下座称上座为尊者。"《指月录》一："世尊在灵山会上，拈华示众。是时众皆默然，唯迦叶尊者破颜微笑。世尊曰：'吾有正法眼藏、涅槃妙心、实相无相、微妙法门，不立文字、教外别传，付嘱摩诃迦叶。'"又"世尊至多子塔前，命摩诃迦叶分座令坐，以僧伽黎围之，遂告曰：'吾以正法眼藏密付于汝，汝当护持'。并敕阿难副贰传化，无令断绝。"

②《传灯录》一："第二祖阿难，王舍城人也。姓刹帝利，父斛饭王。"梵语阿难陀，此云庆喜，亦云欢喜，释迦如来成道之夜生，释迦世尊之从弟也。既出家，十大弟子中，多闻第一。为世尊之侍者二十五年，承释迦佛之命，与大迦叶结集经典者。

③《传灯录》一："第三祖商那和修者，摩突罗国人也。"又曰：（三祖商那和修尊者）"得优波毱多以为给侍，因问毱多：'汝年几耶？'曰：'我年十七。'曰：'汝身十七？ 性十七耶？'答曰：'师发已白，为发白耶？ 心白耶？'师曰：'我但发白，非心白耳。'毱多曰：'我身十七，非性十七也。'"商那尊者于先身、后身，衣与胎俱出。身渐长，衣亦随长。阿难度之出家，变其衣为法服。受具戒后，又变其衣为僧伽胝。将寂灭，以智力发愿留此袈裟，至释迦遗法尽时，此衣方坏。

④《传灯录》一："第四祖优婆毱多者，吒利国人也。"又曰："尊者每度一人，以一筹置于石室，其室纵十八肘，广十二肘，充满其间。"尊者入灭，以筹焚之，舍利建塔。优婆毱多尊者，依其师商那和修之教，若起恶心下黑石，起善心下白石。初黑多白少，渐渐修习，黑白平等。满七日后，唯见白石。其时商那和修（为）说四圣谛，使即时证须陀洹道。见《付法藏传》三。

⑤《传灯录》一：“第五祖提多迦者，摩伽陀国人也。”又曰：“五祖提多迦尊者因求出家，毱多问曰：‘汝身出家？心出家？’答曰：‘我来出家，非为身心。’毱多曰：‘不为身心，复谁出家？’答曰：‘夫出家者，无我我故，即心不生灭。心不生灭，即是常道，诸佛亦常。心无形相，其体亦然。’尊者本名香众，师毱多尊者易以今名。”尊者有偈付弥遮迦尊者云：“通达本无心，无法无非法。悟了同未悟，无心亦无法。”说已，踊身虚空作十八变，火光三昧自焚其躯。见《佛祖历代通载》四。

⑥《传灯录》一：“第六祖弥遮迦者，中印度人也。”尊者既传法已，当游北天竺国，知婆须蜜多为法器，谓曰：“我师提多迦说，世尊昔游北印度，语阿难言：‘此国中吾灭后三百年，有一圣人，姓颇罗堕，名婆须蜜，而于禅祖当获第七。’世尊纪汝，汝应出家”，“遂披剃”。见《佛祖历代通载》。

⑦《传灯录》一：“第七祖婆须蜜多者，北天竺国人也。”“（尊者常服净衣）执酒器，游行里闬，或吟或啸，人谓之狂”。遇第六祖，遂出家。后以偈付佛陀难提，偈曰：“心同虚空界，示等虚空法。证得虚空时，无是无非法。”且云：“如来正法眼藏，我今付汝，汝常护持。”见《佛祖历代通载》。

⑧《传灯录》一：“第八祖佛驮难提者，迦摩罗国人也。”尊者顶有肉髻，便捷无碍，行化至提迦国城，遂付法于伏驮蜜多。见《佛祖历代通载》。

⑨《传灯录》一：“第九祖伏驮蜜多者，提迦国人也。”尊者示不言、不行相五十年，遇第八祖乃言。第八祖谓其（九祖）虑父母爱情难舍，故不言不行耳。见《佛祖历代通载》。

⑩《传灯录》一：“第十祖胁尊者，中印度人也。”《付法藏传》五：“彼胁比丘，由昔业故，在母胎中六十余年。既生之后，须发皓白，厌恶五欲，不乐居家。往就尊者佛陀蜜多，稽首礼足，求在道次”，“精进勇猛，未曾以胁至地而卧，时人即号为胁比丘”。

⑪《传灯录》一：“第十一祖富那夜奢，华氏国人也。”又曰：“十一祖富那夜尊者谒胁尊者，（胁尊者）问：‘汝从何来？’夜奢曰：‘我心非往。’尊

者曰：'汝何处住？'曰：'我心非止。'胁曰：'汝不定耶？'曰：'诸佛亦然。'尊者曰：'汝非诸佛。'曰：'诸佛亦非尊者。'"胁印可，度之。《传灯录》一："（十二祖马鸣大士见富那夜奢），问曰：'我欲识佛，何者即是？'富曰：'汝欲识佛，不识者是。'马曰：'佛既不识，焉知是乎。'富曰：'既不识佛，焉知不是？'曰：'此是锯义。'师曰：'彼是木义。'（鸣）复问：'锯义者何？'曰：'与师平出。'又问：'木义者何？'师曰：'汝被我解！'马鸣豁然省悟。"

⑫《传灯录》一："第十二祖马鸣大士者，波罗奈国人也。"胁比丘付法于富那奢而涅槃，富那奢一时在闲林下，结跏趺坐，寂然思惟：有一大士，名马鸣，智慧渊鉴，超识绝伦，有所难问，靡不摧伏……起大憍慢，草芥群生。富那奢知其可化，与彼论二谛之义，使彼屈伏，遂为弟子。富那奢既涅槃，乃游行教化于华氏城，建大法幢，摧灭邪见。作妙伎乐，名赖吒啝罗，其音清雅哀婉，宣说苦、空、无我之法。时城中五百王子，开悟出家。后在月支国，度脱无量人民。详见《付法传》五。有大心、大行，名大士，菩萨之异称也。以其说法，能使诸饿马悲鸣，故名马鸣大士。

⑬《传灯录》一："第十三祖迦毗摩罗者，华氏国人也。"迦毗摩罗，初为外道，有三千弟子。与马鸣谈论，为马鸣屈伏，遂为马鸣弟子，于南天布法。见《佛祖统记》。

⑭《传灯录》一："第十四祖龙树大士，西天竺国人也，亦名龙胜。"大士名阿周陀那，佛灭后七百年，出世于南天竺。为马鸣弟子迦毗摩罗之弟子，提婆菩萨之师也。入龙宫赍大《华严经》、开铁塔传密藏，显密八宗之祖师也。以龙成道，故以龙配字。见本传。

⑮《传灯录》二："第十五祖迦那提婆者，南天竺国人也。"又曰："十五祖迦那提婆尊者，因谒龙树，（将及门，龙树）知是智人，令侍者以满钵水，置于座前。提婆观之，乃以针投。契于龙树，即为法嗣。"《付法藏传》六："（尊者提婆）其初托生南天竺土，婆罗门种，尊贵豪胜。由毁神眼，遂无一目，因是号曰迦那提婆。"

⑯《传灯录》二："第十六祖罗睺罗多者，迦毗罗国人也。"尊者行化

至室罗筏城金水河，"告众曰：'有圣者僧伽难提居于彼处，佛志：一千年后，当绍圣位。'领诸学众，溯流而上，至彼，见僧伽难提安坐入定，经三七日，方从定起"，与之辩论定义，难提心意豁然，祖遂付以法眼。见《佛祖历代通载》。

⑰《传灯录》二："第十七祖僧伽难提者，室罗筏城宝庄严王之子也。"尊者出家后，至大石窟安坐入定。及从定起，十六祖"问之曰：'汝身定耶？心定耶？'曰：'身心俱定。'祖曰：'身心俱定，有何出入？'曰：'虽有出入，不失定相。'祖诘之，尊者豁然，即求度脱。"见《佛祖正宗道影》一。

⑱《传灯录》二："第十八祖伽耶舍多者，摩提国人也。"十七祖既得法受记已，行化至摩提国，见一童子，祖问："汝几岁耶？"曰："百岁。"祖曰："汝年尚幼，何言百岁？"童曰："若人生百岁，不会诸佛机，未若生一日，而得决了之。"他时，闻风吹殿铃声，祖问曰："铃鸣耶？风鸣耶？"尊者曰："非风、铃鸣，我心鸣耳。"祖曰："心复谁乎？"答曰："俱寂静故。"祖曰："善哉！善哉！"即付尊者以大法。见《佛祖正宗道影》一。

⑲《传灯录》二："第十九祖鸠摩罗多者，大月氏国婆罗门之子也。"十八祖至大月氏国，见一婆罗门舍有异气，祖将入彼舍，尊者（鸠摩罗多）问曰："是何徒众？"曰："是佛弟子。"尊者闻佛号，心神竦然，即时闭户。祖良久，自叩其门，尊者曰："此舍无人。"祖曰："答无者谁？"尊者知祖异人，开关延接。祖曰："昔世尊记曰：'吾灭后一千年，有大士出现于月氏国，绍隆玄化。'今汝值吾，应斯嘉运。"于是尊者发宿命智，投祖出家。见《佛祖历代通载》。

⑳《传灯录》二："第二十祖阇耶多者，北天竺国人也。智慧渊冲，化导无量。"又曰：二十祖阇耶多尊者遇鸠摩入国，问曰："我家父母，素信三宝，而常萦疾瘵。凡所营作，皆不如意。而我邻家，久为旃陀罗行，而身常勇健，所作和合。彼何幸而我何辜？"鸠摩曰："善恶之报，有三时焉。凡人但见仁夭暴寿，逆吉义凶，便谓亡因果，虚罪福。殊不知影响相随，纵经万劫，亦不磨灭。"时阇耶多顿释所疑。鸠摩曰："汝虽已信三业，而未明业从惑生，惑因识有，识依不觉，不觉依心。心本清净，无生灭，无造

作,无报应,无胜负。寂寂然,灵灵然。汝若入此门,可与诸佛同矣。一切善恶、有为无为,皆如梦幻。"阇耶多(闻言),凤慧顿发。尊者得法后,以法付婆修盘头,即于座宴然归寂。见《佛祖正宗道影》一。

㉑《传灯录》二:"第二十一祖婆修盘头(此云遍行)者,罗阅城人也。"尊者一食不卧,六时礼佛,为众所归。二十祖至彼,问其众曰:"此遍行头陀能修梵行,可得佛道乎?"众曰:"我师精进,何故不可?"祖曰:"(汝师与道远矣,设苦行历于尘劫,皆虚妄之本也)我不求道,亦不颠倒。我不礼佛,亦不轻慢。我不长坐,亦不懈怠。我不一食,亦不杂食。心无所希,名之曰道。"尊者闻矣,遂发无漏智,祖乃付法。见《佛祖正宗道影》一。

㉒《传灯录》二:"第二十二祖摩拏罗者,那提国常自在王之子也。"二十一祖至彼国,王问之,祖云:"今王国有二师化导。佛记第二五百年有二神力大士出家继圣,王之次子摩拏罗是其一。吾虽德薄,敢当其一。"王遂舍之作沙门,祖遂付以大法。见《佛祖正宗道影》一。

㉓《传灯录》二:"第二十三祖鹤勒那者,月氏国人也。姓婆罗门,父千胜。"尊者常有鹤众相随,问二十二祖曰:"以何方便,令彼解脱?"祖说偈曰:"心随万境转,转处实能幽。随流识得性,无喜亦无忧。"鹤众闻偈飞鸣而去。既得法,行化中印度,付法师子而寂。见《佛祖正宗道影》一。

㉔《传灯录》二:"第二十四祖师子比丘者,中印度人也。"尊者游化至罽宝国,付法与婆舍斯多。后(外道为释子形象谋乱,王归罪佛教,秉剑问师子尊者)曰:"离生死否?"曰:"已离生死。"曰:"既离生死,可施我头。"尊者曰:"我身非有,何吝于头!"王即挥刃断尊者头,白乳涌出,高数尺。王之右臂,旋亦堕地。见《佛祖正宗道影》一。

㉕《传灯录》二:"第二十五祖婆舍斯多者,罽宾国人也。尊者姓婆罗门,父寂行,母常安乐。"既诞,拳左手。遇师子尊者,显发宿因,密受心印。见《佛祖历代通载》七。

㉖《传灯录》二:"第二十六祖不如蜜多者,南印度得胜王之太子也。"尊者既得法于二十五祖,至东印度。彼外道师长爪梵志恐王迁善,

尊者至，以为魔。王问尊者："师来何为？"尊者曰："将度众生。"梵志不胜其怒，即以幻法化大山于尊者顶上。尊者指之，忽在彼众头上。梵志等怖惧，投尊者。尊者愍其愚惑，再指之，化山随灭。乃为王演说法要，俾趣真乘。见《佛祖历代通载》八。

㉗《传灯录》二："第二十七祖般若多罗者，东印度人也。"二十六祖至东印度，与王同车而出，见丐者璎络童子稽首于前，谓王曰："此童子非他，即大势至菩萨是也。"此圣之后，复出二人，一人化南印度，一人缘在震旦。为宿因与祖同居，祖转甚深修多罗，尊者演摩诃般若故，即名之曰般若多罗，而付以法。后尊者往南天竺香至国，度王之第三子菩提多罗。见《佛祖历代通载》八。

㉘ 原注：此土是为初祖。

《传灯录》三："第二十八祖菩提达磨者，南天竺国香至王第三子也。"尊者本名菩提多罗，遇二十七祖付法后，改名为菩提达磨。梁普光（通）元年泛海至广州，武帝迎之至建业。问曰："朕即位以来，造寺、写经，有何功德？"磨曰："无功德。"帝曰："何云真功德？"磨曰："净智妙圆，体自空寂。如是功德，不于世求。"帝曰："如何是圣谛、第一义？"磨曰："廓然无圣。"帝曰："对朕者谁？"磨曰："不识。"帝不悟。遂渡江之魏，止于嵩山之少林寺，终日面壁而已。后得慧可，以所得法并衣钵付之。见《传法正宗记》。

㉙ 第二十九祖慧可大师，武牢人也。姓姬氏，初名神光，得法后，达磨大师改其名曰慧可，为东土之第二祖。《佛祖历代通载》九："有僧神光者，因神人发起，来见师，师端坐不顾。会天大雪，光立雪中，至积雪过膝。师悯而问曰：'汝久立雪中，求何事耶？'光曰：'唯愿大慈，开甘露门，广度群品。'师曰：'诸佛无上妙道，旷劫难逢，岂小德、小智、轻心、慢心，欲冀真乘？徒劳勤苦！'光闻诲励，喜不自胜，即以利刀自断左臂，置于师前。复问曰：'诸佛法印，可得闻乎？'师曰：'诸佛法印，匪从人得！'曰：'我心未宁，乞师与安。'师曰：'将心来！与汝安。'可曰：'觅心了不可得。'师曰：'与汝安心竟。'""大同元年十二月，师将示寂，……顾谓可曰：

'世尊以正法眼藏付嘱大迦叶,展转传授,以至于吾。吾今付汝,汝当护持。并授汝袈裟以为法信。"《佛祖正宗道影》一:"祖得法已,继阐玄风,转授法于僧璨。寿一百七,终于筦城,德宗谥大祖禅师。"

㉚ 第三十祖僧璨大师,在家之姓氏无考。既得法,受衣钵,是为东土之第三祖。《佛祖正宗道影》一:"祖谒可祖曰:'弟子身缠风恙,请师忏罪。'曰:'将罪来!与汝忏。'祖良久曰:'觅罪了不可得。'曰:'与汝忏罪竟!'复示般若谶曰:'汝今得法,宜处深山,未可行化。当有国难,所谓心中虽吉外头凶是也。'及后周,果婴沙汰。祖往来司空山,居无常处。入罗浮,为众广宣心要讫,于法会树下立化。玄宗谥鉴智禅师。"

㉛ 第三十一祖道信大师,蕲州广济司马氏。既嗣法于璨大师,是为东土之第四祖。《佛祖正宗道影》一:"年十四,礼璨祖曰:'乞和尚与解脱法门!'曰:'谁缚汝?'祖曰:'无人缚。'曰:'何更求解脱乎?'祖于言下大悟。既得法,住破头山。永徽中,安坐而逝。越明年,塔户自开,仪相如生。代宗谥大医禅师、慈云之塔。"

㉜ 第三十二祖弘忍大师,蕲州黄梅人也,姓周氏,后遇信大师得法,为东土第五祖,嗣化于(黄梅)破头山。《佛祖正宗道影》一:"祖蕲州黄梅人,先为栽松道者,托生于周氏之女。父母恶,逐之。女无所归,乞食里中。及长,里人呼为无性儿。路逢信祖,问曰:'子何姓?'祖曰:'姓有,不是常姓。'曰:'是何性?'曰:'是佛性。'曰:'汝无姓耶?'祖曰:'性空故无。'信默然,乞为侍者。女以凤缘,舍之无难色。祖与剃度,后付衣法,遂以学徒委之。授衣法于惠能后,上元元年化去。代宗谥大满禅师、法雨之塔。"

㉝ 第三十三祖,是东土第六祖,故称曰六祖,事迹详前。自六祖后,得法者多,故南岳、青原、法海、玄策、神会等皆以世次而分宗派,不称祖。

㉞ 毋,禁止之词。乖,背也,一彼一此而不相合也。误,错误也。

大师先天二年癸丑岁①，八月初三日②于国恩寺斋罢③，谓诸徒众曰："汝等各依位坐，吾与汝别。"

法海白言④："和尚留何教法，令后代迷人，得见佛性？"

师言："汝等谛听⑤：后代迷人，若识众生，即是佛性。若不识众生，万劫觅佛难逢。吾今教汝识自心众生，见自心佛性。欲求见佛，但识众生。只为众生迷佛，非是佛迷众生。自性若悟，众生是佛。自性若迷，佛是众生。自性平等，众生是佛。自性邪险，佛是众生。汝等心若险曲，即佛在众生中。一念平直⑥，即是众生成佛。我心自有佛，自佛是真佛。自若无佛心，何处求真佛？汝等自心是佛，更莫狐疑⑦。外无一物而能建立，皆是本心生万种法⑧。故经云：'心生，种种法生；心灭，种种法灭⑨。'"

【笺注】

① 先天，唐玄宗之年号。

② 原注：是年十二月，改元开元。

③《佛祖统纪》二十九："先天二年，复归新州国恩寺，既而示寂。"《清一统志》三百四十六："龙山寺，在新兴县南思龙山，一名国恩寺。唐建。"按：新兴县，属广西肇庆府，唐之新州也。

④ 述事陈义曰白。《金刚经》："合掌恭敬，而白佛言。"

⑤ 谛，审也。谛听者，审详而听，即用心听之意。

⑥《金刚经》："是法平等，无有高下。"《维摩经》："直心是道场。"《高子遗书》："人之生也直，本体也。以直养而无害，工夫也。"

⑦《传灯录》："福州大安禅师问曰：'学人欲识佛，何者即是？'丈曰：'大似骑牛觅牛。'师曰：'识后如何？'丈曰：'如人骑牛至家。'师曰：'未审始终如何保任？'丈曰：'如牧牛人，执杖视之，不令犯人苗稼。'师自兹领

旨，更不驰求。'"'上堂云：'安在沩山三十来年，吃沩山饭，屙沩山屎，不学沩山禅，只看一头水牯牛。若落路入草，便牵出。若犯人苗稼，即鞭挞调伏，既久，可怜生受人语言。如今变作个露地白牛，常在面前，终日露迥迥地，趁（赶）亦不去也。'案：丈指百丈。

⑧《起信论》上："以心生则种种法生；心灭则种种法灭故。"《楞严经》一之下："阿难言：'我常闻佛开示四众：由心生故，种种法生；由法生故，种种心生'。"《悟性论》："若一念心生，即入三界。一念心灭，即出三界。"

⑨《起信论疏》上："依无明力，不觉心动，乃至能现一切境等。故言'心生种种法生。'"（按：?）此则心随熏动，故云生也。"若无明心灭，境界随灭，诸分别识皆得灭尽，故言'心灭则种种法灭'"。（按：?）此则心源还净，故云灭也。《大智度论》十二："复次，如一美色，淫人见之，以为净妙，心生染著；不净观人视之，种种恶露，无一净处。等妇见之，妒嗔憎恶，目不欲见，以为不净。淫人观之为乐，妒人观之为苦，净行人观之得道，无豫之人观之，无所适莫，如见土木。若此美色实净，四种人观，皆应见净。若实不净，四种人观，皆应不净。以是故知，好丑在心，外无定也。观空亦如是。"

　　吾今留一偈，与汝等别，名《自性真佛偈》。后代之人，识此偈意，自见本心，自成佛道。偈曰：

真如自性是真佛①，　　邪见三毒是魔王②。

邪迷之时魔在舍③，　　正见之时佛在堂④。

性中邪见三毒生⑤，　　即是魔王来住舍⑥。

正见自除三毒心⑦，　　魔变成佛真无假⑧。

法身报身及化身，　　三身本来是一身⑨。

若向性中能自见⑩，　　即是成佛菩提因⑪。

本从化身生净性⑫，　　净性常在化身中⑬。

性使化身行正道⑭，　　当来圆满真无穷⑮。

淫性本是净性因⑯，　　除淫即是净性身⑰。

性中各自离五欲⑱，　　见性刹那即是真。

今生若遇顿教门⑲，　　忽悟自性见世尊⑳。

若欲修行觅作佛㉑，　　不知何处拟求真㉒。

若能心中自见真㉓，　　有真即是成佛因㉔。

不见自性外觅佛㉕，　　起心总是大痴人㉖。

顿教法门今已留，　　救度世人须自修㉗。

报汝当来学道者㉘，　　不作此见大悠悠㉙。

【笺注】

①《往生论注》下："真如是诸法正体。"《大乘止观》："此心即自性清净心，又名真如，亦名佛性。"《永嘉证道歌》："法身了觉无一物，本源自性天真佛。"

② 邪见，为五见之一。拨无因果之理，谓恶不足恐、善不足好之谬见也。此谬见为邪之最。局于邪故，因有邪之名也。三毒者：贪毒、嗔毒、痴毒。《婆沙论》五十二："问：'何故名魔？'答：'断慧命故，或常行放逸而自害故。'"魔王名波旬，(住)在他化自在天中，(属下)有大力鬼神，娆乱修行人者。

③ 迷，迷惑也。舍，以喻自己之一身如屋舍。

④ 即心即佛，故正见之时自身犹佛之堂。

⑤ 邪见生三毒。三毒与邪见同生于性中。

按语：此与天台宗所说一心具十法界、一念三千之意相近，即天堂地狱皆在自心之意。

⑥ 一著邪见，佛变成魔。

⑦ 正见之时，三毒心自然除去。

⑧ 贪嗔痴本无实性，若了了见——贪嗔痴性即是佛性；贪嗔痴外，更无别有实性故——既具正见，则魔变成佛。

⑨ 三身从一性而出，故云本来是一身。

⑩ 性中能自见三身本来一身。

⑪ 佛菩提，佛智慧也。

按语：此上两句应贯通看，即明见自性是成佛之正因。亦即见性成佛，莫向外求之意。

⑫ 从化身而发生自性清净法身。

按语：通常说三身之中，法身为本，化身依法身起用。此处六祖特别强调化身对于证得清净法身的作用。《坛经》所说化身（佛），就是指众生现前之心念，尤其是指现前的正见、正念，强调现前之正念、正知，即是成佛之因，此即《观经》所说"是心作佛"、"诸佛正遍知海，从心想生"之意，也就是《大涅槃经》三因佛性中的缘因佛性。对于众生而言，现前一念，正是修行之本。离此，别无他途。

⑬ 自性清净法身，常在化身之中。

按语：现前一念之起用，正因自性而生，所以说自性清净法身在化身中。此即后来所说"全波是水"之意。

⑭ 性在身中，为身之主人，故性能使化身行正道。

按语：性指自性，依太虚大师之说，《坛经》所言之自性，多指如来藏藏识，《胜鬘经》说："若无如来藏，（众生）不得厌苦，乐求涅槃。"《摄大乘论》等论说："无始时来界，一切法等因，依此有诸趣，及涅槃证得。"皆立如来藏藏识为众生轮回之本，解脱之因。认为众生由生死轮回之苦无穷尽故，而生厌离之心，欲求解脱，其正求解脱之心，正在于相信清净如来藏的存在。不然，则皆堕于断常二见，而不得解脱。所以说一切正念、正道，皆因正信涅槃之能证得而生，此即六祖"性使化身行正道"之意。

⑮ 行正道，功报当来，故称报身圆满无穷。

按语：将来得如来如恒河沙等无尽清净功德故。

⑯ 淫欲、染污之性，生自性清净法身之因地。《维摩经·弟子品》：

"不断淫怒痴,亦不与俱。不灭痴爱,起于明、脱。"注:"肇曰:断淫怒痴,
声闻也。淫怒痴俱,凡夫也。大士观淫怒痴即是涅槃。故不断、不俱。"
《增一阿含》九:"盖屋不密,天雨则漏。人不惟行,漏淫怒痴。盖屋善密,
天雨不漏。人能惟行,无淫怒痴。"

按语:"淫性本是净性因"一句,可从性相及转化两个方面来看:从
性相来看:淫欲从相上来看,是不净,故声闻起厌离想,断欲而得清净解
脱。若从诸法的真实性来看,淫欲之性亦属缘生,非我、非我所,相虽不
净,其性即空,不异真如,真如自性清净故,淫性亦可视为净性之一分
(因),故菩萨于欲,见其不净,故不同于凡夫之爱染执著;见其性空,故不
必如声闻执其为实而以断为清净。从转化来看,淫欲可视作众生对自性
的误用,若悟自性清净之义,则可渐离爱染,并生智慧及利他心,从而助
成菩提之道的成熟和圆满。此亦是淫性为净性之因的另一层含义。

⑰ 除去淫性即净性。

按语:此说似近于声闻之以断欲为清净。敦煌本及惠昕本皆作"除
淫即无净性身",此即《维摩经》所说"淫怒痴性即是解脱"之义,侧重于淫
性本空而言。

⑱《释氏要览》下:"五欲谓色声香味触也。"《三藏法数·止观》云:
"五尘非欲,而其中有味(爱著),能起行人需欲之心,故言五欲。常能牵
人入诸魔境故也。又五欲者:一财、二色、三饮食、四名、五睡眠。"见《华
严大疏》二十七、《三藏法数》二十四。离五欲者,远离五欲过失也。《起
信论》:"以知法性无染,离五欲过故,随顺修行尸罗波罗蜜。"

按语:"淫性本是净性因"至"见性刹那即是真"数句,似言五欲烦恼
本来不异自性,若能于自心舍离五欲的贪爱执著,心得远离,亦能于刹那
间明见自性。

⑲ 禅宗即顿教法门。

⑳ 见本原自性天真佛也。浑同而曰见世尊者,千佛万佛原是一佛
故也。《修心诀》云:"顿悟者,凡夫迷时,四大为身,妄想为心,不知自性
是真法身,不知自己灵知是真佛也。心外觅佛,波波浪走。忽被善知识

指尔入路,一念回光,见自本性。而此性地,原无烦恼。无漏智性,本自具足。即与诸佛分毫不殊,故云顿悟也。"

㉑ 向外驰求。

㉒ 各自本具心佛,欲修行而得者,终无是处。

按语:此言修行须明成佛的原理与方法,佛非有为法,非有相可求,故言非修行可得。此亦大乘性宗共同的立场。

㉓ "惟此一事实,余二即非真"。《高子遗书》一:"心中无丝发事,此为立本。"

按语:宋元以来,儒门多以"观喜怒哀乐之未发"为修养的下手处,此即《高子遗书》所说之"心中无丝发事"之"立本"。此法亦近于观心,而以伦理道德的自觉及道德本体的发明为目的,理学家也称此为见性。此法高者亦有进入正定者,多数不过见清净意识之光明而已,但多以此而骄禅门。《遗书》此句,与六祖禅法显然趣味不同。

㉔《高子遗书》一:"无杂念虑,即真精神。去其本无,即吾固有。"

按语:无杂念虑,即系心一处,可达到禅定,或近分定。《坛经》此处所说见真,指见性而言。

㉕ 起心觅佛,不知佛在起心之中,是为不见自性。

㉖ 即起心便是痴毒。《传心法要》下:"起心向外求者,名为歌利王爱游猎去。心不外游,即是忍辱仙人。身心俱无,即是佛道。"

㉗ 此言虽云救度世人,然世人要须自修。

㉘ 当来,当世、来世也。

㉙ 此见,指顿教法门而言。悠悠,悠忽度日,无精进工夫也。

师说偈已,告曰:"汝等好住,吾灭度后,莫作世情,悲泣雨泪①,受人吊问②,身着孝服。非吾弟子③,亦非正法④。但识自本心,见自本性⑤,无动无静,无生无灭,无去无来,无是无非,无住无往。恐汝等心迷,不会吾意,今再嘱汝,令汝见性。吾灭度后，依此修行，如吾在日。若违吾教，纵吾在世，亦无有益。"

复说偈曰：

"兀兀不修善[⑥]，　　腾腾不造恶[⑦]。

寂寂断见闻[⑧]，　　荡荡心无著[⑨]。"

【笺注】

① 刘向《说苑》："鲍叔死，管仲举上衽而哭之，泣下如雨。"

② 问终曰吊。亲友邻里闻讣，往丧家问之，曰吊问。

③ 佛弟子不当受吊问与着孝。

④ 吊问着服，非如来正法。

⑤ 《大集经》二、曰："一切众生，心性本净。性本净者，烦恼诸结不能染著。犹如虚空不可沾污。"

⑥ 兀兀，不动貌。

⑦ 腾腾，自在无所为貌。

⑧ 寂寂，安静貌。断见闻，断之于安静之中也。

按语：断见闻，指六根寂定，内心不逐六尘而动，似与见闻觉知等隔绝。此三句与第四句为六祖指示修心的临终诀要。

⑨ 坦坦平平，心无所住。马祖云："自性本来具足，但于善恶事上不滞，唤作修道人。取善舍恶、观空入定，即属造作。更若向外驰求，转疏转远。但尽三界心量(思量)，一念妄想，即是三界生死根本。但无一念，即除生死根本，即得法王无上珍宝。"《传心法要》下："志公云：'未逢出世明师，枉服大乘法药'。如今但一切时中，行住坐卧，但学无心，亦无分别，亦无依倚，亦无住著，终日任运腾腾，如痴人相似。世人尽不识尔，尔亦不用教人识、不识。心如顽石头，都无缝罅，一切法透汝心不入，兀然无著，如此始有少分相应。透得三界境过，名为佛出世。不漏心相，名为无漏智。不作人天业，不作地狱业，不起一切心，诸缘尽不生，即此身心

是自由人。不是一向不生，只是随意而生，经云：菩萨有意生身是也。忽若未会无心，著相而作者，皆属魔业。"《高丽普照禅师修心诀》云："行住坐卧、或语或默、或喜或怒，一切时中，一一如是。似虚舟驾浪，随高随下；如流水转山，遇曲遇直，而心心无知。今日腾腾任运，明日任运腾腾。随顺众缘，无障无碍。于善于恶，不断不修。质直无伪，视听寻常，则绝（无）一尘而作对，何劳遣荡之功？无一念而生情，不假忘缘之力。"

师说偈已，端坐①至三更，忽谓门人曰："吾行矣。"奄然迁化②。于时异香满室，白虹属地③，林木变白④，禽兽哀鸣。

十一月⑤，广、韶、新三郡官僚泊门人僧俗，争迎真身，莫决所之⑥。乃焚香祷曰："香烟指处，师所归焉。"时香烟直贯曹溪。十一月十三日，迁神龛⑦，并所传衣钵而回。

次年⑧七月出龛，弟子方辩以香泥上之⑨。门人忆念取首之记，仍以铁叶⑩漆布，固护师颈入塔。忽于塔内白光出现，直上冲天，三日始散。韶州奏闻，奉敕立碑，纪师道行⑪。

师春秋七十有六⑫，年二十四传衣，三十九祝发，说法利生，三十七载，得嗣法者四十三人⑬，悟道超凡者莫知其数。

达磨所传信衣⑭（西域屈眴布也）、中宗赐磨衲、宝钵及方辩塑师真相并道具等⑮，主塔侍者尸之⑯，永镇宝林道场。流传《坛经》，以显宗旨。此皆兴隆三宝⑰，普利群生者⑱。

【笺注】

① 端坐,犹言正坐也。

② 奄然,忽然也。《释氏要览》下《送终篇》:"释氏死,谓涅槃、圆寂、归真、归寂、灭度、迁化、顺世,皆一义也,随便称之。"《大乘义章》:"菩萨后时,迁化他土。"

③《尔雅》:"螮蝀,虹也。"《白虎通》:"天弓,虹也。"虹者,太阳光线与水气相映,现于天空之彩晕也。《礼记》:"君子比德于玉","气如白虹,天也"。《战国策》:"聂政之刺韩傀也,白虹贯日。"属,连属也。

④《涅槃经》:"寂然无声,于是时顷,便般涅槃。大觉世尊入涅槃已……其树即时惨然变白,犹如白鹤。"

⑤ 即先天二年,是时已改开元元年。

⑥ 广州之官僚欲迎六祖真身往法性寺,韶州之官僚欲迎六祖真身往宝林寺,新州之官僚欲即安六祖真身于国恩寺,故云莫决所之。

⑦ 龛,塔也,塔下室也。此神龛非指塔与塔下室而言,乃指禅龛而言也。俗谓供佛之小室曰佛龛,亦其类也。杜甫诗:"禅龛只宴如。"案:龛形如轿,三面合木,一面为户,禅者端坐于中习静。禅堂中恒置之。

按语:原指掘凿岩崖为室,以安置佛像之所,后来也称石制、木制以供奉佛像的方形小室为佛龛。禅宗兴起后,祖师之真身亦有入龛供养者,故转将收纳祖师遗体之棺舆称为龛,或称神龛。此处所指,当即神龛,而非禅坐所用之禅龛也。

⑧ 即开元二年。

⑨ 香泥,以香末捣如泥也。《通载》十二,慈恩玄奘示寂下云:"俄,异僧奉旃檀末香至,请依天竺法,用涂法师之体。"又《后分涅槃》下:"即以香泥、香水,灌洗如来金色之身。"

按语:佛教常用香料有涂香、烧香、末香等,此处之香泥,当为涂香、末香加水、胶等和成,形似稀泥,故称香泥。

⑩ 铁叶,铁片也。

⑪ 王维、柳子厚、刘禹锡及宋兵部侍郎晏殊等俱有碑记,晏殊碑记

文今佚。

⑫　春秋，年龄也，一年一春秋。《战国策》："君之春秋高矣，而封地不定。"《汉书》："春秋鼎盛。"大师降诞于唐太宗贞观十二年戊戌岁二月八日子时，示寂于玄宗先天二年癸丑岁八月三日，历太宗、高宗、则天、中宗、睿宗、玄宗六朝，实得春秋七十有六。

⑬　《传法正宗记》七："大鉴所出法嗣，凡四十三人：其一曰西印度崛多三藏者，一曰韶阳法海者，一曰庐陵志诚者，一曰匾檐山晓了者，一曰河北智隍者，一曰钟陵法达者，一曰寿州智通者，一曰江西志彻者，一曰信州智常者，一曰广州志道者，一曰广州印宗者，一曰清源山行思者，一曰南岳怀让者，一曰温州玄觉者，一曰司空山本净者，一曰婺州玄策者，一曰曹溪令韬者，一曰西京光宅慧忠者，一曰荷泽神会者，一曰韶阳祇陀者，一曰抚州净安者，一曰嵩山寻禅师者，一曰罗浮定真者，一曰南岳坚固者，一曰制空山道进者，一曰善快者，一曰韶山缘素者，一曰宗一者，一曰秦望山善现者，一曰南岳梵行者，一曰并州自在者，一曰西京咸空者，一曰峡山泰祥者，一曰光州法净者，一曰清凉山辩才者，一曰广州吴头陀者，一曰道英者，一曰智本者，一曰清苑法真者，一曰玄楷者，一曰昙璀者，一曰韶州刺史韦据者，一曰义兴孙菩萨者。

⑭　原注：系西域屈眴布也。

丁注：《宋高僧传》曰："其塔下葆藏屈眴布郁多罗僧，其色青黑，碧缣复袷，非人间所有物也。"《祖庭事苑》三："屈眴，即达磨所传袈裟，至六祖，遂留于曹溪。"又"屈眴（音舜），梵语，此云大细布，缉木绵华心织成，其色青黑，里以碧绢"。

⑮　凡三衣、什物，一切资助学道之身之具，名道具。《华严经·入法界品宝髻长者章》："修无分别功德道具。"《释氏要览》中："道具：《中阿含经》云：'所蓄物，可资身、进道者，即是增长善法之具。'"《菩萨戒经》云："资生顺道之具。"《天台别传》："衣钵道具，分满两分。"

⑯　尸，主也，主其事也。

⑰　三宝，佛法僧也。雕铸、塑画等像，佛也；经律论三藏教文，法也；

比丘等五众和合，僧也。然禅宗之所谓三宝，其说则更有进者。《传心法要》曰："祖师直指一切众生本心本体，本来是佛。不假修成，不属渐次，不是明暗。不是明，故无明；不是暗，故无暗。所以无无明，亦无无明尽。入我此宗门，切须在意，如此见得，名之为法。见法故，名之为佛。佛法俱无，名之为僧。唤作无为僧，亦名一体三宝。夫求法者，不著佛求，不著法求，不著众求，应无所求。不著佛求，故无佛。不著法求，故无法。不著众求，故无僧。"

⑱　群生，多类之众生也。《维摩经·佛国品》："法王法力超群生。"《无量寿经》上："求清白之法，以惠利群生。"《法华经·方便品》："又诸大圣主，知一切世间，天人群生类，深心之所欲。"《笔削记》二十："利众生不出二种：一、令离苦。谓离分段、变易二生死故。二、令得乐。谓得菩提、涅槃二无上乐。"

师入塔后，至开元①十年壬戌八月三日夜半，忽闻塔中如拽②铁索声。众僧惊起，见一孝子③从塔中走出。寻见师颈有伤，具以贼事闻于州县。县令杨侃、刺史柳无忝，得牒④切加擒捉。五日，于石角村，捕得贼人，送韶州鞫⑤问。云："姓张，名净满，汝州⑥梁县人。于洪州开元寺，受新罗⑦僧金大悲钱二十千，令取六祖大师首，归海东供养。"柳守闻状，未即加刑。乃躬至曹溪，问师上足⑧令韬曰："如何处断？"韬曰："若以国法论，理须诛夷。但以佛教慈悲，冤亲平等⑨，况彼求欲供养，罪可恕矣。"柳守加叹曰："始知佛门广大。"遂赦之。

上元元年，肃宗遣使就请师衣钵归内供养。至永泰元年五月五日，代宗梦六祖大师请衣钵。七日，敕刺史杨缄云："朕梦感能禅师请传衣袈裟，却归曹溪。今遣镇国大将军刘崇景顶戴而送⑩。朕⑪谓之国宝，卿可于本寺如法安置。专令僧众亲承宗旨者，严加守护，勿令遗坠。"后或为人偷窃，皆不远而获，如是者数四。宪宗谥"大鉴禅师"。塔曰"元和灵照"⑫。其余事迹，系载唐尚书王维、刺史柳宗元、刺史刘禹锡等碑。守塔沙门令韬录。⑬

【笺注】

① 开元，唐玄宗年号。

② 拽，逸列切，为以手持而引之也。

③ 此孝子指衣父母之丧服者言。

④ 牒，音蝶，讼词也。

⑤ 鞫，音菊，讯囚也。

⑥ 后魏汝北郡，北齐改为汝阴，隋置汝州，明清为直隶州，属河南省，民国改为临汝县。

⑦ 新罗，国名，三韩之一。建国于西汉之季，至西晋之末，兼并辰韩弁韩。日本神功后来攻，乃结和好。后渐强，取日本之任那府。嗣为百济、高句丽所侵，乞援于唐。唐出兵灭百济、高句丽。其地以次归于新罗，遂统一半岛全部，而臣事于唐。五代时，国又分裂，旋为高丽所灭。

⑧ 上足，犹言高徒。《传灯录》五："曹溪令韬禅师者，吉州人也。姓张氏，依六祖出家，未尝离左右。祖归寂，遂为衣塔主。唐开元四年，玄宗聆其德风，诏令赴阙。师辞疾不起。上元元年肃宗遣使取传法衣入内供养，仍敕师随衣入朝。师亦以疾辞。终于本山，寿九十五，敕谥'大晓禅师'。"

⑨ 于一切众生无冤无亲，起大慈悲，无彼我之相，平等救度之也。

⑩ 顶戴而送者，尊崇法服故。

⑪ 指杨缄。

⑫ 六祖又有发塔在广州光孝寺佛殿后，六祖初剃度时，其徒为藏发

于此。盖发冢也。见《广语》。

⑬ 案：神会请王维撰六祖碑铭，令韬与之同时，故得见之。若柳宗元、刘禹锡之世，去六祖之迁化，已百余年矣。其所撰之碑，决非令韬所及见者。此句有柳、刘二人之名、必为后人窜入无疑。

六祖大师法宝坛经(终)

附录一

跋

宗宝撰　丁福保笺注

六祖大师平昔所说之法，平昔，平生、昔日之时也。○杜甫诗："三叹酒食傍，何由似平昔？"皆大乘圆顿之旨，《宝积经》二十八："诸佛如来正真正觉之道，彼乘名为大乘。"○《四教义集注》下："体非渐成，故名圆顿。"○同《集解》下："三一无差，不从渐次，名为圆顿。"○旨，宗旨也。故目之曰经。《辅教编·六祖坛经赞》(注)曰："今大鉴所演，是大法要。真正无妄，实可轨持，如如恒常，魔外群邪不能改变，正与佛经无异，固宜以佛经字为例也。"○《镡津文集》三："称经者，后人尊其法，而非六祖之意也。今从其旧，不敢改易。"○按：或称《坛经》，或称《坛记》。其弟子所传之一脉，则尊称之曰《坛经》。非其一脉所传，如他宗之弟子等，则称之曰《六祖坛记》也。其言近指远，《孟子》："言近而指远者，善言也。"词坦义明，坦，他亶切，平易也。○按：词坦易明，即俗人所云深入显出之意。诵者各有所获。明教嵩公《五灯会元》十五："洞山聪禅师法嗣，杭州佛日契嵩禅师。藤州镡津李氏子也。七岁出家，十三得度，十九游方，遍参知识，(得)法于洞山。后居永安兰若。著《禅门定祖图》、《传法正宗记》、《辅教编》。上进仁宗皇帝，帝览之嘉叹，付传法院，编次入藏。下诏褒宠，赐号明教。熙宁四年六月四日，晨兴写偈，至中夜而化。师有《文集》二十卷，目曰《镡津》，盛行于世。"常赞云："天机利者得其深，《列子·说符》："若皋之所观，天机也。"○《庄子·内篇·大宗师》："其嗜欲深者，其天机浅"。天机钝者得其浅。"天机(深浅)二句，见明教大师《辅教编·六祖坛经赞》。诚哉言也。余初入道，有感于斯。续见三本不同，互有得失。其板亦已漫灭，《后汉书》八十《祢衡传》："既而无所之适，至于刺字漫灭。"因取其本校雠，谢肇淛《文海披沙》八：对书曰校。刘向《别录》："校书一人，持本一人，对读若怨家然，故云雠。"讹者正之，讹，伪也、谬也。○正其不正，曰正。○《论语》："就有道而正焉。"略者详之。郑玄《古文真宝序》：繁者芟之，略者详之。复增入弟子请益机缘，按：古本及宋本，无"机缘第七"篇题，只第十"南北二宗见性门"中载法达、智常等三四辈。今本"机缘第七"中，系尼无尽藏、法海、智通、志道、乃至方辨等十有余人请益机缘，故云增入。即宗宝所加添也。庶几学者得尽曹溪之旨。庶几，近辞也。○《易·系辞》下传："子曰：'颜氏之子，其殆庶几乎。'"按察使云公从龙，深造此道。《事物纪原》六："唐明皇开元二年，置十道按察采访处。置使也。"○《万世统谱》二十：元，云从龙，文昌人，进士。仕元为行省参政，抚绥有功，兵民悦服。一日过山房。山房，隐者之书室也。睹余所编，谓得《坛经》之大全，慨然命工锓梓，锓，音寝，刻也。梓，木名。○《公羊传》："锓其板"。颛为流通。颛，与专通。使曹溪一派，不至断绝。或曰："达摩不立文字，直指人心，见性成佛。卢祖六叶正传，六祖姓卢氏，故名卢祖。又云卢居士，禅家或称之曰老卢。○叶，世也。六叶即六世。又安用是文字哉！"余曰："此经非文字也。达摩单传直指之指也。禅家之宗旨，不依于经论文句，单传心印之谓也。○达摩遥观此土有大乘根机，遂泛海而来，单传心印。○《祖庭事苑》："传法诸祖，初以三藏教乘兼行。后达磨祖师单传心印，破执显宗，所谓：教外别传，不立文字，直指人心，见性成佛。然不立文字，失意者多（矣）。往往谓屏去文字，以默坐为禅。斯实吾门之哑羊耳。且万法纷然，何止文字不立者哉！殊不知道犹通也，岂拘执于一隅哉！故即文字而文字不可得。文字既尔，余法亦然。所以为见性成佛也，岂待遗而后已。"南岳怀让禅师。青原行思禅师。诸大老，尝因是指以明其心。复以之明马祖道一禅师。石头希迁禅师。诸子之心。今之禅宗，流布天下，皆本是指。而今而后，岂无因是指而明心见性者耶。"问者唯唯，《文选》一《西都赋》："宾曰唯唯。"注：唯，应敬之词也。○《汉书》注："晋灼曰：唯唯，谦应也。"再拜谢曰："予不敏。"《孝经》："参不敏"。吴氏注：不敏，犹言迟钝。请并书于经末，以诏来者。诏，之笑切，告也。又，教导之辞也。○来者，将来之后学也。至元、按：至元，元世祖年号。辛卯夏，辛卯，二十八年也。南海释宗宝跋。南海，县名。隋以番禺改置。唐、宋因之。明、清时与番禺县并为省治，民国徙治佛山镇，属广东粤海道。○宗宝，或云未详，或云即韶州南华寺住持。南华寺，元朝曰花果院。按：藏本题下云：风旛报恩光孝禅寺住持、嗣祖比丘宗宝编。盖宗宝即广州南海县法性寺住持，故曰南海释宗宝也。○绪而论之，曰序。文集之后序，曰跋。

六祖能禅师碑铭

［唐］王维撰　丁福保笺注

　　王维，字摩诘，太原人。唐开元间擢进士第一，迁尚书左丞。宁、薛诸王，待若师友。有别墅在辋川。孤居二十年。卒后，代宗求其乐章，其弟缙集数十百篇上之。

　　无有可舍，《智度论》四十九：" '云何菩萨舍一切所有？' '不惜内外诸法故，是名舍一切所有。' "按：今翻进一层，故云无有可舍。**是达有源**。**无空可住**，《智度论》八十二："色等法无住处，如：地住于水，水住于风，风住于空，空无所住。以本无住处故，一切都无住。"**是知空本**。**离寂非动**，离真如之理体、有为之诸相、谓之寂。今翻进一层、故云离寂。按：真如之理体，超越动、静二相，所以说离静并不一定是动，即真如之体，非寂非动之意。〇《坛经》："能善分别诸法相，于第一义而不动。"**乘化用常**。《庄子·大宗师》："浸假而化予之尻以为轮，以神为马，予因而乘之。"〇陶潜《归去来兮辞》："聊乘化以归尽。"〇《老子》："常无，欲以观其妙。常有，欲以观其徼。"**在百法而无得**，百法，犹言万法，以表示法门之众多也。〇《金刚般若波罗蜜经》："于法实无所得。"**周万物而不殆**。《易·系》："知周乎万物，而道济天下，故不过。"〇《老子》："知止不殆。"又云："独立而不改，周行而不殆。"**鼓枻海师，不知菩提之行**。鼓枻海师者，指经中每言入海采宝之谓。不知菩提之行者，指禅宗即众生烦、惑，示诸佛智体之谓也。意谓入海采宝者，不识本有家珍，至尊至贵，而能出生无量众宝。向外驰求，何异怀宝迷邦、骑牛觅牛。须知贪嗔痴之实性，即是佛性。若能彻悟此三佛性，则见贪嗔痴了不可得。当体即是真戒、真定、真慧，亦无真戒、真定、真慧之相可得。**散花天女，能变声闻之身**。《维摩诘经》："时维摩诘室，有一天女，见诸大人，闻所说法，便现其身。即以天华散诸菩萨、大弟子上……舍利弗言：'汝何以不转女身？'天女曰：'我从十二年来，求女人相，了不可得。当何所转？譬如幻师，化作幻女，若有人问：何以不转女身，是人为正问不？'舍利弗言：'不也。幻无定相，当何所转？'天女曰：'一切诸法，亦复如是，无有定相。云何乃问不转女身？'即时，天女以神通力，变舍利弗令如天女，天女自化身如舍利弗，而问言：'何以不转女身？'舍利弗以天女像而答言：'我今不知何转，而变为女身？'天女曰：'舍利弗，若能转此女身，则一切女人亦当能转。如舍利弗，非女而现女身。一切女人，亦复如是。虽现女身，而非女也。是故佛说：一切诸法，非男非女。'即时天女还摄神力，舍利弗身，还复如故。天女问舍利弗：'女身色相，今何所在？'舍利弗言：'女身色相，无在无不在。'天女曰：'一切诸法，亦复如是，无在无不在。夫无在无不在者，佛所说也。'"**则知法本不生**，《心经》："舍利子，是诸法空相，不生不灭。"**因心起见**。《俱舍论》二：决择名见。**见无可取**，《三藏法数》十八："邪见分别，名之为见，所谓身见、边见等。因见取著，故曰见取。"**法则常如**。《传心法要》下："'如来者，即诸法如义。'所以云：弥勒亦如也，众圣贤亦如也。如即无生，如即无灭。如即无见，如即无闻。"○《金刚经》："如如不动。"**世之至人**，《庄子·逍遥游》："至人无己。"**有证于此。得无漏不尽漏**，道心如完器，妙理犹净水。一切烦恼破坏道心，迷失妙理，犹如破器不能停净水。讥其过失，名之曰漏——即欲漏、有漏、无明漏也。四果永尽，名曰无漏。**度有为非无为者**，《华严经》："何等为有为法？所谓：欲界、色界、无色界、众生界。何等为无为法？所谓：虚空、涅槃、数缘灭、非数缘灭、缘起法性住。"**其惟我曹溪禅师乎**。《广东志》："曹溪在韶州府城东南五十里，源出狗耳岭西，流三十五里，合浈水。又南流,入英德县界。梁天监元年,有天竺僧智药三藏,泛舶至广,经溪口,闻水香,掬而尝之,曰:'此水上流,必有胜地。'寻之,遂开山立石宝林,谓此地宛然西天宝林也。预记后一百七十年,当有肉身菩萨来此演法。唐仪凤间,僧惠能居此,应记为南宗六祖,衣钵与真身俱存。元和十年,赐谥曰大鉴禅师,塔曰灵照。开宝间,赐名南华禅寺。"**禅师俗姓卢氏,某郡某县人也。名是虚假,**虚假者,不实之义,无实体也。○《辅行》五之五:"假者只是不实为义。"**不生族姓之家,**《左传》:"天子建德,因生以赐姓","诸侯以(字为谥),因以为族。官有世功,则有官族"。**法无中边,**中者,中道。边者,边际。**不居华夏之地。善习表于儿戏,**《论语注》:"习于善则善。"**利根发于童心。**《涅槃经》:"一切众生,凡有三种,所谓:利根、中根、钝根。"○《左传》,昭公犹有童心。**不私其身,臭味于耕桑之侣。**《左传》:"今譬于草木,寡君在君,君之臭味也。"杜预注:"言同类也。"○按:此句指六祖卖柴等事。○《坛经》云:"此身不幸,父又早亡。老母孤遗,移来南海。艰辛贫乏,于市卖柴。"**苟适其道,膻行于蛮貊之乡。**《庄子》:"羊肉不慕蚁,蚁慕羊肉,羊肉膻也。舜有膻行,百姓悦之。故三徙成都,至邓之虚,而十有万家。"○《论语》:"言忠信,行笃谨,虽蛮貊之邦,行矣。"○按:此句指六祖未出家前作南海百姓也。**年若干,事黄梅忍大师。**《传灯录》:"宏忍大师。蕲州黄梅人也,姓周氏。生而岐嶷。童游时,逢一智者,叹曰:'此子阙七种相,不逮如来。'后遇信大师,得法,嗣化于破头山。"**愿竭其力,**《论语》:"事父母,能竭其力。"**即安于井臼。**按:此句指六祖腰石春米事。○《坛经》云:"惠能退至后院,有一行者,差惠能破柴、踏碓。"**素刳其心,**《庄子·天地篇》:"夫子曰:夫道覆载天地者也,洋洋乎大哉! 君子不可以不刳心焉。"**获悟于稊稗。**《庄子·知北游篇》:"东郭子问于庄子曰:'所谓道恶乎在?'庄子曰:'在稊稗。'"**每大师登座,学众盈庭。中有三乘之根,**《魏书·释老志》:"初阶圣者,有三种人,其根业各差,谓之三乘:声闻乘、缘觉乘、大乘。取其可乘运以至道为名。此三人，恶迹已尽，但修心荡累，济物进德。初根人为小乘，行四谛法。中根人为中乘，受十二因缘。上根人为大乘，则修六度。虽阶三乘，而要由修进万行，拯度亿流，弥长远，乃可登佛境矣。"刘孝标《世说注》："《法华经》曰：三乘者，一曰声闻乘，二曰缘觉乘，三曰菩萨乘。声闻者，悟四谛而得道也。缘觉者，悟因缘而得道也。菩萨者，行六度而得道也。然则罗汉得道，全由佛教，故以声闻为名也。辟支佛得道，或闻因缘而解，或听环佩而得悟，神能独达，故以缘觉为名也。菩萨者，大道之人也。方便则止行六度，真教则通修万善。功不为已，志存广济，故以大道为名也。"**共听一音之法。**一音，指如来说法之声音也。〇《维摩诘经》："佛以一音演说法，众生随类各得解，皆谓世尊同其语。斯则神力不共法。"〇《涅槃经》："一切众生，种种形类，二足、四足、多足、无足。佛以一音而为说法，彼彼异类，各自得解，各各叹言：'如来今日为我说法！'"**禅师默然受教，曾不起予。**《论语》："起予者，商也。"**退省其私，**《论语》："退而省其私，亦足以发。"**迥超无我。**《金刚经》："是故佛说一切法无我、无人、无众生、无寿者。"〇黄檗《传心法要》卷上："学道人莫疑四大为身。四大无我，我亦无主。故知此身无我，亦无主。五阴为心，五阴无我，亦无主。故知此心无我，亦无主。六根、六尘、六识和合、生灭，亦复如是。十八界既空，一切皆空，唯有本心荡然清净。"〇《智度论》三十一："无常、苦、空，故无我。不自在，故无我。无主，故名无我。诸法无不从因缘生，从因缘生故无我。无相、无作，故无我。假名字，故无我。身见颠倒，故无我。断我心，得道，故无我。"**其有犹怀渴鹿之想，**《楞伽经》："不知心量愚痴凡夫，取内、外性，依于一、异、俱、不俱、有、无、非有非无、常、无常。自性习因，计著妄想"，"譬如群鹿，为渴所逼，见春时炎而作水想，迷乱驰趣，不知非水"。**尚求飞鸟之迹。**《涅槃经》："如鸟飞空，迹不可寻。"〇《华严经》："了知诸法性寂灭，如鸟飞空无有迹。"**香饭未消，**《维摩诘经》："于是，维摩诘不起于座，居众会前，化作菩萨，而告之曰：'汝往上方界分，度如四十二恒河沙佛土，有国名众香，佛号香积，与诸菩萨，方共坐食。汝往到彼，如我辞曰：维摩诘稽首世尊足下，愿得世尊所食之余，当于娑婆世界施作佛事，令此乐少法者，得弘大道。'于是，香积如来以众香钵盛满香饭，与化菩萨。时化菩萨既受钵饭，与彼九百万菩萨俱受佛威神力，及维摩诘力，于彼世界忽然不现，须臾之间，至维摩诘舍。时维摩诘语舍利弗等诸大声闻：'仁者可食如来甘露味饭。大慈所熏，无以限意食之，使不消也。'"**弊衣仍覆**。用《法华经·信解品》故事。**皆曰，升堂入室**，《论语》："子曰：'由也升堂矣，未入于室也。'"**测海窥天**。东方朔《答客难》："以管窥天，以蠡测海。"**谓得黄帝之珠**，《庄子》："黄帝游乎赤水之北，登乎昆仑之丘，而南望还归，遗其玄珠。使知索之，而不得，使离朱索之，而不得。使喫诟索之，而不得也。乃使象罔，象罔得之。黄帝曰：'异哉！象罔乃可以得之乎！'"**堪受法王之印**。《法华经》："我为法王，于法自在。安隐众生，故现于世。汝舍利弗，我此法印为欲利益世间故说。"**大师心知独得，谦而不鸣**。义本《周易·谦卦》。**天何言哉！**《论语》："子曰：'天何言哉！四时行焉，百物生焉。'"**圣与仁岂敢**。《论语》："若圣与仁，则吾岂敢。"**子曰赐也，吾与汝弗如**。弗，《唐文粹》作不，句见《论语》。**临终，遂密授以祖师袈裟**。《增一》云："如来所着衣，名曰袈裟。此袈裟衣者，从色得名。"○慧苑《音义》上："袈裟，具正云：迦逻沙曳，此云：染色衣。西域俗人皆着白色衣也。"○按：此祖师袈裟，自达摩传二祖，依次传至六祖，六祖止而不传者也。**而谓之曰**：《唐文粹》无而字。**物忌独贤**，《诗》："我从事独贤。"**人恶出己。吾且死矣，汝其行乎。**"吾，《唐文粹》作予。**禅师遂怀宝迷邦**，怀宝迷邦，本出于《论语》"怀其宝而迷其邦"。今借用之，以为怀宝于迷惑之方也。**销声异域**。《晋书·儒林传》："文博之漱流枕石，铲迹销声。"**众生为净土**，净土，圣者所在之国土也。○《摄论》八：所居之土，无于五浊，如彼玻璃、珂等，名清净土。○《大乘义章》十九："经中或时名佛刹，或称佛界，或云佛国，或云佛土。或复说为净刹、净界、净国、净土。"○按：众生是最秽之物，翻进一层言之，净秽平等，而即众生为净土也。**杂居止于编人。**编人，谓平民编入户口册者。〇《史记》："况匹夫编户之民乎。"**世事是度门，**按：世事是最烦琐之物，然烦恼、清净，本是一体，即世事而为度人之门径也。**混农商于劳侣。**《维摩经·弟子品》："为与众魔共一手，作诸劳侣。"〇《大日经义释》："若离如是实相印，余皆爱见所生。与天魔外道，作诸营侣。"**如此积十六载。南海有印宗法师，**《传灯录》："广州法性寺印宗和尚者，吴郡人也，姓印氏。从师出家，精《涅槃》大部。唐咸亨元年，抵京师，敕居大敬爱寺，固辞。往蕲州谒忍大师。后于法性寺讲《涅槃经》，遇六祖能大师，始悟玄理。以能为传法师。"**讲涅槃经。**《涅槃经》有小乘、大乘二部。小乘之《涅槃经》，西晋白法祖译。大乘之《涅槃经》，有南、北二译。其四十卷者，称"北本涅槃"，北凉昙无谶译。三十六卷者，称"南本涅槃"，刘宋之慧观等，将前经整治而成之也。此所讲之《涅槃经》为大乘之《涅槃经》。**禅师听于座下，**《圣善住意天子所问经》："天子问：'何等比丘得言禅师？'文殊师利答言：'天子！此禅师者，于一切法，一行思量，所谓不生。若如是知，得言禅师。'"〇《三教指归》一：修心静虑，曰禅师。〇座下，上座之下也。言坐于住持之下。按：在讲法之高座下听。**因问大义。**大义，谓经之要义也。〇《汉书》："仲尼没而微言绝，七十子丧而大义乖。"**质以真乘。**真乘，真实之教法也。〇《秘藏宝钥》上：作迁慢，如真乘寂。〇释书《智藏赞》：汉人始得耳真乘。**既不能酬，翻从请益。**礼，请业则起，请益则起。**乃叹曰："化身菩萨在此。**《大藏一览》："《金光明最胜王经》云：'一切如来有三种身：化身、应身、法身。如是三身具足，摄受阿耨菩提。云何化身？如来昔在修行地中，为诸众生，修种种法，得自在力。随众生意，随众生界，现种种身，是名化身。'"**色身肉眼凡夫，愿开慧眼。"**《翻译名义》六：眼有五种：一肉眼，二天眼，三慧眼，四法眼，五佛眼。肉眼，见近不见远，见前不见后，见外不见内，见昼不见夜，见上不见下。得慧眼，不见众生，尽灭一、异相，舍离诸著，不受一切法，智慧自内灭，是名慧眼。**遂领徒属，尽诣禅居。奉**

为挂衣，按：此言印宗奉裩衣，而为六祖挂之于身也。○《释氏要览》："《寄归传》云：西国出家，具有圣制。诸有发心出家者，师乃问诸难事。难事既无，许之摄受。或经旬月，令其解息，师乃为授五戒，方名邬波索迦。此是创入佛法之基，七众所摄也。师次为办缦条僧、脚崎及下裩、滤罗、钵等。方请阿遮梨为剃发师。亲为着下裩，次与上衣，顶戴受之，着已，授与钵器，授十戒。此名室罗末尼罗，方成应法。为五众摄，堪消施利。"**亲自削发**。按：奉为挂衣二句，指仪凤元年丙子正月八日，印宗法师普会四众，为师薙发事。○《坛经》云："于是为惠能剃发，愿事为师。"**于是大兴法雨**，《涅槃经》："雨大法雨，普润众生。"《华严经》："佛于一一刹那中，普雨无边大法雨。"**普洒客尘**。《维摩诘经》："菩萨断除客尘烦恼，而起大悲。"僧肇《注》："心遇外缘，烦恼横起，故名客尘。"**乃教人以忍**。《瑜伽论》："云何名忍？自无愤勃，不报他怨"，"故名为忍"。○《大乘义章》九，"慧心安法，名之为忍"。○《三藏法数》五："忍即忍耐，亦安忍也。"**曰："忍者无生**。《最胜王经》一："无生是实，生是虚妄。"○《梵网经》上："伏空假，会法性，登无生山。"○《垂裕记》二："无生、寂灭，一体异名。"○《仁王经良贲疏》："言无生者，谓即真理。智证真理，名无生忍。"○天台《观经疏》："无生忍是初地初住。"**方得无我**。《金刚经》："通达无我法者，如来说名真是菩萨。"○《大乘义章》："法无性实，故曰无我。"又云："苦非我体，名为无我。"**始成于初发心**。初发心者，初发求菩提之心也。初发心有四十一义：一、是心不杂一切烦恼。二、是心相续，不贪异乘。三、是心坚牢，一切外道无能胜者。四、是心一切之众魔不能破坏。乃至四十一、是心相续也。见《十住毗婆沙论》一。**以为教首**。为受教之起首，亦为施教之起首也。**至于定无所入**，谓初则入定，次则住于定，终则至于无定之可入也。极言无所不定，且无定所之可言。**慧无所依**。《华严经》："一切佛法依慈悲，慈悲复依方便立。方便依智智依慧，无碍慧身无所依。"○《成唯识论》："依谓一切有生灭法，仗因托缘而得生、住。诸所仗托，皆说为依。如王与臣，互相依等。”〇按：今进一层言之，故云慧无所依。**大身过于十方，**《金刚经》：“须菩提言：‘世尊，如来说人身长大，即为非大身，是名大身。’”〇大身者，对于丈六之小身，谓遍虚空之大化身也。〇按：非身名大身者，即真如之无住，足以包太虚、藏沙界，故云过于十方。〇东西南北、四维、上下，为十方。**本觉超于三世。**《仁王经》中：“自性清净名本觉(性)，即是诸佛一切智智。”〇《起信论》：“心体离念。离念相者，等虚空界，无所不遍，法界一相，即是如来平等法身。(依此法身)，说名本觉。”〇《宝积经》九十四：“三世——所谓：过去、未来、现在。云何过去世? 若法生已灭，是名过去世。云何未来世? 法若未生、未起，是名未来世。云何现在世? 若法生已未灭，是名现在世。”〇按：自性清净心，历三世而常存，故云超于三世。**根尘不灭，**根指五根、六根言。五根者：眼根、耳根、鼻根、舌根、身根。六根者，五根加意根也。〇尘，指六尘言。六尘者：色、声、香、味、触、法也。**非色灭空。**《维摩诘经》：“色即是空，非色灭空，色性自空。”僧肇注：“不待色灭，然后为空。”〇按：色指根、尘，言六根、六尘不灭于空，故云。**行愿无成，**《法界次第》：“造作之心，能趣于果，名为行。”又云：“志求满足，故云愿也。”**即凡成圣。**十界分凡夫与圣者之二类。地狱、饿鬼、畜生、修罗、人间、天上，为六凡。声闻、缘觉、菩萨、佛，为四圣。见《止观》五之一。〇凡指六凡，圣指四圣。〇按：众生即佛、佛即众生，故凡夫可成为圣。**举足下足，**《维摩诘经》：“菩萨若应诸波罗蜜教化众生，诸有所作，举足下足，当知皆从道场来，住于佛法矣。”**长在道场。**《维摩经·菩萨品》：直心是道场，乃至三十七品是道场。《注维摩经》四：“肇曰：‘闲宴修道之处，谓之道场也。’”**是心是情，**心为阿赖耶识之别名。〇《唯识论》三：“或名心，由种种法熏习，种子所积集故。”〇《述记》三末，“梵云质多，此名心也”，“即积集义，是心义。集起义，是心义。以能集、生多种子故”，“说此识名为心”。〇情者情识。〇《智度论》二十三：“情尘识和合，所作事业成。”**同归性海。**真如之理性，深广如海，故云性海。如来法身之境也。〇《西域记·

序》：“廓群疑于性海，启妙觉于迷津。”**商人告倦，自息化城。**用《法华经·化城喻品》故事。**穷子无疑，直开宝藏。**《法华经·信解品》：“今此宝藏，自然而至。”**其有不植德本，**《法华经》：“此诸菩萨非初发意，皆久植德本，于无量百千万亿佛所，净修梵行。”**难入顿门。**判大乘者，不外顿、渐二教。顿教、渐教，亦可云顿门、渐门。**妄系空华之狂，**《圆觉经》：“妄认四大为自身相，六尘缘影为自心相。譬彼病目，见空中华及第二月。”〇《传灯录》十：“一翳在眼，空华乱坠。”**曾非慧日之咎。**《华严经》：“‘譬如日出，普照世间。于一切净水器中，影无不现。普遍众处，而无来往。或一器破，便不现影。佛子，于汝意云何？彼影不现，为日咎不？’答言：‘不也，但由器坏，非日有咎。’”“如来智日，亦复如是。普现法界，无前无后。一切众生净心器中，佛无不现。心器常净，常见佛身。若心浊器破，则不得见。”**常叹曰：七宝布施，等恒河沙。**《金刚经》：“‘须菩提，如恒河中所有沙数，如是沙等恒河，于意云何？是诸恒河沙，宁为多不？’须菩提言：‘甚多。但诸恒河尚多无数，何况其沙！’‘须菩提，若有善男子、善女人，以七宝满尔所恒河沙数三千大千世界，以用布施，得福多不？’须菩提言：‘甚多’。佛告须菩提：‘若善男子、善女人，于此经中，乃至受持四句偈等，为他人说，而此福德胜前福德。’”〇《智度论》七：“问曰：‘如阎浮提中，种种大河，亦有过恒河者，何故常言恒河沙等？’答曰：‘恒河沙多，余河不尔。复次，恒河是佛生处、游行处，弟子现见、故以为喻……复次，（四远）诸人经书，皆以恒河为福德吉河，若入中洗者，诸罪垢恶，皆悉除尽。以人敬事此河，皆共识知，故以恒河沙为喻。复次，余河名字屡转，此恒河世世不转，以是故，以恒河为喻，不取余河。’”**亿劫修行，**《探玄记》四：“西国数法，有三种亿：一、百万。二、千万。三、万万。”〇劫，远大之时也。〇按：亿劫修行，犹三大僧祇劫修行之意。**尽大地墨。**《法华经·化城喻品》：“（大通智胜如来）彼佛灭度已来，甚大久远，譬如三千大千世界所有地种，假使有人磨以为墨，过于东方千国土，乃下一点，大如微尘，又过千国土，复下一点，如是展转，尽地种墨，于汝意云何？是诸国土，若算师、若算师弟子，能得边际知其数不?"**不如无为之运,**《涅槃经》:"有为之法,则有坏灭。无为之法,无有坏灭。"**无碍之慈。**《华严经》:"世间无碍清净慈,放大光明平等普照故。"**弘济四生,**四生者:一胎生,如人兽等。二卵生,如鸟等。三湿生,如虫等。四化生,如诸天、地狱及劫初之众生等。详《俱舍论》八。**大庇三有。**《(俱舍论)颂疏·界品》:"名三有者:欲有、色有、无色有。"〇遁麟《(俱舍论颂疏)记》一:"一、本有,现生之身心。二、当有,未来之身心。三、中有,受于本有与当有中间之身心。欲界之生死,必有中有。"**既而道德遍覆,名声普闻。**《法华经·序品》:"名声普闻无量世界。"**泉馆卉服之人,**泉馆、即渊馆也。筑馆于重渊之下、犹言穴居也。唐高祖讳渊,故唐人改渊为泉。如陶渊明改为陶泉明之类。〇《书经·禹贡》:"岛夷卉服。"〇《后汉书·西南夷传·赞》:"镂体卉衣。"《注》:"卉衣,草服也。"**去圣历劫。**圣指释迦牟尼言。〇劫,见前。**涂身、穿耳之国,**《后汉书·东夷传》:挹娄,古肃慎之国也,在夫余东北千余里。好养豕,食其肉,衣其皮,冬以豕膏涂身,厚数分,以御风寒。〇《后汉书·南蛮传》:"珠崖、儋耳二郡,在海洲上。东西千里,南北五百里。其渠帅贵长耳,皆穿而缒之,垂肩三寸。"《南史》:"(林邑国)男女皆以横幅古贝绕腰,以下谓之干漫……穿耳贯小环。贵者,着革屣。贱者,跣行。自林邑、扶南以南,诸国皆然也。"沈莹《临海木土志》:"夷州在临海东南,去郡二千里。土地无霜雪,草木不死。四面是山、溪,人皆髡发穿耳,女人不穿耳。"**航海穷年。**颜延年《曲水诗序》:"栈山航海,逾轶沙漠之贡,府无虚月。"〇《庄子》:"因之以曼衍,所以穷年。"**皆愿拭目于龙象之姿,**拭目,谓有所欲见之事,恐目力不及而预拭之,以详为观察也。〇《智度论》三:"'那伽',或名龙,或名象。是五千阿罗汉,诸阿罗汉中最大力,以是故言如龙、如象。水行中,龙力大。陆行中,象力大也。"**忘身于鲸鲵之口。**鲸,海兽名。居海洋中,外形如鱼,实兽类也。大者长六七十丈。〇鲵,两栖动物最大者,长者至四尺余,以鱼为食。或云,鲸之雌者,为鲵。此言愿见六祖者,寄迹于韶州。谓海滨为鲸鲵之乡之意。按:此段是说六祖声誉远播海外,东、南海国之人皆不避惊涛骇浪、丧身失命之险而来求法。**骈立于户外**,骈,并也。骈立,并立也。〇《庄子》:"无几何而往,则户外之屦满矣。"**跌坐于床前**。跌坐,结跏趺坐也。〇慧琳《音义》八:"结跏趺坐,略有二种:一曰吉祥、二曰降魔。凡坐皆先以右趾押左股,后以左趾押右股,此即左押右、手亦左手在上,名曰降魔坐。诸禅宗多传此坐。""其吉祥坐,先以左趾押右股,后以右趾押左股,令二足掌仰于二股之上,手亦右押左,仰安跏趺之上,名为吉祥坐。"**林是旃檀,更无杂树**。《涅槃经》:"如旃檀林,纯以旃檀而为围绕。"〇《楞严经》:"佛告阿难,汝嗅此旃檀,然于一铢,四十里内,同时闻香。"**花惟薝卜,不嗅余香**。《维摩诘经》:"如人入瞻葡林。唯嗅瞻葡,不嗅余香。"〇《酉阳杂俎》:"诸花少六出者,惟栀子花六出。陶真白言:'栀子剪花六出,刻房七道。其花香甚,相传即西域瞻卜花也。'"**皆以实归**,《庄子·德充符》:"常季问于仲尼曰:'王骀,兀者也。从之游者,与夫子中分鲁。立不教,坐不议。虚而往,实而归。'"〇王巾《头陀寺碑文》:"智刃所游,日新月故。道胜之韵,虚往实归。"**多离妄执**。妄执,虚妄之执念也。〇《法华经·方便品》:"深著虚妄法,坚受不可舍。"〇《释门归敬仪》中:"无始妄习执见。"**九重延想**,《离骚》:"君之门兮九重。"〇未敢直指君言,故以门为说,意则指君也。**万里驰诚。思布发以奉迎**,《过现因果经》云:"善慧仙人既(得)授记已,佛经行处,而地泥湿。善慧即脱所着鹿皮之衣,以用布地,解发覆之。佛践而度。复记之曰:'汝后得佛,当于五浊恶世,度诸天人,不以为难。必如我也。'"〇《大般若经》:"我于往昔然灯佛时,莲花王都四衢道首,见然灯佛,献五茎花,布发掩泥,闻正法要。"**愿又手而作礼**。《璎珞经》:"时有菩萨,名曰普照。承佛圣旨,即从座起,长跪叉手,前白佛言。"〇《法华经·普贤劝发品》:"受持佛语,作礼而去。"**则天太后**、则天太后,唐高宗之后,名曌,并州人。初,太宗选为才人。太宗崩,削发为尼。高宗时,复蓄发入宫,旋立为皇后。高宗崩,遂临朝称制。死后，谥则天皇后。**孝和皇帝**，唐中宗谥，曰孝和皇帝。见《唐会要》一。**并敕书劝谕**，君主时代，凡谕诰外藩及京外官者，曰敕书，亦曰敕谕。**征赴京城**。刘煦《旧唐书》："慧能住韶州广果寺。韶州山中，旧多虎豹。一朝尽去，远近惊叹，咸归伏焉。神秀尝奏则天，请追慧能赴都。慧能固辞。神秀又自作书，重邀之。慧能谓使者曰：'吾形貌短陋，北土见之，恐不敬吾法。又，先师以吾南中有缘，亦不可违也。'竟不度岭而死。天下乃散传其道，谓神秀为北宗，慧能为南宗。"**禅师、子牟之心，敢忘凤阙**。《庄子》："中山公子牟谓瞻子曰：身在江海之上，心居乎魏阙之下，奈何？"〇《关中记》："建章宫圆阙临北道，有金凤在阙上，高丈余，故号凤阙。"**远公之足、不过虎溪。**"庐山东林寺慧远，俗姓贾氏，雁门人。初学儒，二十岁出家，师道安，达大乘之奥旨。曾集缁素百二十三人，结白莲社。晋义熙十一年八月寂，寿八十三。见《高僧传》六。〇《庐山记》："惠远居庐山东林寺，送客不过溪。一日与陶渊明、道士陆修静共话，不觉逾之，虎辄骤鸣。三人大笑而别。"**固以此辞，竟不奉诏。遂送百衲袈裟及钱帛等供养**。衲，补缀也。百衲，言其补缀之多也。〇《智度论》："佛言：'应着衲（纳）衣。'"〇袈裟，见前。**天王厚礼**，《春秋》："天王狩于河阳。"〇此天王，指孝和也。**献玉衣于幻人**。幻人，幻化之人也。〇《列子》："周穆王时，西极之国，有化人来。入水火，贯金石，反山川，移城邑。乘虚不坠，触实不碍。千变万化，不可穷极。既已变物之形，又且易人之虑。穆王敬之若神，事之若君。推路寝以居之，引三牲以进之，选女乐以娱。化人以为王之宫室，卑陋而不可处。王之厨馔，腥膻而不可飨。王之嫔御，膻恶而不可亲。穆王乃为之改筑，土木之功，赭垩之色，无遗巧焉。五府为虚，而台始成。其高千仞，临终南之上，号曰：中天之台。简郑卫之处子，娥媌靡曼者，施芳泽，正蛾眉，设笄珥，衣阿锡，曳齐纨。粉白黛黑，佩玉环，杂芷若以满之。奏承云、大莹、九韶、晨露以乐之。月月献玉衣，旦旦荐玉食，化人犹不舍然，不得已而临之。居无几何，谒王同游。王执化人之祛腾而上者，中天乃止。暨及化人之官。"**女后宿因**，女后，指武后。○宿因，宿世所造之业因也。○《华严经》七十五："宿因无失坏。"**施金钱于化佛**。《杂宝藏经》云："昔者阇崛山中，多有僧住。有一贫穷乞索女人，见诸长者送供诣山，作是念言：'此必作会，我当往乞。'便向山中。见诸长者，以种种食，供养众僧。自思惟言：我先不修，今世贫苦。今若不作，未来转剧。先于粪中拾得两钱，恒常保惜，以俟乞索不得之时，当用买食。我今持以布施众僧。"又云："昔拘留沙国，有恶生王诣园堂上，见一金猫，从东北角入西南角。即遣人掘，得一铜盆。盆受三斛，满中金钱。渐渐深掘，复得一盆。如是次第，得三重盆。各受三斛，悉满金钱。转复旁掘，经于五里，步步之中，尽得铜盆，皆满金钱。怪其所以，即诣尊者迦旃延所，说其因缘。尊者答王：'此王宿因所获福报。'王即请问往昔因缘。尊者答王：'乃往过去九十一劫，毗婆尸佛入般涅槃后，遗法之中，时有贫人，先因卖薪，得钱三文。见僧教化欢喜布施。即以此钱，重着钵中，发愿而去。去家五里，步步欢喜。到门欲入，复遥向僧，至心顶礼，发愿而入。时贫人者，今王身是。缘昔三钱欢喜施僧，世世尊贵，常得如是三重铜盆，满中金钱。缘五里中，步步欢喜。恒于五里，有此金钱。'"○按：本是二事，借用，合作一事也。**尚德贵物**，《书·旅獒》："不贵异物，贱用物。"**异代同符**。《后汉书·光武皇帝》："同符高祖。"**至某载月日中，忽谓门人曰："吾将行矣。"俄而异香满室，白虹属地。饭食讫而敷坐。沐浴毕而更衣。弹指不留，水流灯焰**。《法苑珠林》："一时俱入无余涅槃。先定愿力，火起焚身。如灯焰灭，骸骨无遗。"**金身永谢，薪尽火灭**。金身，黄金色之身也。○《法华经·安乐行品》："诸佛身金色，百福相庄严。"○《法华经》："佛此夜灭度，如薪尽火灭。分布诸舍利，而起无量塔。"**山崩川竭，鸟哭猿啼。诸人唱言**，高呼而延长其声，谓之唱。**人无眼目**。《涅槃经》："是时天、人、阿修罗等，啼泣悲叹，而作是言：'如来今日已受我等最后供养。受供养已，当般涅槃。我等当复更供养谁？我今永离无上调御，盲无眼目。'"**列郡恸哭。**《论语》注:"恸,哀过也。"**世且空虚。**《涅槃经》:"尔时世尊与大比丘八十亿百千人俱,前后围绕,二月十五日临涅槃时。时诸众生共相谓言:'且各裁抑,莫大愁苦。当疾往诣拘尸那城力士生处。'至如来所,头面礼敬,劝请如来莫般涅槃,住世一劫,或减一劫。互相执手,复作是言:'世间空虚! 众生福尽! 不善诸业增长、出世! 仁者等今当速往,如来不久必入涅槃。'复作是言:'世间空虚! 世间空虚! 我等从今无所救护! 无所宗仰! 贫穷孤露! 一旦远离无上世尊,设有疑惑,当复问谁?'"**某月日,迁神于曹溪,**《大方便报佛恩经》七:"有缘既尽。迁神涅槃。"**安座于某所。择吉祥之地,不待青鸟。**章怀太子,《后汉书》注:"葬送、造宅之法,若黄帝青乌之书也。"刘煦《唐书·经籍志》:五行类有《青乌子》三卷。金丞相兀钦仄,《青乌先生葬经注》:先生汉时人,精地理、阴阳之术,而史失其名。晋郭氏《葬书》引"经曰"为证者,即此是也。**变功德之林,皆成白鹤。**《涅槃经》:"佛在拘尸那城,力士生地,阿利罗跋提河边,娑罗双树间。二月十五日,临涅槃时,'尔时拘尸那城娑罗树林,其林变白,犹如白鹤'。"其《后分》云:"娑罗树林四双八只:西方一双,在如来前。东方一双,在如来后。北方一双,在佛之首。南方一双,在佛之足。尔时,世尊娑罗林下,寝卧宝床。于其中夜,入第四禅,寂然无声。于是时顷,便般涅槃。""其娑罗林,东西二双,合为一树。南北二双,合为一树。垂覆宝床,盖于如来。其树即时惨然变白,犹如白鹤。枝叶、华、果、皮、干,悉皆暴裂堕落,渐渐枯悴,摧折无余。"**呜呼! 大师至性淳一,**淳一,淳朴专一也。**天姿贞素,**贞素,守正朴素也。**百福成相,**《涅槃经》:"菩萨摩诃萨修不杀戒,有五种心:谓下、中、上、上中、上上。乃至正见,亦复如是。是五十心,名初发心。具足、决定成五十心,是名满足。如是百心,名百福德。具足百福,成于一相。如是展转具足,成就三十二相,名清净身。"○《华严经》:"愿一切众生,得上妙庄严相。以百福相,庄严其身。"○新《婆沙论》云:"问:'如契经说,"佛一一相,百福庄严"。何谓百福?'答曰:'此中百思,名为百福。何谓百思? 谓如菩萨造作、增长、足善住相业时,先起五十思,修治身器，令净调柔。次起一思，正牵引彼。后复起五十思，令其圆满。譬如农夫，先治畦陇，次下种子。后以粪水而覆溉之。彼亦如是，始足善住相业。有如是百思庄严，乃至顶上乌瑟腻沙相业，亦复如是。由此故说：'佛一一相，百福庄严。'"**众妙会心**。《法华玄义》一："妙者，褒美不可思议之法也。"〇《法华游意》："妙是精微深远之称。"〇《大日经义释》一："妙名更无等比、更无过上义"。〇《老子》："玄之又玄，众妙之门。"**经行**旋绕于一定之地也。〇《阿弥陀经》："饭食经行。"**宴息**，宴，安也。息，止也。**皆在正受**。梵语：三昧。三，正也。昧，受也。故译作正受，是禅定之异名。定心离邪乱，谓之正。无念、无病，纳法于心，谓之受。如明镜之无心而现物也。**谈笑语言，曾无戏论**。《佛遗教经》："汝等比丘，若种种戏论，其心则乱。虽复出家，犹未得脱。是故比丘，当急舍离乱心戏论。若汝欲得寂灭乐者，唯当善灭戏论之患。是名不戏论。"〇《华严经》："永离世间一切戏论，住于诸佛无戏论法。"**故能五天重迹**，刘昫《唐书》："天竺国，即汉之身毒国。或云，婆罗门地也。在葱岭西北，周三万余里。其中分为五天竺：一曰中天竺，二曰东天竺，三曰南天竺，四曰西天竺，五曰北天竺。地各数千里，城邑数百。南天竺际大海。北天竺拒雪山，四周有山为壁，南面一谷，通为国门。东天竺东际大海，与扶南、林邑邻接。西天竺与罽宾、波斯相接。中天竺据四天竺之会，其都城周回七十余里，北临禅连河云。"〇《汉书·息夫躬传》："羽檄重迹而押至。"陆机《辩亡论》："珍瑰重迹而至，奇玩应响而赴。"吕延济注："重迹，谓远方贡献多，而车马之迹重叠也。"**百越稽首**，《史记》：秦王"南取百越之地，以为桂林、象郡"。韦昭曰："越有百邑。"服虔曰："百越非一种，若今言百蛮也。"**修蛇雄虺**，《淮南子》："断修蛇于洞庭。"高诱注："修蛇，大蛇。吞象三年出其骨之类。"〇《楚辞》："雄虺九首。往来倏忽。吞人以益其心些。"**毒螫之气销。跳殳弯弓**，《诗经》："伯也执殳。"〇毛苌《诗传》："长丈二而无刃。"〇贾谊《过秦论》："士不敢弯弓而报怨。"**猜悍之风变。畋渔悉罢，蛊酖知非**。《隋书·地理志》:"以五月五日,聚百种虫。大者至蛇,小者至虱,合置器中,令自相啖。余一种存者,留之。蛇则曰蛇蛊,虱则曰虱蛊,行以杀人。因食入人腹内,食其五脏,死则其产移入蛊主之家。三年不杀他人,则畜者自钟其弊。累世子孙相传不绝,亦有随女子嫁焉。干宝谓之为鬼,其实非也。"○《左传》:"命僖叔待于针巫氏。使针季酖之。"杜预注:"酖,鸟名,其羽有毒,以画酒,饮之则死。"孔颖达《正义》曰:《说文》云:酖,毒鸟也。一名运日。"《广雅》云:"鸩鸟,雄曰运日,雌曰阴谐。"《广志》云:"鸩鸟形似鹰,大如鸮,毛黑,喙长七八寸,黄赤如金,食蛇及橡实,常居高山巅。"《晋语》诸公赞云:"鸩鸟食蝮。以羽翮枥酒水中,饮之则杀人。旧制:鸩不得渡江,有重法。石崇为南中郎,得鸩,以与王恺养之。大如鹅,喙长尺余,纯食蛇虺。司隶傅祗于恺家得此鸟,奏之。宣示百官,烧于都街。是说鸩鸟之状也。以其因酒毒人,故字或为酖。"**多绝膻腥,效桑门之食**。《魏书·释老志》:"诸服其道者,则剃落须发,释累辞家。结师资,遵律度。相与和居,治心修净,行乞以自给,谓之沙门。或曰桑门,亦声相近,总谓之僧,皆胡言也。僧译为和命众,桑门为息心,比丘为行乞。"○《释氏要览》:"沙门。肇师云'出家之都名也。'梵云:沙迦懑囊,唐言勤息。谓此人勤修善品,息诸恶故。又秦译云:勤行,谓勤修善法,行趣涅槃也。或云,沙门那。或云,桑门。皆译人楚夏尔。"**悉弃罟网,袭稻田之衣**。稻田衣,即水田衣之意。水田衣即袈裟。因衣纹正方,似水稻田之界画,故名。○《十驾斋养新录》:释子以袈裟为水田衣。今杭州神尼塔下,有唐杭州刺史卢元辅磨刻七言诗,首句云:"水田十里学袈裟。"**永惟浮图之法**,图,亦作屠。《魏书·释老志》:"浮屠,正号曰佛陀。佛陀与浮屠声相近,皆西方言。其来,转为二音。华言译之,则为净觉。言灭秽成明,道为圣悟。"**实助皇王之化。弟子曰神会**,《传灯录》:"西京荷泽神会禅师。襄阳人也,姓高氏。年十四为沙弥。""寻往西京受戒。景龙中,却归曹溪。祖灭后,二十年间,曹溪顿旨,沉废于荆、吴;嵩岳渐门,盛行于秦、洛。乃入京,天宝四年,方定两宗(南能为顿宗,北秀为渐教)。师乃著《显宗记》,盛行于世。""师于上元元年五月十三日中夜，奄然而化"。俗寿九十三。**遇师于晚景，闻道于中年。**中，顾本作长，今校从《唐文粹》本。**广量出于凡心，**凡人之心也。**利智逾于宿学。**《往生要集》上本：利智精进之人未为难。○宿学，积学之人也。○《史记》："虽当世宿学，不能自解免也。"**虽末后供，**《涅槃经》二："尔时会中有优婆塞，是拘尸那城工巧之子，名曰纯陀，与其同类十五人俱，为令世间得善果故，舍身威仪，从座而起，偏袒右肩，右膝着地，合掌向佛，悲泣堕泪，顶礼佛足，而白佛言：'唯愿世尊及比丘僧，哀受我等最后供养，为度无量诸众生故。世尊，我等从今无主、无亲，无救无护，无归无趣，贫穷饥困。欲从如来求将来食，唯愿哀愍，受我微供，然后乃入于般涅槃。'……尔时世尊告纯陀曰：'我今受汝最后供养，令汝具足檀波罗蜜'……时大众闻佛世尊普为大会，受于纯陀供养，欢喜踊跃。同声赞言：'善哉！善哉！希有！纯陀！……汝今现世得大名利，德愿满足。甚奇！纯陀！生在人中，复得难得、无上之利。善哉！纯陀！如优昙华，世间希有。佛出于世，亦复甚难。值佛生信、闻法复难。佛临涅槃，最后供养，能办是事，复难于是。'"

乐最上乘。最上乘，佛乘也。○《法华经》："若诸菩萨，智慧坚固。了达三界，求最上乘。"**先师所明，有类献珠之愿。**《传灯录》："（师子比丘尊者）方求法嗣，遇一长者，引其子问尊者曰：'此子名斯多。当生便拳左手，今既长矣，而终未能舒。愿尊者示其宿因。'尊者睹之，即以手接曰：'可还我珠。'童子遽开手奉珠，众皆惊异。尊者曰：'吾前报为僧，有童子名婆舍。吾尝赴西海斋，受嚫珠付之。今还吾珠，理固然矣。'长者遂舍其子出家，尊者即与受具。以前缘故，名婆舍斯多。"**世人未识，犹多抱玉之悲。**《韩非子》："楚人和氏，得玉璞楚山中，奉而献之厉王。厉王使玉人相之。玉人曰：'石也。'王以和为诳，而刖其左足。及厉王薨，武王即位，和又奉其璞而献之武王。武王使玉人相之，又曰：'石也。'王又以和为诳，而刖其右足。武王薨，文王即位。和乃抱其璞而哭于楚山之下，三日三夜，泪尽而继之以血。王闻之，使人问其故，曰：'天下之刖者多矣，子奚哭之悲也？'和曰：'吾非悲刖也。悲夫宝玉而题之以石，贞士而名之以诳。此吾所以悲也.'王乃使玉人理其璞,而得宝焉.遂命曰:'和氏之璧'."谓余知道,以颂见托.偈曰:偈者,规定字数、句数,以三字乃至八字为一句,以四句为一偈.○梵语,偈陀,此译为颂.梵汉双举,故云偈颂."五蕴本空,《心经》:"五蕴皆空."○按:五蕴即色、受、想、行、识也.六尘非有.《心经》:"无色、声、香、味、触、法."众生倒计,倒,颠倒.计,执计.倒计犹云倒见.不知正受.正受,见上.莲花承足,以莲华软净,欲现神力,能坐其上,令不坏故.又以庄严妙法坐故.又以诸华皆小无如此华,梵天王坐莲华上,是故诸佛随世俗故,于宝华上结跏趺坐.坐如是,立亦如是,故云莲华承足.杨枝生肘.《庄子》:"支离叔与滑介叔观于冥伯之丘,昆仑之虚,黄帝之所休,俄而柳生其左肘."○王维诗:"徒言莲花目,岂恶杨柳肘."○苏轼诗:"浮游云释峤,宴坐柳生肘."苟离身心,孰为休咎.其一,休咎、犹吉凶也.○《书·洪范》:曰休征,曰咎征.○《汉书》:"箕子为武王陈五行、阴阳、休咎之应."至人达观,达观,意无沾滞也.凡喜怒哀乐不为境遇所拘束,谓之达观.与物齐功.庄子《齐物论》:"欲齐物我、齐是非、齐名实、齐多寡、齐成亏、齐有无、齐大小、寿夭、生死、梦觉而一之."无心舍有,有,即三有等,见前.舍有,舍去有也.何处依空.《菩萨璎珞经》:"一切诸法,亦无所倚.不倚内空,亦不依外空."《起信论》:"若修止者,住于静处,端坐正意.不依气息,不依形色,不依于空,不依地水火风,乃至不依见闻觉知."不著三界,三界:欲界、色界、无色界也.自他化天已下,皆名欲界.以希须乐欲,故名.自初禅至四禅天,皆名色界.以未出色笼,故名.四空天,皆名无色界,以只有四阴,无色蕴,故名.《法苑珠林》:"三界:第一欲界.欲强色微,故号欲界.第二色界.色强欲微,故号色界.第三无色界.色绝欲劣,故名无色界."《菩萨璎珞经》:"摄意常定,心如虚空,不著三界,是谓无行."徒劳八风.《锦绣万花谷》:"《宝积经》及《大毗婆沙论》,以利、衰、毁、誉、称、讥、苦、乐为八风."《释氏要览》:"《佛地论》云:得可意事,名利.失可意事,名衰.不现前诽拨,名毁.

不现前赞美,名誉。现前赞美,名称。现前诽拨,名讥。逼恼身心,名苦。适悦身心,名乐。"**以兹利智**,利智,见上。**遂与宗通**。其《楞伽经》:"我谓二种通,宗通及言说。说者授童蒙,宗为修行者。"**愍彼偏方**,指韶州地方言。**不闻正法**。正法,真正之道法也。○《无量寿经》上:"弘宣正法。"**俯同恶类**,指韶州民族言。**将兴善业**。善业者,身口意三业之善也。如五戒、十善等之作业。**教忍断嗔**,忍,见上。嗔,怒也。贪嗔痴为三毒,故当断之。**修慈舍猎**。《坛经》:"六祖至曹溪,又被恶人寻逐,乃于四会避难猎人队中,凡经一十五载。猎人常令守网。每见生命,尽放之。每饭时,以菜寄煮肉锅。或问之,对曰:'但吃肉边菜。'"**世界一华**,《华严经》:"菩萨摩诃萨以三千大千世界为一莲华,现身遍此莲华之上,结跏趺坐。"**祖宗六叶**。其三,考《传灯录》,昔如来以正法眼藏付迦叶大士,展转至二十八祖达摩尊者,航海南游,是为中华初祖。达摩传慧可,为二祖。慧可传僧璨,为三祖。僧璨传道信,为四祖。道信传宏忍,为五祖。宏忍传慧能,为六祖。**大开宝藏**,宝藏,累积珍宝之库藏也。○《无量寿经》:"无量宝藏,自然发应。教化安立,无数众生。"○《法华经·信解品》:"今此宝藏,自然而至。"**明示衣珠**。《法华经》:"我等应得如来智慧,而便自以小智为足。譬如有人,至亲友家,醉酒而卧。是时亲友官事当行,以无价宝珠系其衣里,与之而去。其人醉卧,都不觉知。起以游行,到于他国。为衣食故,勤力求索,甚大艰难。若少有所得,便以为足。于后亲友会遇见之,而作是言:'我昔欲令汝得安乐、五欲自恣,于某年月日,以无价宝珠系汝衣里。今故现在,而汝不知。勤苦忧恼,以求自活,甚为痴也。'"**本源常在**,《禅源诸诠》一:圭峰云:"源者,是一切众生本觉真性。亦名佛性,亦名心地。悟之名慧,修之名定。定慧通称为禅那。此性是禅之本源。"**妄辙遂殊**。此句言妄情一动,则向外驰求,遂与本源殊异也。然舍妄非本源,妄即是本源。故本源常在之下接以此句。**过动不动**,动不动者、动与不动也。○《佛遗教经》:"一切世间动、不动法,皆是败坏不安之相。"**离俱不俱**。

俱不俱者，俱与不俱也。〇《楞伽经》："欲得自觉圣智事，当离生住灭、一异、俱不俱、有无、非有非无、常无常等恶见妄想。"〇《成唯识论》："依止根本识，五识随缘现。或俱或不俱，如波涛依水。"**吾道如是**，《庄子》："吾示子乎吾道。"〇《家语》："吾道非乎？"〇《胜鬘宝窟》上（之本）："印述之辞：如是如是，诚如圣教。如是如是，如汝所说。"〇《资持记》上，一之一："如是者，指示之词。"**道岂在吾**。其四。**道遍四生**，四生，见上。**常依六趣**。趣，趣住之意。众生因业，因而趣住之处也。六趣者，即地狱、饿鬼、畜生、修罗、人间、天上。**有漏圣智**，小乘阿罗汉、辟支佛证有余依涅槃。有余依涅槃者，余此有漏之依身。〇阿罗汉为四圣中声闻之极果，故云圣。〇声闻缘觉得一切智，故云有漏圣智。按语：有漏是烦恼的异名，有漏圣智指初果以上，阿罗汉以下，虽见真理，而未断尽烦恼者之智慧，通常指初、二、三果之圣者。**无义章句**。义，道理也，意味也。〇《顿悟入道要门论》："我所说者，义语非文。众生说者，文语非义。得意者，越于浮言。悟理者，超于文字。法过语言文字，何向数句中求！"〇按：此句言章句中无义理也。**六十二种**，六十二种者，指六十二种见而言。〇《毗婆沙论》云："六十二见者，五蕴中各起四见，四五二十。三世各二十通，为六十通。身即是神、身异神二见，总为六十二见。"**一百八喻**。《法华文句》五："譬者，比况也。喻者，晓训也。托此比彼，寄浅训深"，乃至"动树训风、举扇喻月"，故言譬喻。〇《涅槃经》二十九有八种譬喻。《五分律》一有波罗夷四喻。《金光明经》一有佛寿四喻。《法华经》有七喻。《如来藏经》有十喻，《维摩经》亦有十喻，《仁王经》有八喻，《金刚经》有六譬，《观佛三昧海经》亦有六譬。要之，佛经中之譬喻，指不胜屈。西方言数之较多者，皆括言之而曰一百八，如：一百八遍念佛、一百八臂金刚藏王、一百八名陀罗尼经、一百八尊法身契印、一百八名梵赞等。今云一百八喻、亦其例也。**悉无所得**，《华严经》："以智慧月，普照法界。了达一切，悉无所得。"〇《传心法要》下："菩提者，不可以身得，身无相故。不可以心得，心无相故。不可以性得，性即便是本源自性天真佛故。不可以佛更得佛，不可以无相更得无相，不可以空更得空，不可以道更得道。本无所得，无得亦不可得。所以道无一法可得，只教你了取本心。当下了时，不得了相。无了无不了相，亦不可得。"

应如是住。"其五。《金刚经》："应如是住。"〇《顿悟入道要门论》上："问：'心住何处即住?'答：'住无住处即住。'问：'云何是无住处?'答：'不住一切处，即是住无住处。''云何是不住一切处?'答：'不住一切处者——不住善恶、有无、内外、中间，不住空、亦不住不空，不住定、亦不住不定——即是不住一切处。只个不住一切处，即是住处也。得如是住者，即名无住心也。无住心者是佛心。'"

（碑铭见《全唐文》卷三百二十七）

附录三

曹溪第六祖赐谥大鉴禅师碑

［唐］柳宗元撰　丁福保笺注

柳宗元，字子厚。解人。第进士，中博学宏词科，擢监察御史，坐王叔文党左迁。宗元文章卓异，与韩愈齐名。著有《柳州文集》，行于世。

扶风公元和八年十二月，以桂管观察使马总为岭南节度使。扶风人也。〇扶风，县名，唐始置。扶风，本郡名，汉曰右扶风。此唐置之。扶风县，地本属于右扶风，故即以扶风名之。明清皆属凤翔府，今属陕西关中道。**廉问**廉，察也。〇《史记·秦始皇纪》，始皇曰："诸生在咸阳，吾使人廉问，或为妖言以乱黔首。"〇《宋史·夏守斌传》："诏守斌往察之。守斌变服入营中，廉问得状。"**岭南**唐分十道。岭南道东际海，西极群蛮，北据五岭。后分东西二道，今广东西及安南地。**三年。以佛氏第六祖**佛教禅宗东来后，衣钵相传凡六世：初祖达磨，二祖慧可，三祖僧璨，四祖道信，五祖弘忍，第六祖慧能。〇《正宗记》：六祖慧能大师。姓卢氏，新兴人。辞母直造黄梅东山，既得法，回南海法性寺，开东山法门。后归宝林寺。一日谓众曰：吾于忍大师处受法要并及衣钵。今汝等信根纯熟，但说法要，衣钵不须传也。次年坐化，塔于曹溪，今南华寺是也。**未有称号，**《北史·魏孝明帝纪》："诏曰'皇太后扬抑自居，称号弗备，宜遵旧典，称诏宇内，以副黎蒸、元元之望。'"**疏闻于上。**疏，条陈也，即奏疏。疏通所言之义，故曰疏。〇称皇帝曰上。《史记》有《今上本纪》。**诏谥大鉴禅师。**诏，告也。〇《汉书》："陛下发德音，下明诏。"〇死而以行为谥，始于周代，后代因之。本帝王、公卿所用。用之于出家大德，表尊崇之意也。〇比丘之参禅悟道者，称禅师；如讲大小乘法者，曰法师；宏扬戒律者，曰律师也。**塔曰灵照之塔。**塔，所以贮舍利者。〇《释氏要览》：浮图，"梵语，塔婆。此云高显。今略称塔"。**元和十年十月十三日，**元和，唐宪宗之年号。**下尚书祠部、**祠部，官名。魏尚书有祠部，掌礼制。北周始改为礼部。唐祠部曹掌祠祀、天文、庙讳、僧尼簿籍。**符到都府。**符、以符为验也。唐律有官殿门符、皇城京城门符、发兵符、传符等。〇都府，节度府也。**公命部吏泪**泪，音暨，及也。**州司功掾**掾音砚。〇司功，官名。唐州府佐吏，自录事参军外，有司功、司仓、司户、司兵、司法、司士六参军。〇掾者，佐贰官之通称。**告于其祠。幢盖钟鼓，**幢，传江切，旌旗之属。盖，车盖，所以御雨者。**增山盈谷。万人咸会，若闻鬼神。其时学者千有余人，莫不欣踊奋厉，如师复生。则又感悼涕慕，如师始亡。因言曰："自有生物，**生物，生、活之物也。〇《庄子》："养虎者不敢以生物与之，为其杀之之怒也。"**则好斗夺、相贼杀，丧其本实。**《诗·大雅》："本实先拨。"**誖乖淫流、**誖，蒲昧切，又音勃，乱也。**莫克返于初。**《庄子》："德至，同于初。"又云："是谓返其本。"**孔子无大位，没以余言持世，**持，扶助之意。持世，扶助世道也。**更杨、**杨朱。**墨、**墨翟。**黄、**黄帝之徒。**老**老子之徒。**益杂，其术分裂。**《庄子·天下》："道术将为天下裂。"**而吾浮图说后出。**浮图，又作浮屠，浮头，即佛陀之异译。佛陀即佛，浮图说即佛说也。**推离还源，**推离有欲，还之本源。**合所谓生而静者。**《礼记》："人生而静，天之性也。"**梁氏**梁武帝也。**好作有为，师达摩讥之。**《传灯录》："梁武帝问达磨曰：'朕造寺、写经、度僧，不可胜计，有何功德？'师曰：'并无功德。此但人天小果，（有漏之因），如影随形，虽有非实。'"**空术益显，**空术，指空宗而言，即禅宗也。如《大般若经》、《大智度论》等，皆是空宗之经论。〇按：禅宗是第六度中之般若，非第五度之禅定也。六传至大鉴。六传，见上。大鉴始以能能即耐字。劳苦服役，指腰石春米。一听其言，言希以究。《老子》："希言自然。"○究，深也。王弼注：听之不闻，名曰希。师用感动，师，指五祖而言。遂授信具。信具，衣钵也。遁隐南海上，人无闻知。又十六年，度度，特洛切。其可行，乃居曹溪。咸亨末，能住韶州宝林寺。曹溪，韶州地名也。为人师，会会，集合也。学学，学者。去来尝数千人。其道以无为为有，《无量寿经》上："无为泥洹之道。"○《肇论》："无为者，取乎虚无寂寞，妙绝于有为。"○《庄子》："无为有为，有为无为，而游于尘垢之外。"按：《庄子》原文作"无谓有谓，有谓无谓，而游于尘垢之外"。以空洞为实，空洞，宽阔而无所有也。○周顗答王导曰："此中空洞无物，但足容卿辈数百人。"以广大不荡为归。其教人，始以性善，终以性善。不假耘锄，本其静矣。中宗闻名，使幸臣再征，不能致。取其言以为心术，其说具在。详在《坛经·护法品》。今布天下。凡言禅，皆本曹溪。大鉴去世，百有六年。先天二年卒，是岁癸丑至元和十三年戊戌，为一百六年。凡治广部而以名闻者以十数，莫能揭其号。广部，指岭南而言。言六祖去世百有六年中，治岭南而有名闻者不少，皆未能为六祖疏闻于上，崇六祖以谥号者。乃今始告天子，得大谥。丰佐吾道，丰，大也。佐，犹助也。其可无辞。言安可无此碑记。公始立朝，以儒重。刺虔州，都护安南。元和五年七月，总自虔州刺史为安南都护。由海中大蛮夷，连身毒之西、身毒，国名，即天竺也。浮舶听命，咸被公德。受旗纛、纛，音道。又，徒沃切。节戟，纛，翳也，舞者所执。又，羽葆，幢也。纛，左纛也，以旄牛尾而为之。来莅南海，按韩文公祭总文云："于泉于虔，始执郡符。遂殿交州，抗节番禺。"交州，即安南都护府。番禺，则南海郡广州也。与公此碑合。而唐史乃云：总自安南都护，迁桂管经略观察使。

误矣。东坡曰："以碑考之，盖自安南迁南海，非桂管也。"可以正唐史之误。**属国如林。不杀不怒人畏无噩。**噩，音愕。○《说文》：噩，哗讼也。**允克光于有仁。昭列大鉴，莫如公宜。其徒之老，**老，指其寺中之长老。**乃易石于宇下，使来谒辞。其辞曰："达摩乾乾，**乾乾，不息之貌。○《易·乾》："九三，君子以终日乾乾。"**传佛语心。**《楞伽经注解》一："佛语心者，即诸佛所说心法也。"○《宗镜录》五十七："《楞伽经》云：'佛语心为宗，无门为法门。'"○佛语心者，佛所说之如来藏心也。《楞伽经》一部之所明者，宗如来藏心。故名经之品名，为《佛语心品》。○《楞伽》序文云：昔初祖语二祖曰："此《楞伽》四卷，可以印心。不数传后，当为名相之学。"**六承其授，大鉴是临。劳勤专默，终挹于深。**挹，一作揖。**抱其信器，行海之阴。其道爱施，在溪之曹。庬**庬，模庞切，杂也。**合猥猥，**多也，杂也。**附，不夷其高。传告咸陈，惟道之褒。生而性善，在物而具。荒流奔轶，**轶，徒结切。○《说文》：轶，车相出也。**乃万其趣。匪思愈乱，匪觉滋误。由师内鉴，咸护于素。不植乎根，不耘乎苗。中一外融，有粹孔昭。在帝中宗，聘言于朝。阴翊**音翼，辅也。**王度，**度，法度也。○《国语》：思我王度。**俾人逍遥。**逍遥，徜徉自得之貌。**越百有六祀，号谥不纪。由扶风公告今天子。"尚书既复，**尚书祠部之符，复到都府也。**大行乃谏。**行，读去声。谥法，大行受大名，小行受小名。以六祖圆寂之初，尚未得谥，而潜德日彰。群下所称，辞宜有异。故曰大行。言其有大德行，必受大名也。○谏，谥也。累列生时之德行而称之，曰谏。○《论语疏》：谏者，犹今行状。**光于南土，其法再起。厥徒万亿，同悼齐喜。惟师教所被，洎扶风公所履，咸戴天子。天子休命，嘉公德美，溢于海夷，浮图是视。师以仁传，公以仁理。谒辞图坚，**言告于六祖之祠，陈其碑辞，图刊之于坚贞之石。**永胤不已。**胤，异刃切，继也，嗣也，子孙相承续也。○《诗》："永锡祚胤。"**

大唐曹溪第六祖大鉴禅师第二碑

［唐］刘禹锡撰　丁福保笺注

刘禹锡，字梦得，中山人。擢进士，登博学宏词科。工文章，累官到集贤直学士。出为苏州刺史，以政绩闻，廷赐金紫服，迁太子宾客。晚年以文章自适，兼工诗，白居易推为诗豪。有《刘宾客集》四十卷。

元和_{唐宪宗年号。}十一年某月日，诏书追褒曹溪第六祖能公，谥曰"大鉴"。实广州牧马总以疏闻，_{闻，闻之于宪宗也。}繇是可其奏。尚道以尊名，_{尚，庶几也。按语：尚，崇尚。}同归善善，_{《公羊传》："君子之善善也长。"○《穀梁传》："善善乐其终。"}不隔异教。_{释与儒，教迹不同，故云异教。}一字之褒，华夷孔怀。得其所故也。马公敬其事。且谨始以垂后。遂咨于文雄，_{文章之雄也。}今柳州刺史河东柳君_{名宗元，字子厚。}为前碑。后三年，有僧道琳率其徒，由曹溪来。且曰："愿立第二碑，学者志也。维如来_{如来，释迦如来也。}灭后中五百岁，而摩腾竺法兰以经来，_{摩腾、竺法兰，皆西域高僧。二人同于汉明帝时入中国，居白马寺。其第一部所翻之经即《四十二章经》。}华人始闻其言，犹夫重昏之见旵爽。_{旵，音忽。《头陀经》：心王菩萨曰："我见覆蔽，饮杂毒酒，重昏长寝。"○王简栖，《头陀寺碑文》："曜慧日于康衢，则重昏夜晓。"○旵爽，天未明之时也。○《汉书》："至旵爽，天子始郊。"}后五百岁，而达磨以法来，华人始传其心，犹夫昧旦之睹白日。自达磨六传至大鉴，如贯意珠，_{意珠，如意珠也。〇《智度论》十："如意珠出自佛舍利。若法没尽时，诸舍利皆变为如意珠。"}有先后而无同异。世之言真宗者，_{真宗，真实之宗旨也。各宗派自称所信仰之宗，皆曰真宗。}所谓顿门。_{佛所教者，不外顿、渐二门，顿门即禅宗。}初，达磨与佛衣俱来。得道传付，以为真印。至大鉴，置而不传。岂以是为筌蹄耶？_{《庄子》："筌者，所以在鱼，得鱼而忘筌。蹄者，所以在兔，得兔而忘蹄。"}刍狗_{《老子》："天地不仁，以万物为刍狗。"}耶？将人人之莫已若，而不若置之耶？吾不得而知也。按：大鉴生新州。三十出家。四十七年而殁。既殁百有六年而谥。始自蕲_{蕲，音其。蕲州。}之东山，从第五师，_{宏忍大师。}得授记以归。_{授记者，对于发佛心之众生，授与当来必当作佛之记莂。}中宗使中贵人_{中贵人，内臣之贵幸者。}再征，不奉诏。第以言为贡。上敬行之。铭曰："至人之生，无有种类。同人者形，出人者智。蠢蠢南裔，降生杰异。父乾母坤，独肖元气。一言顿悟，不践初地。_{初地为菩萨乘五十二位中十地之第一。}五师相承，授以宝器。_{宝器，指衣钵言。}宴坐曹溪，世号南宗。学徒爰来，如水之东。饮以妙药、瘥其暗暗，_{音阴，不能言也。}聋。诏不能致，许为法雄。_{《法华经》："如来世雄，于法自在。"}去佛日远，群言积亿。著空_{著于偏空。}执有，_{凡人之迷情，执有实我、实法，谓之有执。执因果之事法，涅槃之妙体，谓之空执。}各走其域。我立真筌，揭起南国。无修而修，无得而得。能使学者，还其天识。_{天识，本性也，真如也。〇颜延之《庭诰》："遂使业习，移其天识。"}如黑而迷，仰见斗极。得之自然，竟不可传。口传手付，则碍于有。留衣空堂，得者天授。"_{《史记》：留侯云："沛公殆天授。"}

附录五

历朝崇奉事迹

　　唐宪宗皇帝谥大师曰"大鉴禅师"。宋太宗皇帝加谥"大鉴真空禅师"。诏新师塔曰"太平兴国之塔"。宋仁宗皇帝天圣十年迎师真身及衣钵入大内供养,加谥"大鉴真空普觉禅师"。宋神宗皇帝加谥"大鉴真空普觉圆明禅师"。具见晏元献公碑记。

　　福保谨按:宋晏殊谥元献。《东都事略》称有文集二百四十卷,《中兴书目》作九十四卷,《文献通考》载《临川集》三十卷、《紫薇集》一卷。陈振孙云:"其五世孙大正为《年谱》(一卷),言先元献尝自差次,起儒馆,至学士,为《临川集》(三十卷)。起枢廷,至宰席,为《二府集》(二十五卷)"云云。今皆不传。清四库馆仅著录慈溪胡亦堂辑本一卷,文、诗各六篇,余则诗余也。丁氏善本书室藏有仁和劳季言增辑原本,今藏江南图书局。近人李先生之鼎,已将四库本及劳氏本刻入《宋人小集乙编》。名曰《晏元献遗文》一卷、补编三卷。惟六祖碑记已佚,甚为可惜。后有得此碑记者,宜为补入。

附录六

旅顺博物馆藏敦煌本六祖坛经新校

南宗顿教最上大乘摩诃般若波罗蜜经

六祖惠能大师于韶州大梵寺施法坛经一卷

兼（受）〔授〕无相戒　　弘法弟子法海集记[①]

惠能大师于大梵寺讲堂中，升高座，说摩诃般若波罗蜜法，（受）〔授〕无相戒。其时，座下僧尼道俗一万余人，韶州刺史韦据及诸官寮三十余人，儒士〔三十〕余人，同请大师说摩诃般若波罗蜜法。刺史遂令门人僧法海集记，流行后代。与学道者承此宗旨，递相传授，有所依约，以为禀承，说此《坛经》。

能大师言："善知识，净心念摩诃般若波罗蜜。"

大师不语，自净心神。良久，乃言：

"善知识（净）〔静〕听：惠能慈父，本官范阳，左降迁流

---

① 本文依据郭富纯、王振芬整理，上海古籍出版社 2011 年 4 月版的《旅顺博物馆藏〈敦煌本六祖坛经〉》的图版，同时也参考了英藏斯 5475 号图版（斯坦英本）、《大正藏》录文及敦博本、北图本及北图残本等相关文献，对《南宗顿教最上大乘摩诃般若波罗蜜经六祖惠能大师于韶州大梵寺施法坛经》（简称旅博本），进行了重新校订和标点。本文的校订有四种情形：正文文字讹误、颠倒的，此处则用（）括出，其后的〔〕内注出正确的文字；衍字的，所衍字用（括出；正文遗漏，根据文意补出的，补字在〔〕中。对于旅博本错、漏、讹误、衍字而别本不误的，径据别本改正，限于篇幅及体例，不便一一注明，容日后另行说明。部分校注参考了邓文宽、柳田圣山、杨曾文、周绍良诸先生的校订成果，限于本书体例，不便一一注明，特此说明。

〔岭〕南,〔作〕新州百姓。惠能幼小,父(小)〔少〕早亡,老母孤遗,移来南海,艰辛贫乏,于市卖柴。

忽有一客买柴,遂领惠能至于官店。客将柴去,惠能得钱,却向门前。忽见一客读《金刚经》,惠能一闻,心明,便悟。

乃问客曰:'从何处来? 持此经典?'

客答曰:'我于蕲州黄梅县东冯墓山,礼拜五祖弘忍和尚。见今在彼,门人有千余众。我于彼听见大师劝道俗:但持《金刚经》一卷,即得见性,直了成佛。'

惠能闻说,宿业有缘,便即辞亲,往黄梅冯墓山,礼拜五祖弘忍和尚。

弘忍和尚问惠能曰:'汝何方人,来此山礼拜吾? 汝今向吾边,复求何物?'

惠能答曰:'弟子是岭南人,新州百姓。今故远来礼拜和尚,不求余物,唯求(佛法作)〔作佛法〕。'

大师遂责惠能曰:'汝是岭南人,又是獦獠,若为堪作佛!'

惠能答曰:'人即有南北,佛性即无南北。獦獠身与和尚不同,佛(姓)〔性〕有何差别?'

大师欲更共议,见左右在傍边,大师(更)〔衍〕便不言。遂发遣惠能,令随众作务。时有一行者,遂差惠能于碓坊踏碓八个余月。

五祖忽于一日唤门人尽来。门人集(记)〔讫〕,五祖曰:'吾向汝说:世人生死事大。汝等门人,终日供养,只求福田,不求出离生死苦海。汝等自性迷,福门何可救汝?汝总且归房自看。有(知惠)〔智慧〕①者,自取本性般若之(知)〔智〕,各作一偈呈吾。吾看汝偈,若悟大意者,付汝衣法,禀为六代〔祖〕。火急作!'

门人得处分,却来各至自房,递相谓言:'我等不须呈心,用意作偈,将呈和尚。神秀上座是教授师,秀上座得法后,自可依止,请不用作。'诸人息心,尽不敢呈偈。

时大师堂前有三间房廊,于此廊下,(供养欲画楞伽变)〔欲画《楞伽变》供养〕,并画五祖大师传授衣法(流行后代为记)〔为记,流行后代〕。画人卢玲看壁了,明日下手。

上座神秀思惟:诸人不呈心偈,缘我为教授师。我若不呈心偈,五祖如何得见我心中见解深浅?我将心偈上五祖,呈意即善,求法觅祖不善。却同凡心,夺其圣位。若不呈心,(修)〔终〕不得法。良久思惟:甚难! 甚难! 甚难! 甚难!

夜至三更,不令人见,遂向南廊下中间壁上,题作呈心偈,欲求于法。

'若五祖见偈,言此偈语〔善〕,若访觅我,我见和尚,即云是秀作。五祖见偈,言不堪,自是我迷,宿业障重,不合得法。圣意难测,我心自息。'

秀上座三更于南廊下中间壁上,秉烛题(作)〔衍〕偈,人尽不知。偈曰:

---

① 敦煌写本中,智慧常常写作知惠、智惠。在不影响阅读和理解的前提下,为尽可能保存写本原貌,此类情形不再一一出校。

身是菩提树，　　心如明镜台。

时时勤拂拭，　　莫使有尘埃。

神秀上座题此偈毕，归房卧，并无人见。

五祖平旦遂唤卢供奉来南廊下画《楞伽变》。五祖忽见此偈，（请记）〔读讫〕，乃谓供奉曰：'弘忍与供奉钱三十千，深劳远来，不画变相也。《金刚经》云："凡所有相，皆是虚妄。"不如留此偈，令迷人诵。依此修行，不堕三恶〔道〕。依法修行人，有大利益。'

大师遂唤门人尽来，焚香偈前。众人见已，皆生敬心。'汝等尽诵此偈者，方得见性。依此修行，即不堕落。'门人尽诵，皆生敬心，（唤）〔叹〕言：善哉！

五祖遂唤秀上座于堂内，（门）〔问〕：'是汝作偈否？若是汝作，应得我法。'

秀上座言：'罪过！实是神秀作，不敢求祖。愿和尚慈悲，看弟子有小智惠、识大意否？'

五祖曰：'汝作此偈，见即（来）〔未〕到，只到门前，尚未得入。凡夫依此偈修行，即不堕落。作此见解，若觅无上菩提，即未可得。须入得门，见自本性。汝且去，一两日来思惟，更作一偈来呈吾。若入得门，见自本性，当付汝衣法。'秀上座去，数日作不得。

有一童子于碓坊边过，唱诵此偈。惠能一闻，知未见性，即识大意。

能问童子：'适来诵者，是何言偈？'

童子答能曰：'你不知大师言：生死事大，欲传衣法。

令门人等各作一偈来呈吾,看悟大意,即付衣法,禀为六代祖。有一上座名神秀,忽于南廊下书《无相偈》一首,五祖令诸门人尽诵。悟此偈者,即见自性。依此修行,即得出离。'

惠能答曰:'我此踏碓八个余月,未至堂前。望上人引惠能至南廊下,见此偈礼拜。亦愿诵取,结来生缘,愿生佛地。'

童子引能至南廊下,能即礼拜此偈。为不识字,请一人读。惠能闻已,即识大意。惠能亦作一偈,又请得一解书人,于西间壁上题着:

'呈自本心。不识本心,学法无益。识心见性,即悟大意。'

惠能偈曰:

菩提本无树,　　明镜亦无台。

佛性常清净,　　何处有尘埃?

又偈曰:

心是菩提树,　　身为明镜台。

明镜本清净,　　何处染尘埃?

院内徒众见能作此偈,尽怪。惠能却入碓坊。

五(褐)〔祖〕忽见惠能偈,即知识大意。恐众人知,五祖乃谓众人曰:'此亦未得了。'

五祖夜至三更,唤惠能堂内,〔为〕说《金刚经》。惠能一闻,言下便悟。其夜受法,人尽不知。便传顿法及衣,'汝为六代祖,衣将为信禀,代代相传。法以心传心,当令自悟。'五祖言:'惠能,自古传法,气如悬丝。若住此间,有人害汝。

汝即须速去!'

　　能得衣、法,三更发去。五祖自送能于九江驿,登时便〔别〕。

　　五祖处分:'汝去,努力将法向南,三年勿弘此法。难去,在后弘化,善诱迷人。若得心开,与吾无别。'

　　辞违已了,便发向南,两月中间,至大(庚)〔庾〕岭。

　　不知向后有数百人来,欲拟捉惠能,夺衣法。来至半路,尽总却回。唯有一僧,姓陈,名惠顺,先是三品将军,性行粗恶。直至岭上来趁,把著惠能。〔惠能〕即还法衣,又不肯取,'我故远来求法,不要其衣。'能于岭上,便传法惠顺。惠顺得闻,言下心开。能使惠顺即却向北化人来。

　　惠能来于此地,与诸官寮道俗亦有累劫之因。教是先圣所传,不是惠能自(知)〔智〕。愿闻先圣教者,各须净心。闻了,愿自除迷,如先代悟。"〔下是法〕

　　惠能大师唤言:"善知识,菩提般若之智,世人本自有之。即缘心迷,不能自悟,须求大善知识示道见性。善知识,愚人智人,佛性本无差别,只缘迷悟。迷即为愚,悟即成智。"

　　"善知识,我此法门,以定惠为本。第一勿迷,言惠定别。定惠体一不二,即定是惠体,即惠是定用。即惠之时定在惠,即定之时惠在定。善知识,此义即是〔定〕惠等。学道之人作意,莫言:先定发惠,先惠发定,定惠各别。作此见者,法有二相:口说善,心不善,惠定不等。心口俱善,内外一种,定惠即等。自悟修行,不在口净。若诤先后,即是迷人。不断胜负，却生法、我〔二执〕，不离四相。"

"一行三昧者，于一切时中，行、住、坐、卧，常（真）〔行〕（真）〔直〕心是。《净名经》云：'（真）〔直〕心是道场'，'（真）〔直〕心是净土'。莫心行谄曲，口说法直。口说一行三昧，不行（真）〔直〕心，非佛弟子。但行（真）〔直〕心，于一切法上无有执著，名一行三昧。"

"迷人著法相，执一行三昧——（真）〔执〕心坐不动，除妄不起心——即是一行三昧。若如是，此法同无情，却是障道因缘。道须通流，何以却滞？心（在）〔不〕住即通流，住即（彼）〔被〕缚。若坐不动是，维摩诘不合呵舍利弗宴座林中。"

"善知识，又见有人，教人坐，看心、看净，不动、不起，从此置功。迷人不悟，便执成颠。即有数百般，如此教（道）〔导〕者，故知大错。"

"善知识，定惠犹如何等？如灯光。有灯即有光，无灯即无光。灯是光之体，光是灯之用。名即有二，体无两般。此定惠法，亦复如是。"

"善知识，法无顿渐，人有利钝。迷即渐劝，悟人顿修。识自本心，是见本性。悟，即元无差别。不悟，即长劫轮回。"

"善知识，我（自）〔此〕法门，从上已来，顿渐皆立：无念为宗，无相为体，无住为本。"

"何名为相无相？于相而离相。无念者，于念而不念。无住者，为人本性，念念不住。"

"前念、今念、后念，念念相续，无有断绝。若一念断绝，法身即离色身。念念时中，于一切法上无住。一念若住，念念即住，名〔为〕系缚。于一切法上，念念不住，即无缚也，〔是〕以无住为本。"

"善知识，外离一切相，是无相。但能离相，性体清净，是以无相为体。于一切境上不染，名为无念。于自念上离境，不于法上念生。莫百物不思，念尽除却！一念断即无，别处受生。学道者用心，莫不识法意。自错尚可，更劝他人！迷不自见迷，又谤经法！是以立无念为宗。即缘迷人于境上有念，念上便起邪见，一切尘劳妄念从此而生。"

"然此教门立无念为宗。世人离境，不起于念。若无有念，无念亦不立。无者，无何事？念者，〔念〕何物？无者，离二相、诸尘劳。真如是念之体，念是真如之用。〔自〕性起念，虽即见闻觉知，不染万境而常自在。《维摩经》云：外'能善分别诸法相'，内'于第一义而不动'"。

"善知识，此法门中（座）〔坐〕禅，元不（著）〔看〕心，亦不（著）〔看〕净，亦不言〔不〕动。若言看心，心元是妄。妄如幻故，无所看也。若言看净，人性本净。为妄念故，盖覆真如。离妄念，本性净。不见自性本净，起心看净，却生净妄。妄无处所，故知看者、〔所〕看，却是妄也。净无形相，却立净相，言是功夫。作此见者，障自本性，却被净缚。若〔修〕不动者，见一切人过患，是性不动。迷人（自身）〔身自〕不动，开口即说人是非，与道违背。看心、看净，却是障道因缘。"

"今（记）〔既〕如是，此法门中，何名（座）〔坐〕禅？此法门中，一切无碍。外于一切境界上，念不起，为(座)〔坐〕；〔内〕见本性、〔心〕不乱，为禅。何名为禅定？外离相曰禅，内不乱曰定。外若(有)〔离〕相，内性不乱，本性自净自定。只缘境触，触即乱。离相不乱即定。外离相即禅，内(外)〔衍〕不乱即定。外禅内定，故名禅定。"

"《维摩经》云：'即时豁然，还得本心。'《菩萨戒〔经〕》云：'本源自性清净。'善知识，见自性自净，自修、自作自性法身，自行佛行，自作、自成佛道。"

"善知识，总须自体与受无相戒。一时逐惠能口道，令善知识见自三身佛：

'于自色身，归依清净法身佛；

于自色身，归依千百亿化身佛；

于自色身，归依当来圆满报身佛！'"〔已上三唱〕

"色身是舍宅，不可言归。向者三身〔佛〕，在自法性〔中〕，世人尽有。为迷不见，外觅三(圣)〔身〕如来，不见自色身中三(世)〔身〕佛。善知识听！与善知识说，令善知识于自色身，见自法性有三(世)〔身〕佛。此三身佛，从自性上生。"

"何名清净〔法〕身佛？善知识，世人性本自净，万法在自性。思量一切恶事，即行于恶；思量一切善事，便修于善行。知如是一切法，尽在自性。自性常清净，日月常明，只为云覆盖，上明下暗，不能了见日月星辰。忽遇惠风吹散，卷尽云雾，万像(参)〔森〕罗，一时皆现。世人性净，犹如清天。惠如日，智如月，智惠常明。于外(看)〔著〕境，妄念浮云盖覆,自性不能明。故遇善知识,开真正法,吹却迷妄,内外明彻,于自性中,万法皆现。一切法在自性,名为清净法身。自归依者,除不善行,是名归依。"

"何名为千百亿化身佛? 不思量,性即空寂。思量即是自化。思量恶法,化为地狱。思量善法,化为天堂。毒害化为畜生,慈悲化为菩萨。智惠化为上界,愚痴化为下方。自性变化甚明,迷人自不知见。"

"一念善,智惠即生。一灯能除千年暗,一智能灭万年愚。莫思向前,常思于后。常(后念)〔念后〕善,名为报身。一念恶,报却千年善心;一念善,报却千年恶灭。无(常)〔始〕已来,〔常〕(后念)〔念后〕善,名为报身。"

"从法身思量,即是化身。念念善,即是报身。自悟自修,即名归依也。皮肉是色身,是舍宅,不在归依也。但悟三身,即识大意。"

"今既自归依三身佛已,与善知识发四弘大愿。善知识,一时逐惠能道:

'众生无边誓愿度!

烦恼无边誓愿断!

法门无边誓愿学!

无上佛道誓愿成!'"〔三唱〕。

"善知识,'众生无边誓愿度',不是惠能度。善知识心中众生,各于自身自性自度。何名自性自度? 自色身中邪见、烦恼、愚痴、迷妄,自有本觉性将正见度。既悟正见,般若之智除却愚痴、迷妄,众生各各自度。邪见正度,迷来悟度,愚来智度,恶来善度,烦恼来菩提度。如是度者,是名真度。"

"'烦恼无边誓愿断',自心除虚妄。"

"'法门无边誓愿学',学无上正法。"

"'无上佛道誓愿成',常下心行,恭敬一切。远离迷执,觉智生般若,除却迷妄,即自悟佛道成,行誓愿力。"

"今既发四弘誓愿讫,与善知识无相忏悔三世罪障。"

大师言:"善知识,

前念、后念及今念,念念不被愚迷染。从前恶行,一时自姓若除,即是忏悔。

前念、后念及今念,念念不被愚痴染。除却从前矫杂心,永断名为自性忏。

前念、后念及今念,念念不被(疽疾)〔妒嫉〕染。除却从前(疾)〔嫉〕垢心,自性若除即是忏。"〔已上三唱〕

"善知识,何名忏悔? 忏(悔)〔衍〕者,终身不〔复〕作。悔者,知于前非。恶业恒不离心,诸佛前口说无益。我此法门中,永断不作,名为忏悔。"

"今既忏悔已,与善知识(受)〔授〕无相三归依戒。"大师言:"善智识,

'归依觉,两足尊;

归依正,离欲尊;

归依净,众中尊。'

从今已后,称佛为师,更不归依余邪迷外道。愿自〔性〕三宝慈悲证明。"

　　"善知识，惠能劝善知识归依身三宝：佛者，觉也；法者，正也；僧者，净也。自心归依觉，邪迷不生，少欲知足，离财离色，名两足尊；自心归〔依〕正，念念无邪故，即无爱著。以无爱著，名离欲尊；自心归依净，一切尘劳妄念虽在自性，自性不染著，名众中尊。凡夫〔不〕解，从日至日，受三归依戒。若言归佛，佛在何处？若不见佛，即无所归。既无所归，言却是妄。善知识，各自观察，莫错用意。经中只言：自归依佛，不言归他佛。自性不归，无所〔归〕处。"

　　"今既自归依三宝，总各各至心，与善知识说摩诃般若波罗蜜法。善知识虽念不解，惠能与说，各各听。摩诃般若波罗蜜者，西国梵语，唐言'大智惠彼岸到'。此法须行，不在口念。口念不行，如〔幻〕如化。修行〔此法〕者，法身与佛等也。何名摩诃？摩诃者，是大。心量广大，犹如虚空。莫（定）〔空〕心坐，即落无记。空能含日月星辰，大地山河，一切草木。恶人善人，恶法善法，天堂地狱，尽在空中。世人性空，亦复如是。"

　　"〔自〕性含万法是大，万法尽是自性。见一切人及非人、恶之与善，恶法善法，尽皆不舍，不可染著，（由）〔犹〕如虚空，名之为大，此是摩诃行。迷人口念，智者心〔行〕。又有迷人，空心不思，名之为大，此亦不是。心量〔广〕大，不行是小。莫口空说，不修此行，非我弟子。"

　　"何名般若？般若是智惠。一〔切〕时中，念念不愚，常行智惠，即名般若行。一念愚，即般若绝。一念智，即般若生。心中常愚，〔自言〕我修般若。〔般若〕无形相，智惠性即是。何名波罗蜜？此是西国梵音，唐言'彼岸到'。解义离生灭，著境生灭起。如水有波浪，即是于此岸。离境无生灭，如水永长流故，即名'到彼岸'，故名波罗蜜。迷人口念，智者心行。当念时有妄，有妄即非真有。念念若不行〔妄〕，是名真有。悟此法者，悟般若法，修般若行。不修即凡，一念修行，法身等佛。"

"善知识，即烦恼是菩提。前念迷即凡，后念悟即佛。"

"善知识，摩诃般若波罗蜜，最尊最上第一。无住无去无来，三世诸佛从中出。将大智惠到彼岸，打破五阴烦恼尘劳，最尊最上第一。赞最上、最上乘法，修行定成佛。无去无住无来往，是定惠等，不染一切法。三世诸佛从中变三毒为戒定惠。"

"善知识，我此法门，从〔一般若生〕八万四千智惠。何以故？为世有八万四千尘劳。若无尘劳，般若常在，不离自性。悟此法者，即是无念、无忆、无著，莫起杂妄，即自是真如性。用智惠观照，于一切法不取不舍，即见性成佛道。"

"善知识，若欲入甚深法界，入般若三昧者，直须修般若波罗蜜行，但持《金刚般若波罗蜜经》一卷，即得见性，入般若三昧。当知此人功德无量，经中分明赞叹，不能具说。此是最上乘法，为大智上根人说。(少)〔小〕根〔小〕智人若闻法，心不生信。何以故？譬如大龙，若下大雨，雨于阎浮提，〔城邑聚落，悉皆漂流〕，如漂草叶。若下大雨，雨放大海，不增不减。若大乘者，闻说《金刚经》，心开悟解，故知本性自有般若之智，自用智惠观照，不假文字。譬如其雨水，不从天有，元是龙王于江海中，将身引此水，令一切众生，一切草木，一切有情无情，悉皆蒙润。诸水众流，却入大海，海纳众水，合为一体。众生本性般若之智，亦复如是。”

“小根之人，闻说此顿教，犹如大地草木根性自小者，若被大雨一沃，悉皆自倒，不能增长。小根之人，亦复如是，有般若之智，与大智之人亦无差别，因何闻法即不悟？缘邪见障重，烦恼根深，犹如大云盖覆于日，不得风吹，日无能现。般若之智，亦无大小，为一切众生自有。迷心外修觅佛，未悟自性，即是小根人。闻其顿教，不信外修，但于自心，令自本性常起正见，一切邪见、烦恼、尘劳众生当时尽悟。犹如大海，纳于众流，小水大水合为一体，即是见性。内外不住，来去自由，能除执心，通达无碍。心修此行，即与《般若波罗蜜经》本无差别。”

“一切经书及文字，小大二乘、十二部经，皆因人置。因智惠性故，故然能建立（我）〔衍〕。若无智人，一切万法，本亦不有。故知万法，本从人兴。一切经书，因人说有。缘在人中，有愚有智，愚为（少故）〔小人〕，智为大人。（问迷人）〔迷人问〕于智者，智人与愚人说法，令使愚者悟解心开。迷人若悟心开，与大智人无别。故知不悟，即佛是众生。一念若悟，即众生（不）〔本〕是佛。故知一切万法尽在自身心中，何不从于自心顿见真如本性！《菩萨戒经》云：‘我本源自性清净’。识心见性，自成佛道。‘即时豁然，还得本心。’”

“善知识，我于忍和尚处一闻，言下大悟，顿见真如本性。是故以顿教法流行后代，（今）〔令〕学道者顿悟菩提。

各自观心，令自本性顿悟。若〔不〕能自悟者，须觅大善知识示道见性。何名大善知识？解最上乘法，直示正路是。大'善知识，是大因缘，所（为）〔谓〕化（道）〔导〕，令得见佛'。一切善法，皆因大善知识能发起故。三世诸佛、十二部经，在人性中本自具有。不能自悟，须得善知识示道见性。若自悟者，不假外善知识。若取外，求善知识，望得解脱，无有是处。识自心内善知识，即得解脱。若自心邪迷，妄念颠倒，外善知识即有教授，汝若不得自悟，当起般若观照，刹那间妄念俱灭，即是自真正善知识，一悟即至佛地。自性心地，以智惠观照，内外明彻，识自本心。若识本心，即是解脱。既得解脱，即是般若三昧。悟般若三昧，即是无念。何名无念？无念法者，见一切法，不著一切法。遍一切处，不著一切处。常净自性，使六贼从六门走出，于六尘中不离不染，来去自由，即是般若三昧，自在解脱，名无念行。莫百物不思！当令念绝，即是法缚，即名边见。悟无念法者，万法尽通。悟无念法者，见诸佛境界。悟无念顿法者，至佛（位地）〔地位〕。"

"善知识，后代得吾法者，常见吾法身不离汝左右。善知识，将此顿教法门，〔于〕同见同行〔人中〕，发愿受持，如事佛故。终身受持而不退者，〔必入圣位〕。欲入圣位，然须传授。从上已来，嘿然而付衣法。发大誓愿，不退菩提，即须分付。若不同见解，无有志愿，在在处处，勿妄宣传。损彼前人，究竟无益。若遇人不解，谤此法门，百劫万劫千生，断佛种性。"

大师言："善知识，听吾说《无相（讼）〔颂〕》，令汝迷者罪灭，亦名《灭罪颂》。颂曰：

愚人修福不修道，　　谓言修福而是道。

布施供养福无边，　　心中三业元来在。

若将修福欲灭罪，　　后世得福罪元在

若解向心除罪缘，　　各自性中真忏悔。

若悟大乘真忏悔，　　除邪行正即无罪。

学道之人能自观，　　即与悟人同一例。

大师今传此顿教，　　愿学之人同一体。

若欲当来觅本身，　　三毒恶缘心中洗。

努力修道莫悠悠，　　忽然虚度一世休。

若遇大乘顿教法，　　虔诚合掌志心求。"

大师说法了，韦使君、官（寮）〔僚〕、僧众、道俗赞言无尽：昔所未闻！

使君礼拜，白言："和尚说法实不思议！弟子当有少疑，欲（闻）〔问〕和尚，（望意）〔意望〕和尚大慈大悲，为弟子说。"

大师言："有疑即问，何须再三！"

使君（闻）〔问〕："法可不（不）〔衍〕是西国第一祖达磨祖师宗旨？"

大师言："是。"

"弟子见说：达磨大师化梁武〔帝〕，帝问达磨：'朕一生来造寺、布施、供养，有功德否？'达磨答言：'并无功德。'武帝惆怅，遂遣达磨出境。未审此言，请和尚说。"

六祖言："实无功德，使君（朕）〔慎〕勿疑达磨大师言，武帝著邪道,不识正法。"

使君问:"何以无功德?"

和尚言:"造寺、布施、供养,只是修福,不可将福以为功德。功德在法身,非在于福田。自法性有功德,平直是佛性。佛性者,外行恭敬。若轻一切人,吾我不断,即自无功德。自性虚妄,法身无功德。念念行平等(真)〔直〕心,德即不轻。常行于敬,自修身即功,自修心即德。功德自心作,福与功德别。武帝不识正理,非祖大师有过。"

使君礼拜,又问:"弟子见僧俗常念阿弥陀佛,愿往生西方。请和尚说,得生彼否?望为破疑。"

大师言:"使君,听惠能与说。世尊在舍卫国,说西方引化,经文分明。去此不远,只为下根。说近、说远,只缘上智。人自两种,法无二般。迷悟有殊,见有迟疾。迷人念佛生彼,悟者自净其心。所以佛言:'随其心净,则佛土净'。使君,东方但净心,无罪;西方心不净,有愆。迷人愿生东方、西方,悟者所在处,并皆一种。心地但无不净,西方去此不远。心起不净之心,念佛往生难到。除〔十〕恶即行十万,无八邪即过八千。但行真心,到如弹指。使君但行十善,何须更愿往生? 不断十恶之心,何佛即来迎请? 若悟无生顿法,见西方只在刹那。不悟(顿教大乘)〔大乘顿教〕,念佛往生路遥,如何得达?"

六祖言:"惠能与使君移西方,刹那间目前便见,使君愿见否?"

使君礼拜:"若此得见,何须往生! 愿和尚慈悲,为现西方,大善!"

大师言:"(唐)〔倘〕一时见西方,无疑即散!"

大众愕然,莫知何是。

大师曰:"大众!大众!作意听。世人自色身是城,眼耳鼻舌身即是城门。外有(六)〔五〕门,内有意门。心即是地,性即是王。性在王在,性去王无。性在身心存,性去身坏。佛是自性作,莫向身求。自性迷,佛即众生。自性悟,众生即是佛。慈悲即是观音,喜舍名为势至。能净是释迦,平直即是弥勒。人我即是须弥,邪心即是大海,烦恼即是波浪,毒心即是恶龙,尘劳即是鱼鳖。虚妄即是神鬼,三毒即是地狱,愚痴即是畜生,十善是天堂。无我、人,须弥自倒。除邪心,海水竭。烦恼无,波浪灭。毒害除,鱼龙绝。自心地上觉性如来,施大智惠光明,照曜六门清净。照破六欲诸天,下照三毒若除,地狱一时消灭。内外明(彻)〔澈〕,不异西方。不作此修,如何到彼?"

座下闻说,赞声彻天。应(是)〔时〕迷人,了然便见。

使君礼拜,赞言:"善哉!善哉!普愿法界众生,闻者一时悟解。"

大师言:"善知识,若欲修行,在家亦得,不由在寺。在寺不修,如西方心恶之人。在家若修行,如东方人修善。但愿自家修清净,即是西方。"

使君问:"和尚,在家如何修?愿为指授。"

大师言:"善知识,惠能与道俗作《无相颂》,尽诵取。依此修行,常与惠能(说)〔衍〕一处无别。颂曰:

说通及心通，　　如日处虚空。

惟传顿教法，　　出世破邪宗。

教即无顿渐，　　迷悟有迟疾。

若学顿法门，　　愚人不可迷。

说即虽万般，　　合理还归一。

烦恼暗宅中，　　常须生惠日。

邪来因烦恼，　　正来烦恼除，

邪正悉不用，　　清净至无余。

菩提本清净，　　起心即是妄。

净性于妄中，　　但正除三障。

世间若修道，　　一切尽不妨。

常（现）〔见〕在己过，与道即相当。

色类自有道，　　离道别觅道！

觅道不见道，　　到头还自懊。

若欲觅真道，　　行正即是道。

自若无正心，　　暗行不见道。

若真修道人，　　不见世间愚。

若见世间非，　　自非却是左。

他非我不罪，　　我非自有罪。

但自去非心，　　打破烦恼碎。

若欲化愚人，　　是须有方便。

勿令破彼疑，　　即是菩提见。

法元在世间，　　于世出世间。

勿离世间上，　　外求出世间。

邪见在世间，　　正见出世间。

邪正悉打却，　　〔菩提性宛然〕。

此但是顿教，　　亦名为大乘，

迷来经累劫，　　悟则刹那间。”

大师言：“善知识，汝等尽诵取此偈。依偈修行，去惠能千里，常在能边。此〔若〕不修，对面千里。各各自修，法不相待。众人且散，惠能归（漕）〔曹〕溪山。众生若有大疑，来彼山问，为汝破疑，同见佛性。”

合座官（寮）〔僚〕、道俗礼拜和尚，无不嗟叹：“善哉！大悟昔所未（间）〔闻〕！岭南有福，生佛在此，谁能得知！”一时尽散。

大师往（漕）〔曹〕溪山，韶、广二州行化四十余年，若论门人，僧之与俗，三五千人说不可尽。若论宗旨，传授《坛经》，以此为依约。若不得《坛经》，即无禀受。须知法处、年月日、（性）〔姓〕名，递相付嘱。无《坛经》禀承，非南宗弟子也。未得禀承者，虽说顿教法，未知根本，修不免净。但得法者，只劝修行。净是胜负之心，与道违背。

世人尽传南宗能、（比）〔北〕〔宗〕秀，未知根本事由。（旦）〔且〕秀禅师于南荆府当阳县玉泉寺住持修行，惠能大师于韶州城东三十五里（漕）〔曹〕溪山住。法即一宗，人有南（比）〔北〕，因此便立南北。何以渐顿？法即一种，见有迟疾。见迟即渐，见疾即顿。法无渐顿，人有利钝，故名渐顿。

神秀师常见人说：惠能法疾，直（旨）〔指〕见（路）〔道〕。秀师遂唤门人僧志诚曰：“汝聪明多智，汝与吾至（漕）〔曹〕

溪山,到惠能所礼拜,但听,莫言吾使汝来。所听得意旨记取,却来与吾说,看惠能见解与吾谁疾迟。汝第一早来,勿令吾怪。"

志诚奉使欢喜,遂半月中间,即至(漕)〔曹〕溪山,见惠能和尚礼拜。即听,不言来处。志诚闻法,言下便悟,即契本心。起立即礼拜,(自)〔白〕言:

"和尚,弟子从玉泉寺来。秀师处不得契悟,闻和尚说,便契本心。和尚慈悲,愿当(散)〔教〕示。"

惠能大师曰:"汝从彼来,应是(紬)〔细〕作。"

志(城)〔诚〕曰:"不是"。

六祖曰:"何以不是?"

志诚曰:"未说时即是,说了即不是"。

六祖言:"烦恼即是菩提,亦复如是。"

大师谓志诚曰:"吾闻汝禅师教人,唯传戒定惠。汝和尚教人戒定惠如何? 当为吾说。"

志(城)〔诚〕曰:"秀和尚言戒定惠:'诸恶不作名为戒,诸善奉行名为惠,自净其意名为定,此即名为戒定惠。'彼作如是说,不知和尚所见如何?"

惠能和尚答曰:"此说不可思议。惠能所见又别。"

志(城)〔诚〕问:"何以别?"

惠能答曰:"见有迟疾。"

志(城)〔诚〕请和尚说所见戒定惠,大师言:

"(如)〔衍〕汝听吾说,看吾所见处:

心地无疑、非,自性戒;

心地无乱，是自性定；

心地无痴，自性是惠。”

能大师言：“汝师戒定惠，劝小根、智人。吾戒定惠，劝上智人。得悟自〔性〕，亦不立戒定惠。”

志（城）〔诚〕言：“请大师说不立如何？”

大师言：“自性无非、无乱、无痴，念念般若观照，（当）〔常〕离法相，有何可立！自性顿修。立有渐次，所以不立。”

志诚礼拜。便不离（漕）〔曹〕溪山，即为门人，不离大师左右。

又有一僧，名法达，常诵《法华经》七年，心迷不知正法之处。来至（漕）〔曹〕溪山礼拜，问大师言：“弟子常诵《妙法莲华经》七年，心迷不知正法之处，经上有疑，大师智惠广大，愿为除疑。”

大师言：“法达！法即甚达，汝心不达！经上无疑，汝心自邪，而求正法。吾心正定，即是持经。吾一生已来，不识文字。汝将《法华经》来，对吾读一遍，吾闻即知。”

法达取经到，对大师读一遍。六祖闻已，即识佛意，便与法达说《法华经》。六祖言：

“法达，《法华经》无多语，七卷尽是譬喻因缘。如来广说三乘，只为世人根钝。经文分明：‘无有余乘，唯一佛乘’。”

大师：“法达，汝听一佛乘，莫求二佛乘，迷却汝性。经中何处是一佛乘，吾与汝说。经云：‘诸佛世尊唯以一大事因缘故，出现于世’〔已上十六字是正法〕。”

"〔此〕法如何解？此法如何修？汝听吾说：人心不思，本源空寂，离却邪见，即一大事因缘。内外不迷，即离两边。外迷著相，内迷著空。于相离相，于空离空，即是不迷。若悟此法，一念心开，'出现于世'。心开何物？开佛知见。佛犹觉也，分为四门：开觉知见，示觉知见，悟觉知见，入觉知见。开、示、悟、入，〔从〕上一处入，即觉知见。见自本性，即得出世。"

大师言："法达，吾常愿：一切世人心地，常自开佛知见，莫开众生知见。世人心〔邪〕，愚迷造恶，自开众生知见。世人心正，起智惠观照，自开佛智见。莫开众生智见，开佛智见即出世。"

大师言："法达，此是《法（达）〔华〕经》一乘法。向下分三〔乘〕，为迷人故。汝但依一佛乘。"

大师言："法达，心行转《法华》，不行《法华》转。心正转《法华》，心邪《法华》转。开佛智见，转《法华》。开众生智见，被《法华》转。"

大师言："努力依法修行，即是转经。"

法达一闻，言下大悟，涕泪悲泣，白言：

"和尚！实未曾转《法华》，七年被《法华》转。已后转《法华》，念念修行佛行。"

大师言："即佛行是佛。"

其时听人，无不悟者。

时有一僧，名智常，来（漕）〔曹〕溪山，礼拜和尚，问四乘法义。

智常问和尚曰："佛说三乘，又言最上乘，弟子不解，望为（敬）〔教〕示。"

惠能大师曰："汝〔向〕自身心见，莫著外法相。元无四乘法，人心量四等，〔故〕法有四乘。见闻读诵是小乘；悟〔法〕解义是中乘；依法修行是大乘；万法尽通，万行俱备，一切不离、〔不〕染，但离法相，作无所得，是最上乘。乘是（最上）〔衍〕行义，不在口诤。汝须自修，莫问吾也。"

又有一僧，名神会，南阳人也。至（漕）〔曹〕溪山礼拜，问言："和尚坐禅，见、不见？"

大师起，把打神会三下，却问神会："吾打汝，痛不痛？"

神会答言："亦痛，亦不痛。"

六祖言曰："吾亦见，亦不见。"

神会又问："大师何以'亦见亦不见'？"

大师言："吾亦见——常见自过患，故云'亦见'；'亦不见'者——不见天地人过罪。所以'亦见亦不见'也。汝'亦痛亦不痛'如何？"

神会答曰："若不痛，即同无情木、石。若痛，即同凡〔夫〕，即起于恨。"

大师言："神会！向前见、不见，是两边；痛、〔不痛〕，是生灭。汝自性且不见，敢来弄人！"

神会礼拜、礼拜，更不言。

大师言："汝心迷不见，问善知识觅路。汝心悟自见，依法修行。汝自迷，不见自心，却来问惠能见否！吾不〔见〕自知，代汝迷不得。汝若自见，代得吾迷？何不自修？问吾见否!"

神会作礼,便为门人,不离（漕）〔曹〕溪山中,常在左右。

大师遂唤门人法海、志诚、法达、智常、志通、志彻、志道、法珍、法如、神会。大师言："汝等十弟子近前,汝等不同余人。吾灭度后,汝各为一方头。"

"吾教汝说法,不失本宗。举三科法门,动〔用〕三十六对,出没即离两边。说一切法,莫离于性相。若有人问法,出语尽双,皆取（法对）〔对法〕,来去相因,究竟二法尽除,更无去处。

三科法门者：（荫）〔阴〕、界、入。（荫）〔阴〕是五（荫）〔阴〕。界,十八界。〔入〕是十二入。何名五（荫）〔阴〕？色（荫）〔阴〕、受（荫）〔阴〕、（相荫）〔想阴〕、行（荫）〔阴〕、识（荫）〔阴〕是。何名十八界？六尘、六门、六识。何名十二入？外六尘,中六门。何名六尘？色、声、香、味、触、法是。何名六门？眼、耳、鼻、舌、身、意是。法性起六识——眼识、耳识、鼻识、舌识、身识、意识——六门、六尘。自性含万法,名为含藏识。思量即转识,生六识、出六门、（六尘是）〔识六尘〕。三六十八,由自性邪,起十八邪（含）〔念〕。自性〔正,起〕十八正（含）〔念〕。恶用即众生,善用即佛。用（油）〔由〕何等？由自性。"

"对外境无情对,有五：天与地对,日与月对,暗与明对,阴与阳对,水与火对。

语与言对、法与相对,有十二对：有为无为对、有色无色对,有相无相对,有漏无漏对,色与空对,动与（净）〔静〕

对,清与浊对,凡与(性)〔圣〕对,僧与俗对,老与少对,大与(少)〔小〕对,长与短对,高与下对。

自性(居)〔具〕起用对,有十九对:邪与正对,痴与惠对,愚与智对,乱与定对,戒与非对,直与曲对,实与虚对,险与平对,烦恼与菩提对,慈与害对,喜与(顺)〔瞋〕对,舍与悭对,进与退对,生与灭对,常与无常对,法身与色身对,化身与报身对,体与用对,性与相对。有(清)〔情〕〔与〕无(亲)〔情〕对。

言语与法相有十二对,内、外境有无五对,〔自性住起用对有十九对〕,三身有三对,都合成三十六对法也。此三十六对法,解用〔即〕通一切经,出入即离两边。”

“如何自性起用三十六对?共人言语,出外于〔相〕离相,入内于空离空。著空,即惟长无明;著相,惟邪见谤法,直言:‘不用文字’。既云‘不用文字’,人不合言语。言语即是文字。自性上说空,正语言本性不空。(迷自)〔自迷〕惑,语言除故。”

“暗不自暗,以明故暗。暗不自暗,以明变暗,以暗现明,来去相因。三十六对,亦复如是。”

大师言:“十弟子,已后传法,递相教授一卷《(檀)〔坛〕经》,不失本宗。不禀受《坛经》,非我宗旨。如今得了,递代流行。得遇《坛经》者,如见吾亲授。”

十僧得教授已,写为《檀(坛)经》,递代流行。得者,必当见性。

大师先天二年八月三日灭度。七月八日唤门人告别。

大师先天元年于(蕲)〔新〕州国恩寺造塔,至先天二年七月告别。大师言:

"汝众近前,吾至八月,欲离世间。汝等有疑早问,为汝破疑。当令迷(者)〔衍〕尽,使汝安乐。吾若去后,无人教汝。"

法海等众僧闻已,涕泪悲泣。唯有神会不动,亦不悲泣。

六祖言:"神会小僧,却得善等,毁誉不动。余者不得。数年山中,更修何道?汝今悲泣,更(有)〔忧〕阿谁?忧吾不知去处在?若不知去处,终不别汝。汝等悲泣,即不知吾去处。若知去处,即不悲泣。性(听)〔体〕无生无灭,无去无来。汝等尽坐,吾与汝一偈——《真假动(净)〔静〕偈》,汝等尽诵取,见此偈意,〔即〕与吾同。依此修行,不失宗旨。"

僧众礼拜,请大师留偈,敬心受持。偈曰:

"一切无有真,　　　　不以见于真。

　若见于真者,　　　　是见尽非真。

　若能自有真,　　　　离假即心真。

　自心不离假,　　　　无真何处真?

　有性即解动,　　　　无情即不动。

　若修不动行,　　　　同无情不动。

　若见真不动,　　　　动上有不动。

　不动是不动,　　　　无情无佛种。

　能善分别相,　　　　第一义不动。

　若悟、作此见,　　　　则是真如用。

报诸学道者，　　努力须用意。

莫于大乘门，　　却执生死智。

前头人相应，　　即共论佛义。

若实不相应，　　合掌令（劝善）〔欢喜〕。

此教本无诤，　　若诤失道意。

执迷诤法门，　　自性入生死。”

众僧既闻，识大师意，更不敢诤，依法修行。一时礼拜，即知大师不久住世。上座法海向前，言："大师！大师去后，衣、法当付何人？"

大师言："法即付了，汝不须问。吾灭后二十余年，邪法（辽）〔缭〕乱，惑我宗旨。有人出来，不惜身命，定佛教是非，竖立宗旨，即是吾正法。衣不合（转）〔传〕。汝不信，吾与诵先代五祖《传衣付法（诵）〔颂〕》。若据第一祖达摩《颂》意，即不合传衣。听（五）〔吾〕与汝颂。颂曰：

'第一祖达摩和尚《颂》曰：

吾（大）〔本〕来唐国，　　传教救迷情。

一花开五叶，　　结果自然成。

第二祖惠可和尚《颂》曰：

本来缘有地，　　从地种花生。

当本元无地，　　花从何处生？

第三祖僧璨和尚《颂》曰：

花种虽因地，　　地上种花生。

花种无生性，　　于地亦无生。

第四祖道信和尚《颂》曰：

花种有生性，　　因地种花生。

先缘不和合，　　一切尽无生。

第五祖弘忍和尚《颂》曰：

有情来下种，　　无情花即生。

无情又无种，　　心地亦无生。

第六祖惠能和尚《颂》曰：

心地含情种，　　法雨即花生。

自悟花情种，　　菩提果自成。'"

能大师言："汝等听吾作二《颂》，取达摩和尚《颂》意。汝迷人依此《颂》修行，必当见性。第一颂曰：

心地邪花放，　　五业逐根随。

共造无明（叶）〔业〕，见被（叶）〔业〕风吹。

第二颂曰：

心地正花放，　　五叶逐（恨）〔根〕随。

共修般若惠，　　当来佛菩提。"

六祖说偈已了，放众（生）〔僧〕散。门人出外思惟，即知大师不久住世。

六祖后至八月三日，食后，大师言："汝等（善）〔著〕位坐，（五）〔吾〕今共汝等别。"

法海问言："此顿教法传（受）〔授〕，从上已来，至今几代？"

六祖言："初传（受）〔授〕七佛，释迦牟尼佛第七，大迦叶第八，阿难第九，（未）〔末〕田地第十，商那和修第十一，优婆掬多第十二，提多迦第十三，佛陀难提第十四，佛陀密多第十五,胁比丘第十六,富那奢第十七,马鸣第十八,毗罗长者第十九,龙树第二十,迦那提婆第二十一,罗睺罗第二十二,僧迦那提第二十三,僧迦那舍第二十四,鸠摩罗驮第二十五,阇耶多第二十六,婆修盘陀第二十七,摩拏罗第二十八,鹤勒那第二十九,师子比丘第三十,舍那婆斯第三十一,优婆堀第三十二,僧迦罗第三十三,须婆蜜多第三十四,南天竺国王(子)〔衍〕第三太子菩提达摩第三十五,唐国僧惠可第三十六,僧璨第三十七,道信第三十八,弘忍第三十九,惠能自身,当今受法,第四十。”

大师言:“今日已后,递相传受,须有依约,莫失宗旨。”

法海又白:“大师今去,留付何法,(今)〔令〕后代人如何见佛?”

六祖言:“汝听:后代迷人,但识众生,即能见佛。若不识众生,觅佛万劫不得〔见〕也。吾今教汝识众生、见佛,更留《见真佛解脱颂》。迷即不见佛,悟者即见。”

“法海愿闻,代代流传,世世不绝。”

六祖言:“汝听,吾与汝说。后代世人,若欲觅佛,但识众生,即能识佛。〔佛、心〕即缘(有众生)〔众生有〕。离众生,无佛、心。

迷即佛众生,　　　悟即众生佛。

愚痴佛众生,　　　智惠众生佛。

心险佛众生,　　　平等众生佛。

一生心若险,　　　佛在众生中。

一念悟若平,　　　即众生自佛。

我心自有佛，　　自佛是真佛。

自若无佛心，　　向何处求佛？”

大师言：“汝等门人好住！吾留一颂，名《自性见真佛解脱颂》。后代迷〔人〕（门）〔闻〕此颂意，（意）〔衍〕即见自心、自性真佛。与汝此颂，吾共汝别。颂曰：

真如净性是真佛，　　邪见三毒是真（摩）〔魔〕。

邪见之人魔在舍，　　正见之人佛即过。

性中邪见三毒生，　　即是魔王来住舍。

正见忽除三毒（生）〔心〕，　　魔变成佛真无假。

化身报身及净身，　　三身元本是一身。

若向身中觅自见，　　即是〔成〕佛菩提因。

本从化身生净性，　　净性常在化身中。

性使化身行正道，　　当来圆满真无穷。

淫性本身清净因，　　除淫即无净性身。

性中但自离五欲，　　见性刹那即是真。

今生若悟顿教门，　　悟即眼前见世尊。

若欲修行云觅佛，　　不知何处欲求真？

若能身中自有真，　　有真即是成佛因。

自不求真外觅佛，　　去觅总是大痴人。

顿教法者是西流，　　救度世人须自修。

今（保）〔报〕世间学道者，不（于）〔依〕此是大悠悠。”

大师说偈已了，遂告门人曰：“汝等好住！今共汝别。吾去已后，莫作世情悲泣，而受人吊（门）〔问〕、钱帛，著孝衣，即非圣法，非我弟子。如吾在日一种，一时端坐，但无动无静,无生无灭,无去无来,无是无非,无住、(但)〔坦〕然、寂(净)〔静〕,即是大道。吾去已后,但依法修行,共吾在日一种。吾若在世,汝违教法,吾住无益。"

大师云此语已,夜至三更,奄然迁化。大师春秋七十有六。

大师灭度之日,寺内异香(氛)〔氤〕氲,经数日不散。山崩地动,林木变白,日月无光,风云失色。八月三日灭度,至十一月迎和尚神座于(漕)〔曹〕溪山,葬在龙龛之内,白光出现,直上冲天,三日始散。韶州刺使韦据立碑,至今供养。

此《坛经》,法海上座集。上座无常,付同学道漈。道漈无常,付门人悟真。悟真在岭南(漕)〔曹〕溪山法兴寺,见今传(受)〔授〕此法。

如付此法,须得上根(知)〔智〕,深信佛法,立大悲,持此经,以为禀承,于今不绝。

和尚本是韶州曲江县人也。

如来入涅槃,法教流东土,共传无住——即我心无住。此真菩萨,说真实、行真实,唯教大智人,是旨(于)〔意〕。凡(度)〔立〕誓修行,修行遭难不退,遇苦能忍,福德深厚,方授此法。如根性不堪,(林)〔材〕量不得,虽求此法,违(立)〔戾〕不德者,不得妄付《坛经》。告诸同道者,令知(蜜)〔密〕意。

《南宗顿教最上大乘坛经》一卷。

《国学典藏》丛书已出书目

周易 [明] 来知德 集注

诗经 [宋] 朱熹 集传

尚书 曾运乾 注

周礼 [清] 方苞 集注

仪礼 [汉] 郑玄 注 [清] 张尔岐 句读

礼记 [元] 陈澔 注

论语·大学·中庸 [宋] 朱熹 集注

孟子 [宋] 朱熹 集注

左传 [战国] 左丘明 著 [晋] 杜预 注

孝经 [唐] 李隆基 注 [宋] 邢昺 疏

尔雅 [晋] 郭璞 注

说文解字 [汉] 许慎 撰

战国策 [汉] 刘向 辑录
　　　[宋] 鲍彪 注 [元] 吴师道 校注

国语 [战国] 左丘明 著
　　　[三国吴] 韦昭 注

史记菁华录 [汉] 司马迁 著
　　　　　[清] 姚苧田 节评

徐霞客游记 [明] 徐弘祖 著

孔子家语 [三国魏] 王肃 注
　　　　（日）太宰纯 增注

荀子 [战国] 荀况 著 [唐] 杨倞 注

近思录 [宋] 朱熹 吕祖谦 编
　　　[宋] 叶采 [清] 茅星来等 注

传习录 [明] 王阳明 撰
　　　（日）佐藤一斋 注评

老子 [汉] 河上公 注 [汉] 严遵 指归
　　　[三国魏] 王弼 注

庄子 [清] 王先谦 集解

列子 [晋] 张湛 注 [唐] 卢重玄 解
　　　[唐] 殷敬顺 [宋] 陈景元 释文

孙子 [春秋] 孙武 著 [汉] 曹操 等注

墨子 [清] 毕沅 校注

韩非子 [清] 王先慎 集解

吕氏春秋 [汉] 高诱 注 [清] 毕沅 校

管子 [唐] 房玄龄 注 [明] 刘绩 补注

淮南子 [汉] 刘安 著 [汉] 许慎 注

金刚经 [后秦] 鸠摩罗什 译 丁福保 笺注

维摩诘经 [后秦] 僧肇等 注

楞伽经 [南朝宋] 求那跋陀罗 译
　　　　 [宋] 释正受 集注

坛经 [唐] 惠能 著 丁福保 笺注

世说新语 [南朝宋] 刘义庆 著
　　　　　[南朝梁] 刘孝标 注

山海经 [晋] 郭璞 注 [清] 郝懿行 笺疏

颜氏家训 [北齐] 颜之推 著
　　　　 [清] 赵曦明 注 [清] 卢文弨 补注

三字经·百家姓·千字文
　　　[宋] 王应麟等 著

龙文鞭影 [明] 萧良有等 编撰

幼学故事琼林 [明] 程登吉 原编
　　　　　　 [清] 邹圣脉 增补

梦溪笔谈 [宋] 沈括 著

容斋随笔 [宋] 洪迈 著

困学纪闻 [宋] 王应麟 著
　　　　 [清] 阎若璩 等注

楚辞 [汉] 刘向 辑
　　　[汉] 王逸 注 [宋] 洪兴祖 补注

曹植集 [三国魏] 曹植 著
　　　 [清] 朱绪曾 考异 [清] 丁晏 铨评

陶渊明全集 [晋] 陶渊明 著
　　　　　 [清] 陶澍 集注

王维诗集 [唐] 王维 著 [清] 赵殿成 笺注

杜甫诗集 [唐] 杜甫 著 [清] 钱谦益 笺注

李贺诗集 [唐] 李贺 著 [清] 王琦等 评注

李商隐诗集 [唐] 李商隐 著
　　　　　[清] 朱鹤龄 笺注
杜牧诗集 [唐] 杜牧 著 [清] 冯集梧 注
李煜词集（附李璟词集·冯延巳词集）
　　　　　[南唐] 李煜 著
柳永词集 [宋] 柳永 著
晏殊词集·晏幾道词集
　　　　　[宋] 晏殊 晏幾道 著
苏轼词集 [宋] 苏轼 著 [宋] 傅幹 注
黄庭坚词集·秦观词集
　　　[宋] 黄庭坚 著 [宋] 秦观 著
李清照诗词集 [宋] 李清照 著
辛弃疾词集 [宋] 辛弃疾 著
纳兰性德词集 [清] 纳兰性德 著
六朝文絜 [清] 许梿 评选
　　　　　[清] 黎经诰 笺注
古文辞类纂 [清] 姚鼐 纂集
乐府诗集 [宋] 郭茂倩 编撰
玉台新咏 [南朝陈] 徐陵 编
　　　[清] 吴兆宜 注 [清] 程琰 删补
古诗源 [清] 沈德潜 选评
千家诗 [宋] 谢枋得 编
　　　　　[清] 王相 注 [清] 黎恂 注
瀛奎律髓 [元] 方回 选评
花间集 [后蜀] 赵崇祚 集
　　　　　[明] 汤显祖 评
绝妙好词 [宋] 周密 选辑
　　　[清] 项絪 笺 [清] 查为仁 厉鹗 笺

词综 [清] 朱彝尊 汪森 编
花庵词选 [宋] 黄昇 选编
阳春白雪 [元] 杨朝英 选编
唐宋八大家文钞 [清] 张伯行 选编
宋诗精华录 [清] 陈衍 评选
古文观止 [清] 吴楚材 吴调侯 选注
唐诗三百首 [清] 蘅塘退士 编选
　　　　　[清] 陈婉俊 补注
宋词三百首 [清] 朱祖谋 编选
文心雕龙 [南朝梁] 刘勰 著
　　　　　[清] 黄叔琳 注 纪昀 评
　　　　李详 补注 刘咸炘 阐说
诗品 [南朝梁] 锺嵘 著
　　　古直 笺 许文雨 讲疏
人间词话·王国维词集 王国维 著

戏曲系列

西厢记 [元] 王实甫 著
　　　　　[清] 金圣叹 评点
牡丹亭 [明] 汤显祖 著
　　　　　[清] 陈同 谈则 钱宜 合评
长生殿 [清] 洪昇 著 [清] 吴人 评点
桃花扇 [清] 孔尚任 著
　　　　　[清] 云亭山人 评点

小说系列

儒林外史 [清] 吴敬梓 著
　　　　　[清] 卧闲草堂等 评

部分将出书目

公羊传　　　水经注　　　古诗笺　　　清诗别裁集
穀梁传　　　史通　　　　李白全集　　博物志
史记　　　　日知录　　　孟浩然诗集　温庭筠词集
汉书　　　　文史通义　　白居易诗集　封神演义
后汉书　　　心经　　　　唐诗别裁集　聊斋志异
三国志　　　文选　　　　明诗别裁集